러시아 역사와 공간 : 경계를 넘어 변경으로

정
세
진 丁世眞 Jung Se Jin

러시아 및 유라시아 역사, 종교문화사 연구자. 한국외국어대학교 노어과에서 학사와 석사를 마쳤다. 1989~1996년까지 한국경제신문사 기자로 근무하였다. 모스크바국립대학교에서 『19세기 전반기 북카프카스의 카프카스 전쟁과 이슬람 요소 연구』로 역사학 박사학위를 취득했다(2005). 한국외국어대, 연세대, 한동대에서 강의하였고, 2008년부터 현재까지 한양대학교 아태지역연구센터 교수로 재직하고 있다. 단독 저서로 『중앙아시아 민족정체성과 이슬람』, 『러시아 이슬람 : 역사, 전쟁, 이념』, 『코카서스 국가 조지아 : 역사・종교・국내정치・국제관계』, 『중앙아시아 국가 타지키스탄 : 일반 개관・이슬람・국내정치・국제관계』 등 6권이 있으며 『유라시아 지역의 국가 민족 정체성』 등 23권의 공동 저서를 집필하였고 『알타이 역사 : 고대, 중세』를 단독 번역했다. 러시아 역사, 러시아 지역학 및 중앙아시아, 카프카스 역사와 지역학 관련, 국내외 저널에 90여 편의 논문을 게재하였다.

러시아 역사와 공간

경계를 넘어 변경으로

정세진

머리말

 필자는 모스크바국립대학교에서의 박사 학위과정부터 러시아 공간 및 러시아 변경에 관한 연구를 지속해 왔다. 러시아 역사 이외에도 러시아 연방의 변경지역인 북카프카스(북코카서스), 시베리아, 그리고 과거 구소련권이었던 중앙아시아, 남카프카스(남코카서스) 지역을 폭넓게 연구해 왔다. 연구 대상이 너무 광대하다는 생각을 하지 않은 것은 아니었다. 그래도 국내에서 비교적 연구가 활발하지 않은 러시아 변경 지역을 중심으로 여러 논문을 발표해 왔다는 자그마한 자부심 같은 것이 있었다.

 필자는 현재까지 6권의 단독 저서를 출간한 바 있다. 이제 이 저서까지 총 7권을 출간하게 되었다. 2012년 『중앙아시아 민족정체성과 이슬람』(한양대 출판부), 2014년 『러시아 이슬람 : 역사 · 전쟁 · 이념』(민속원), 2014년 『중앙아시아 지역연구와 인문학 : 역사적 문화요소를 중심으로』(경제 · 인문사회 연구회 인문정책연구총서 2014-15), 2022년 『쉽게 읽는 중앙아시아 이야기: 역사 · 문명 · 이슬람』(민속원), 2022년 『코카서스 국가 조지아: 역사 · 종교 · 국내정치 · 국제관계』(진인진), 2023년, 『중앙아시아 국가 타지키스탄 : 일반 개관 · 이슬람 · 국내정치 · 국제관계』(진인진) 등이다.

 이 저서는 전체 2부로 1장에서 7장까지 구성되었다. 1부 격인 '러시아 역사 속 러시아 공간: 종교 · 전쟁'에는 1~3장까지 러시아 역사 속에 나타난 러시아 정교의 특성, 체첸 전쟁, 그리고 러시아와 오스만 투르크의 역사적 관계 등에 관한 내용을 수록했다. 2부인 '러시아 역사 속 러시아 변경: 북카프카스, 시베리아, 중앙아시아 공간'은 4~7장으로 러시아의 변경인 북카프카스, 시베리아, 중앙아시아에 관련된 내용이 소개되었다.

이 책의 공간적, 통시적 연구 대상 범위는 러시아 공간의 고대 시기부터 현대까지 망라한다. 독자들에게 쉽게 접근하기 위한 내용으로 본 저서는 아래의 몇 가지 의도를 가지고 서술되었다.

첫째, 러시아 역사 속에서 나타난 러시아 국민의 국가종교인 러시아정교, 그리고 이에 대립하는 이슬람 요소를 통해 러시아 공간의 종교적 특성을 소개하였다.

둘째, 러시아의 변경 지대로서 북카프카스 지역의 전통적 관습법과 피의 복수를 서술했다. 그리고 북카프카스의 체첸 전쟁의 역사적 기원을 통해 사회 및 전쟁 요소 등을 통해 독자들이 북카프카스 지역을 파악할 수 있도록 소개하였다.

셋째, 러시아의 변경으로 시베리아의 역사, 민족, 그리고 국내 독자의 매우 많은 관심을 받고있는 시베리아횡단철도에 관련된 내용을 서술, 시베리아에 대한 역사적 통찰에 대한 이해가 가능하도록 하였다.

넷째, 러시아의 변경으로 중앙아시아의 문화 및 민족 정체성, 더 구체적으로 문화의 동질성과 이질성을 분석하여 독자들이 중앙아시아 문화를 기본적으로 이해할 수 있도록 소개하였다.

특히 3장의 러시아-오스만 투르크의 국제 관계, 4장의 북카프카스 피의 복수와 아다트 관습법은 국내에서 거의 연구가 되지 않은 주제와 대상을 설정했다는 점에서 연구 가치가 매우 높다고 하겠다. 전체적으로 러시아의 변경인 북카프카스, 시베리아, 중앙아시아는 러시아에 있어 전략적으로도 매우 가치가 높은 공간이다.

저서 각 장의 내용을 개괄하면 다음과 같다.
1부의 전체 주제는 「러시아 역사 속 러시아 공간 : 종교·전쟁」이다.
1장 주제는 「러시아 역사 속 러시아정교」이다. 러시아정교는 러시아의 국민 종교이다. 이 글은 러시아정교의 역사적-사상적 함의, '모스크바 제3 로마이론'을 통해서 본 러시아의 민족적 특성, 제정러시아 시기 러시아정교의 국가성, 그리고 소련-포스트소비에트 시기 러시아 정체성과 러시아정교를 분석하는 내용으로 구성되었다.
어떤 국가, 어떤 민족이든지 그 나라 고유의 종교, 문화적 영역이 있다. 이는 문화 정체성으로 연결된다. 러시아정교는 러시아의 민족 및 문화 정체성 요소로 강력하게 발전된 측면이 있다. 러시아정교의 역사적, 민족적 성격을 통해 러시아의 문화 사상의 특징과 종교적 정체성에 대해 깊이 있는 지역학 연구가 필요로 한다는 점을 제시하였다.
2장 주제는 「1990년대 체첸 전쟁은 왜 발생했는가? 러시아 역사 속 러시아와 체첸의 역사적 갈등관계를 중심으로」이다. 소련 해체 이후 러시아연방과 체첸 공화국 간에 1994년과 1999년에 일어난 1~2차 체첸 전쟁은 4백 년 동안 진행된 러시아와 체첸의 역사적 갈등 관계가 그 기원이 된다는 내용이 중심 주제이다. 이 전쟁은 체첸 민족의 자유와 독립이라는 역사성에서 근본적으로 해석되어야 한다는 사실을 제기하고 있다. 이는 어느 관점에서 체첸 전쟁을 바라보는 것인가에 따라 근원적 차이가 있지만, 강대국에 맞선 약소민족의 역사적 투쟁사라는 측면으로 해석될 수 있다.
3장 주제는 「러시아-오스만 투르크의 역사적 관계 – 전쟁과 종교적 특성」이다. 3장에서는 유라시아 지역, 특히 카프카스와 크림반도를 중심으로 오랫동안 국가적 경쟁을 벌여온 러시아와 오스만 투르크의 역사적 관계를 전쟁과 종교적 특성을 중심으로 분석하는 내용으로 구성되었다. 러시아 남부의 이슬람 지역은 전통적인 이슬람 강국이던 페르시아와 오스만 투르크의 정치적 영향력이 지배적인 공간이었다. 러시아는 남부의 패권을 놓고 오스만 투르크와 치열한 국가경쟁을 벌였으며, 이는 전쟁의 형태로 나타났다.

러시아정교의 전통성을 자랑하던 러시아와 이슬람 국가인 오스만은 국가정책의 추진 과정에서 자신들의 종교적 정체성을 활용하였다. 이러한 문화적 이질성이 두 나라의 관계를 이해하는 바로미터였다. 이 글은 19세기 이전 러시아의 유럽제국 시기, 러시아와 오스만 투르크의 전쟁과 종교적 특성을 중심으로 국경 접경 지역에서 거대한 충돌과 그 사건을 중심으로 내용이 전개되었다.

2부의 전체 주제는 「러시아 역사 속 러시아 변경: 북카프카스, 시베리아, 중앙아시아 공간」이다.

4장의 주제는 「북카프카스 사회 공간: 피의 복수와 아다트 관습법」이다.

4장에서는 북카프카스의 아다트라는 전통적 관습법에서 명시된 다양한 형벌, 화해의 수단 등 법적 체계를 전반적으로 다루고 있는 내용이 서술되었다. 특히 배상의 수단을 통한 화해의 내용이 피의 복수의 차원에서 중점적으로 연구되었다. 이 글에서는 피의 복수에 관한 내용을 '복수' 그 자체의 관점보다는 아다트에 제시된 배상의 형태로서 화해에 이르렀다는 점이 핵심 내용이다. 피의 복수는 20세기 이전 북카프카스 사회의 일반적인 삶의 관습을 이해하는 핵심적 문화 요소이다. 아다트에서 규정하는 피의 복수는 무엇보다도 공동체성과 매우 밀접한 관련이 있었다.

5장의 주제는 「러시아와 시베리아 공간: 역사와 민족」이다. 이 글은 아시아, 시베리아, 러시아를 중심으로 제국의 의미를 고찰하는 내용이다. 러시아가 아시아를 바라보는 시각, 그리고 제국 러시아가 아시아와 시베리아에 등장한 배경과 그 역사적 의미를 통시적으로 고찰한다. 이 글의 기본적인 문제 제기는 러시아에 있어 시베리아의 의미는 어떤 관념으로 해석되는 것인가에 관한 담론이다.

5장에서 러시아와 시베리아는 하나의 단위로 설정되었다. 시베리아는 러시아연방의 영토이며, 주권 국가의 세력권에 포함된 지역이다. 시베리아는 역사적이고 구체적인 피정복 공간이었다. 또한 이곳은 경제적 착취 등 제국주의의 합목적성에 적합한 공간이었다. 시베리아는 역사적 단위인 동시에 지역적 단위이다. 역사적이라는 말은 통시적인 정복 대상으로 시베리아가 점진적으로 러시아에 합병되었다는 의미이다. 시베리아 공간은 러시아 제국의 식민지대地帶이고, 제국 문화의 접변 지역이었다.

6장의 주제는 「19세기 시베리아횡단철도 건설의 과정과 목적 : 경제적, 산업적 가치를 중심으로」이다. 그동안 국내에서 본 주제와 관련된 연구는 대부분 정치, 군사적 목적으로 시베리아횡단철도가 건설되었다는 점을 중심으로 이루어졌다. 그런데 이 글에서는 경제적, 산업적 가치를 중심으로 시베리아횡단철도 건설의 의의를 중점적으로 분석하고 있다.

시베리아횡단철도 건설을 전후해 러시아 경제와 산업이 비약적으로 발전했다. 첫째, 국내 산업 발전과 무역의 확대가 이루어졌다. 둘째, 산업 분야 중 특히 광업 분야가 발전하였다. 셋째, 농산품 수송의 급증으로 러시아 농업 발전에 이바지했다. 넷째, 유통 및 여행업이 발전하였다. 다섯째, 러시아 내 혁신적인 교통 발전이 이루어졌다.

7장의 주제는 「중앙아시아 공간: 중앙아시아 문화의 민족별 동질성과 이질성」이다. 이 글에서는 중앙아시아 사회의 공통적 특성, 역사적 기원, 그리고 중앙아시아 각 민족의 문화적 다양성을 다룬다. 즉 중앙아시아의 공통성과 이질성을 문화 정체성 요소를 통해 분석하는 내용으로 구성되었다. 그리고 1991년 독립 이후 중앙아시아 거주민의 삶의 환경에 나타난 공통성과 이질성의 특정 국가의 기본적인 역사적, 전통적 이해를 통해 제시하는 내용이 서술되었다.

이 저서는 그동안의 연구 결과인 논문을 중심으로 기본적인 내용을 전개하고 있지만, 단순한 논문집이라기보다는 전체 내용이 자연스럽게 연결될 수 있도록 재구성하였다. 이 글은 러시아가 제정러시아를 거쳐서 정복한 변경 지역의 공간적 특성을 규명하면서 이를 러시아 공간과의 역사적 함의, 정치적 맥락, 그리고 변경 지역의 고유한 민족적 특성 등을 중점적으로 서술하고 있다.

국내 저널에 실린 7편의 글은 다음과 같다. 1장은 『복음과 선교』 49-1(2020)의 「러시아 역사 속 러시아정교 이해하기 : 기독교 선교를 위한 접근과 함의」, 2장은 『슬라브학보』 20-2(2005)의 「체첸전쟁의 기원: 러시아와 체첸의 역사적 갈등관계를 중심으로」, 3장은 『국제지역연구』 17-2(2013)의 「러시아와 오스만 투르크의 국제관계에 대한 소고: 전쟁과 종교적 특성을 중심으로」, 4장은 『중소연구』 42-1(2018)의 「북카프카스 지역의 피의 복수와 아다트 관습법」, 5장은 『한국시베리아연구』 12-1(2008)의 「제국, 러시아, 시베리아, 그리고 역사적 함의에 관한 일고찰」, 6장은 『한국시베리아연구』 22-2(2018)의 「19세기 시베리아횡단철도 건설의 과정과 목적 : 경제적, 산업적 가치를 중심으로」, 7장은 『선교신학』 34(2013)의 「선교상황화 전략과 중앙아시아 : 민족별 동질성과 이질성의 문화 접근」을 본 저서에 맞게 새롭게 재구성하였다.

이 책이 국내의 인문학 및 지역학 발전에 도움이 되기를 간절히 바라며, 국내 러시아와 유라시아 이해에 도움이 되기를 바란다. 이 책의 출판을 위해 격려해주신 한양대학교 아태지역연구센터의 엄구호 소장께 깊은 감사의 마음을 전하며, 국내의 러시아 유라시아 인문학 발전을 위해 책의 출판을 허락해주신 도서출판 민속원 사장님과 책의 제반 업무를 책임진 편집부 담당자에게 감사의 말씀을 드린다.

그리고 늘 가까이에서 나를 성원해주는 가족과 세연, 아연 두 명의 딸에게 진심으로 감사한 마음을 드린다.

2024년 9월 6일
행당동 연구실에서
정세진

목차

머리말 4

1부
러시아 역사 속 러시아 공간: 종교·전쟁

1장 러시아 역사와 러시아정교 15

1. 서론 ·· 17
2. 러시아정교의 역사적-사상적 함의 ·· 17
3. 모스크바 제3로마 이론과 러시아정교의 사상적, 민족적 특성 ·········· 19
4. 제정러시아 시기 러시아정교의 민족적 특성 ···································· 25
5. 소련-포스트소비에트 시기 러시아 정체성과 러시아정교 ·················· 31
6. 결론 ·· 36

2장 1990년대 체첸 전쟁은 왜 발생했는가?: 러시아 역사 속 러시아와 체첸의 역사적 갈등관계를 중심으로 39

1. 서론 ·· 41
2. 체첸 민족성 형성 과정과 초기 러시아-체첸 관계 ···························· 43
3. 이맘 만수르의 대러시아 항쟁: 체첸의 민족 통합적 요소를 중심으로 ········ 49
4. 19세기 전반기 카프카스 전쟁의 과정과 원인, 그 역사성 ················ 54
5. 카프카스 전쟁 시기 러시아의 식민주의 통치 방식과 정당성 ············ 58
6. 러시아 사회의 지성사에 나타난 카프카스 전쟁과 체첸의 항쟁 ········ 61
7. 체첸 전쟁의 역사적 기원과 갈등:
   19세기 후반기 이후 체첸-러시아 관계를 중심으로 ························ 65
8. 결론 ·· 68

3장 러시아-오스만 투르크의 역사적 관계: 전쟁과 종교적 특성 73

1. 서론 ··· 75
2. 러시아의 세력 확장기, 러시아와 오스만 투르크의 역사적 관계 ············· 76
3. 18세기 제국 경쟁 시기:
   카프카스와 크림반도를 둘러싼 러시아와 오스만 투르크의 국제관계 ········ 85
4. 북카프카스의 국제관계와 종교적 특성 ·· 96
5. 결론 ··· 101

2부

러시아 역사 속 러시아 변경: 북카프카스, 시베리아, 중앙아시아 공간

4장 북카프카스 사회 공간: 피의 복수와 아다트 관습법 105

1. 서론 ··· 107
2. 피의 복수와 관련된 일반적 범주 ·· 108
3. 북카프카스 사회의 아다트-샤리아 관계 및 아다트 기록 ······················· 113
4. 피의 복수 사건과 아다트 기능 ··· 119
5. 아다트 예시와 법정 심리 ··· 124
6. 결론 ··· 130

5장 러시아와 시베리아 공간:
역사와 민족 133

1. 서론 ··· 135
2. 제국 러시아와 시베리아 공간 ··· 136
3. 러시아와 시베리아의 역사적 관계 ·································· 140
4. 피지배 공간, 시베리아의 소수 민족 ······························· 145
5. 결론 ··· 151

6장 19세기 시베리아횡단철도 건설의 과정과 목적:
경제적, 산업적 가치를 중심으로 153

1. 서론 ··· 155
2. 시베리아 횡단철도 건설의 배경과 그 과정 ··················· 157
3. 시베리아횡단철도 건설의 목적: 경제적, 산업적 가치를 중심으로 ············ 164
4. 결론 ··· 172

7장 중앙아시아 공간:
중앙아시아 문화의 민족별 동질성과 이질성 175

1. 서론 ··· 177
2. 중앙아시아 역사-문화: 공통의 동질성 ··························· 177
3. 1991년 독립 이후 중앙아시아의 공통성과 개별성의 변인 요소들 ············ 186
4. 중앙아시아 민족의 기원과 민족의 대립성 ····················· 193
5. 결론 ··· 199

미   주 201
참고문헌 214
찾아보기 229

1

러시아 역사 속 러시아 공간:
종교·전쟁

1장 러시아 역사와 러시아정교
2장 1990년대 체첸 전쟁은 왜 발생했는가?
3장 러시아-오스만 투르크의 역사적 관계

러시아 역사와 러시아정교

1. 서론

　러시아정교는 러시아의 국민 종교이다. 국민 종교 용어가 생소할 수도 있지만, 러시아인에게 러시아정교는 종교 정체성의 핵심이며, 문화 요소이다. 러시아정교는 1천년 이전인 988년에 비잔틴제국으로부터 러시아로 전해졌고, 러시아인의 의식 속에 면면히 흐르고 있는 역사성을 지닌다. 20세기 소련 체제 시기 러시아 정교회는 소련 당국에 의해 핍박을 받았지만, 러시아인은 정교성을 간직해왔다. 그러므로 러시아인을 올바로 이해하기 위해서는 그들의 심성 속에 기본적으로 배태되어 있는 러시아 정교성의 본질, 개념, 신학적 의미 등을 분석할 필요성이 있다. 1991년 소련이 해체되면서 러시아정교는 새로운 차원으로 국민에게 수용되었다. 러시아 국민은 과거의 종교성을 회복하고 있다.

　1장에서는 특히 러시아정교의 민족적 성격을 러시아 역사 속에 배태된 일련의 사건과 의미를 통해 파악할 것이다. 러시아정교가 어떤 방식으로 수용되었으며, 국가 발전을 통해 러시아정교가 어떠한 역할을 했는지를 규명함으로써 러시아의 정신세계에 정교가 어떠한 기능을 했는지를 일별할 것이다. 러시아정교는 러시아 역사 속에 배태된 종교적, 문화적, 정신적 세계의 종합체이다. 저서의 1장 2절에서는 러시아정교의 역사적-사상적 함의를 간단히 논증하고 3절에서는 '모스크바 제3로마이론'과 러시아정교의 사상적, 민족적 특성을 분석한다. 4절은 제정러시아 시기 러시아정교의 민족적 성격, 5절은 소련과 포스트소비에트 시기 러시아 정체성과 러시아정교의 상관관계를 규명하는 내용으로 서술된다.

2. 러시아정교의 역사적-사상적 함의

　러시아는 988년 비잔틴으로부터 동방정교를 수용했다. 러시아인이 수용한 동방정교를 러시아정교로 부른다. 이는 아르메니아정교, 조지아정교 등으로 명명되는 것과 유사하다. 키예프 루시의 군주인 블라디미르(재위 980~1015)가 정교를 받아들였다. 블라디미르와 대신들은 세례를 받았으며, 러시아는 공식적으로 기독교로 개종하였다. 러시아는 9세기 키예프 루시 시기 동방정교를 수용하기 이전에 자연신과 샤머니즘을 신봉하는 민족이었다. 정교를 수용하면서 러시아는 유일신 종교 체계를 가졌다. 블라디미르는 로마 가톨릭을 받아들일 것인지, 동방정교를 수용할지를 결정해야 했는데, 주저함 없이 동방정교를 수용, 러시아는 비잔틴 문화권에 속하게 되었다.[1]

러시아의 초기 국가인 키예프 루시가 정교를 수용한 배경은 역사적 사건과도 관련되어 있었다. 2022년 러시아와 우크라이나 전쟁 이후 우크라이나는 키예프를 '키이우'로 우크라이나에서 사용하는 언어로 수정해서 불러주기를 국제사회에 요청했다. 다만 이 저서에서는 '키예프 루시'가 장기간의 학술적 용어라고 판단하기 때문에 기존의 용어인 키예프 루시라고 명명하기로 한다. 유럽의 주요 국가인 폴란드, 덴마크, 노르웨이 등은 이미 기독교로 개종한 상태였다. 블라디미르는 국가적 위상을 고양하고 야만족이라는 오명을 씻기 위해 이교도에서 탈피하고 유일 종교를 받아들일 필요성이 있었다고 판단했다.[2]

동방정교의 수용은 비잔틴 제국의 정치적 모델을 받아들였다는 의미이다. 즉 비잔틴 제국의 국가-교회 관계의 모델이 러시아로 들어와서 러시아정교는 정치적인 성격을 띠었다. 러시아는 동방정교를 받아들인 초기부터 교회가 국가에 종속된 형태를 보였다. 이는 비잔틴에서도 완전히 실현되지 못했던 '속권과 교권의 조화' 모델이었다. 키예프 루시 시기 비잔틴의 수도인 콘스탄티노플로부터 종교적 간섭을 받을 수밖에 없었던 러시아 정교회는 정치 체제와 관련된 특별한 입장을 제시할 수가 없었다.[3]

동방정교를 수용하면서 국가와 종교는 밀접한 관련성을 가졌는데, 러시아 정교는 세속 권력과 연관성을 지닐 수밖에 없었다. 권력과 종교의 상관관계로 해석해야만 이해할 수 있는 여지가 많이 있다. 점진적으로 러시아 정교회는 국가에 대한 종속성을 가질 수밖에 없는 구조였다.[4] 러시아 정교회는 민중의 정신 속으로 들어갔다. 정교는 러시아인에게 특별한 종교 정체성이었다. 국민 종교의 특성을 보였다.

러시아정교의 사상적 측면을 살펴보자. 러시아정교는 '조화'의 신학을 지니고 있다는 평가가 많다. 신적 이상과 지상의 조화가 이루어지는 세계를 갈망하고, 평민과 토지라는 조화harmony의 세계가 강조된다. 이 조화를 통해 민중들은 신과의 사상적 합일을 이룬다. 러시아정교는 동방정교, 즉 비잔틴정교보다 신과 인간, 신과 토지, 인간과 땅의 조화로운 세계가 더 중요한 의미를 지녔다. 모든 민중이 영적 세계 속에서 조화로운 삶을 살아간다는 것이 러시아정교의 개념으로 발전되었다.

러시아는 정교 신학 개념이 매우 강력한 국가에 속했다. 러시아정교는 그 자체로 민족 국가 형성의 동인이다. 역사 속에서 이러한 개념이 많이 도출되었다. 이덕형은 러시아의 비잔틴정교 수용으로 동슬라브인의 세계를 대면하는 방식이 근본적으로 수정되었다고 언급했다. 그는 러시아의 문화적, 정신적 이념 아래 범신론적인 자연관이 기본적으로 내재되었는데, 유일신인 기독교의 인간중심주의적 세계관이 병치되었다고 강조했다.[5]

3. 모스크바 제3로마 이론과 러시아정교의 사상적, 민족적 특성

제3로마 이론의 개념 및 이상

러시아정교의 민족적인 특성은 러시아 종교사에서 매우 핵심적인 영역이 되는데, 특히 러시아정교의 독특한 개념이 '모스크바 제3로마 이론'(이하 '제3로마 이론')이다. 이 개념의 성격을 잘 파악해야만 왜 러시아정교가 민족적 성격을 가지고 러시아인이 지금까지도 러시아정교를 국가 정체성의 일부분으로 간주하는지를 알 수 있다. 제3로마 이론은 1510년 당시 프스코프 공국의 주교인 필로페이에 의해 주창되었다. 그에 따르면 제1 로마는 서로마, 제2 로마는 콘스탄티노플, 즉 비잔틴 제국이었다.

비잔틴 제국은 오스만 투르크에 의해 1458년에 멸망하였다. 필로페이는 모스크바가 신권 도시인 동시에 국가라는 입장을 가졌다. 제3 로마는 바로 모스크바이며, 제4 로마는 절대로 나타나지 않을 것이라고 그는 주장했다. 즉 제4 로마가 오기 전에 종말이 도래하며, 그날은 예수 그리스도의 재림 날이다. 러시아정교 신학은 종말론적이다. 러시아정교가 추구하는 지정학적 비전, 지정학적 이상理想은 러시아정교 국가, 즉 러시아 제국을 보호하는 이념이었다.[6]

제3 로마 이론은 어떠한 정치적, 종교적 이상을 제공하였을까?

첫째, 이 이론은 러시아의 민족적, 메시아적 역할에 일정한 부분 공헌하였다. 필로페이는 모스크바가 러시아정교 국가이며, 모스크바가 첫 2개의 국가(로마와 비잔틴 제국)를 계승하였으며, 이는 신의 섭리라고 보았다. 제3 로마 이론의 핵심은 기독교 세계의 영적, 정치적인 지도자 위치는 이제 모스크바가 가지게 되었으며, 러시아 민족이 전 세계의 선민 민족이 되었다는 것을 선포한다는 점이다.[7] 이 사상은 러시아적인 메시아 이상이 등장하는 데 도움이 되었으며, 부정적 의미였지만 신정 정치의 중요성을 일깨워 주었다. 군주에게는 다른 민족을 정복하는 무력 외교를 합리화시켜 주었으며, 민중에게 선민사상을 일깨워 주었다.[8]

15~16세기 전반기, 이 이념은 제정러시아의 전신인 모스크바국의 종교, 정치적 사명의 역할을 담당했다. 중앙집권 정책을 서두른 군주 입장에서 모스크바가 제3 로마로 강조됨으로써 러시아정교는 전 세계의 핵심적인 종교 영역의 일부분이 되었으며, 민족적, 메시아적 성격으로 발전하였다. 국가건설 측면에서 이 사상은 일정한 기여를 하였다. 러시아정교는 민중에게 민족적으로 자존감을 세워준 사상이었다.

둘째, 이 이론은 러시아 제국의 확장 이념으로 일정한 역할을 하였다. 러시아는 16세기에 제국의 위치로까지 올라가지 못했다. 러시아가 제국으로 공식 명명된 시기는 18세기 초 표트르 대제가 스웨덴과의 북방전쟁에서 승리하고 'imperator'(император)라는 호칭을 부여받았던 때였다. 1480년 모스크바국은 1240년부터 240년간 러시아에 대한 정치적 지배권을 가졌던 몽골 세력, 즉 '몽

모스크바 소재 성 바실리 성당 출처: freepik.com

골의 멍에'로부터 벗어났다. 모스크바국은 몽골로부터 정치적 독립을 선언하였다. 이후 모스크바국은 16세기 이반4세(이반뇌제) 시기 강력한 중앙집권을 비로소 실현할 수 있었다. 모스크바국은 이제 중앙집권적 국가의 이상을 가졌다. 이는 소련 시기에도 동일했는데, 민족적-볼셰비키적 소련 국가의 이상은 '세르게이 예이젠시테인Sergei M. Eizenstein(1898~1948)'의 영화인 '이반뇌제'에 이르러 최고조에 이르렀다.[9]

16세기 모스크바국의 중앙집권화에 결정적 역할을 한 이반뇌제는 이 이론을 바탕으로 당시 이슬람을 신봉하던 카잔과 아스트라한 칸국을 각각 1552년, 1556년에 점령하고 제국의 작은 기틀을 마련했다. 러시아의 정교 세계는 이제 이슬람 세계로 확장되었다. 이 사건은 러시아, 유라시아 내에서 러시아정교와 이슬람 관계를 이해하는 증표이다. 러시아는 최초로 무슬림 민족을 정복함으로써, 제국의 기틀을 마련했다. 15세기 이전까지 모스크바국은 몽골에 지배되고 있었고, 몽골 지도층 일부는 이슬람을 수용하면서 통치권을 유지했다. 그런데 몽골의 세력을 격퇴한 러시아는 몽골의 후계국가들에 대한 정치적 지배에 성공함으로써 러시아정교 세계의 우월성을 내세우는 근거를 마련했다. 이러한 시대적 상황에서 제3 로마 이론은 국가의 이념에 충실했다.

신성한 러시아로서의 제3 로마 이론의 관점

셋째, 이 이론은 '신성한 러시아Holy Russia'라는 러시아의 전통성에 영향을 미쳤다. 즉 모스크바가 제3 로마라는 인식은 러시아를 신성한 국가로 정립하는 역할을 가졌다. 러시아는 성례의 의미를 지닌 국가이다. 신성한 모스크바는 신성한 러시아이다. 이는 역사적으로 유구히 이어져 온 러시아정교의 신학적 방향성이었다.[10] 제3 로마 이론은 종교 신학적 의미를 담보하였다. 신성한 러시아 개념과 연동된 민족의식이었다. 일부 역사가들은 이 2개 칸국 점령 시기를 러시아 제국의 시작으로 보는 시각을 가졌다.

16세기에 신의 섭리를 받았다는 인식이 퍼져 러시아 군주는 '차르'라고 명명되었다. 차르의 위치는 과거 비잔틴의 '바실레우스basileus'와 로마의 '카이사르 caesar'와 동등한 위치를 차지하는 격상된 신분이었다. 바실레우스는 그리스어로 군주를 의미한다. 차르라는 칭호를 처음 수여받은 이반뇌제는 "세속적 군주의 군사 대표자"가 되었다.[11] 강력한 국가가 아니던 모스크바국은 이제 차르 칭호를 받는 황제로 격상한 국가가 되었다. 러시아는 카잔 칸국에 잡혀있던 수천 명의 러시아인 포로를 해방시켰다. 타타르인은 러시아 차르의 종주권을 인정하였다. 이반뇌제의 권위는 매우 강력해졌다. 그는 패배한 타타르인이 종교 자유를 유지할 수 있도록 해주었으며 타타르인은 모스크바의 충성스러운 피지배자가 되었다.[12] 이로써 러시아는 우랄산맥을 포함, '커다란 다민족 국가'가 되었다. 카잔과 아스트라한은 볼가강 전체 지역이라고 할 수 있는데, 이로써 동방국가들과 무역 확대의 효과를 가졌다.[13]

카잔 칸국과 아스트라한 칸국은 현재 타타르스탄 공화국에 속하는 지역이다. 키예프 루시가 1240년 몽골에 의해 멸망 당하면서 과거 키예프 루시의 땅은 많은 분령으로 나누어졌다. 모스크바는 이러한 분령 중 하나의 공국에 불과했다. 몽골은 현재의 타타르스탄 공화국의 영토에 킵차크 칸국을 세우면서 러시아를 통치하였다. 그런데 이 칸국이 1500년 경 멸망하면서 카잔 칸국, 아스트라한 칸국, 크림 칸국 등이 등장했다. 이 칸국들은 킵차크 칸국의 계승국이었다.[14] 모스크바국은 1480년 이후 중앙 집권을 추진하였고, 강국의 기반을 마련하였다. 1581년에는 시베리아 지역도 러시아의 점령하에 들어갔다.[15]

넷째, 이 이론으로 강대국인 러시아와 오스만 투르크 간에 유라시아의 패권을 둘러싸고 첨예한 대립을 보이기 시작했다는 점이다. 오스만 투르크는 1453년에 콘스탄티노플을 점령했다. 수도인 콘스탄티노플을 상실함으로써 비잔틴 제국도 역사 속으로 사라졌다. 정교 국가의 본산이던 비잔틴이 멸망했다. 이 이론으로 모스크바 군주는 기독교 국가를 선도하는 핵심 인물로 등장했다. 모스크바국 이후 로마노프 왕조인 제정러시아는 오스만 투르크의 정치적 세력권이 있는 코카서스(러시아어로 카프카스; Кавказ; 이후로 카프카스로 명명)지역과 흑해로 진출, 이 지역의 맹주인 오스만 투르크와 정치적, 군사적으로 대립하였다.

러시아정교와 이슬람은 흑해 지역에서 강력한 대립적 요소였다. 양국은 종교적으로 이질적이었다.

역사적으로 오스만 투르크가 매우 강성한 시절이 있었다.[16] 서방과의 십자군 전쟁을 치른 대표적 이슬람 민족이 오스만 투르크였는데, 1090~1290년 십자군 기간 서유럽 국가와 치열한 전쟁을 벌였다. 무슬림의 적개심은 서방 기독교를 향해 있었다. 21세기 현재까지 무슬림은 유럽으로 대변되는 기독교 세력에 대한 적의를 가지고 있다. 이런 관점은 매우 추상적이고 구체화되기 어려운 이데올로기이다. 그러나 지금도 튀르키예 민족의 내면에 크게 자리 잡고 있다. 이에 대한 일원론적 해석을 할 수 없는 이유는 어떠한 하나의 용어를 상정하고 해석할 시에는 다양한 전통과 경험, 역사적 사실 등이 존재하기 때문이다. 이러한 차원에서 서유럽 세계에 대한 전통적인 무슬림 세계의 인식, 의식, 그리고 이에 따르는 행동과 반응 등이 면밀히 검토될 필요성이 있다.

러시아가 무슬림 칸국을 정복하면서, 무슬림은 러시아 내 신민이 되었고 통치 대상이 되었다. 러시아 통치자가 무슬림을 지배했다. 점령당한 무슬림은 세력을 상실하기 시작했으며, 점진적으로 퇴출의 과정을 밟았다. 그들은 대도시보다는 작은 마을에서 나름의 정체성을 유지하며 거주하였다. 수 세기 동안 러시아 무슬림은 종교 정체성을 비교적 유지하고자 했으며, 특히 몇 세기 동안 전승된 이슬람 율법인 샤리아를 적용하는 전통을 가졌다. 카프카스에서는 이슬람이 아직 완전히 정착되지 못했으므로 관습법인 아다트Adat의 영향력도 매우 컸다.

그들은 스스로 보호하기 위해 혈통에 근거한 민족 관계를 강화하였고, 전통적인 혈연 공동체가 전승되었다. 이 지역에서는 공동체의 모든 구성원을 결합하는 각종 결정을 내리기 위해 원로협의회를 결성하였다. 예를 들면, 타타르 민족의 일상생활을 규정하고 통치한 주요 계층은 '악사칼'과 '아비제'였다. 신분 위치 안에서 종교적, 교육적, 사법적, 사회적 기능은 원로협의회의 책임 속에 있었다. 이들은 종교 지도자인 경우도 있고, 종교 사회의 후견인, 전통의 지지자들이었으며, 비공식적인 지방의 정책 결정자였다.[17] 오스만 투르크가 이 지역에 대한 정치적 지배력을 가지고 있었다. 그런데 러시아가 급격하게 세력권을 팽창함으로써, 이슬람 국가이던 오스만 투르크와 흑해에서 지배권을 놓고 갈등을 빚었다.

다섯째, 제3 로마 이론으로 종교적으로 국가-교회 갈등이 등장했다. 이 이론에서 모든 성직자는 군주의 의지에 종속되어야 한다. 차르에게는 성직자들을 궁극적으로 책임질 상황에 있다. 그는 교회와 국가의 방향성을 인도하는 책임자였다. 차르의 칭호로 이반뇌제는 강력한 중앙집권화를 추진하였다. 이 와중에 교회와 충돌이 일어났다. 1568년 이반뇌제는 교회와 직접적인 갈등을 일으켰다. 모스크바국의 필립 수좌 대주교(재위 1566~1568)는 죄 없는 자들에 대한 이반 뇌제의 무자비한 살인 행위를 비난하였다. 이반뇌제는 친위대를 통해 자신에 충성하지 않던 많은 귀족들을 살해하는 폭정을 저질렀다. 필립은 그에게 참회를 요구하였다. 이는 차르의 권위에 대한 직접적 도전이었다. 6개월도 안 되어 이반 4세는 필립을 해임하고 수감했으며 결국 살해했다.[18] 이 이론은 러시아 민족주의 성격 형성에 결정적으로 작용했다. 이제 러시아인의 정신세계에 고유한 자존심이 부여되었으며, 러시아인은 세계의 선민의식을 지녔다. 현 시대에도 정치적으로 러시아는 서방 국가와 대립적인 측면을 보이고 있다.

4. 제정러시아 시기 러시아정교의 민족적 특성

표트르 대제-예카테리나 여제 시기 러시아정교

표트르 대제(재위 1682~1725) 시기 러시아 정교회는 가장 심각한 타격을 입었다. 그는 교회의 수장인 수좌 대교구의 존재가 러시아를 근본적으로 개혁하겠다는 자신의 의지에 방해물이 된다고 판단했다. 1700년에 수좌 대주교가 사망하자, 표트르 대제는 총대주교를 선출하지 않으면서 공석으로 남겨두었다. 이후 '신성종무원Holy Synod'을 행정부 내에 두고 러시아 정교회를 행정부 내에 종속시켰다. 즉 교회를 행정 부서 내에 설치, 행정적으로 정교회를 통제하였

그리스도와 성모 마리아 이콘 출처: 〈블라디미르의 성모〉, 러시아 트레티야코프 미술관

예카테리나 여제 출처: 러시아 트레티야코프 미술관

다. 그는 자신이 신의 권위를 지니고 있으며, 러시아 교회 내의 질서를 새롭게 한다는 선포를 하였다. 표트르 대제는 차르의 권한으로 "모든 영적 관심사에 대해 완전한 통제권을 행사한다"고 선포했다.[19]

표트르 대제는 신성종무원 원장을 직접 임명하였다. 후보자의 영적 조건과는 아무런 관계가 없었다. 대제는 세속화 정책을 적극적으로 추진한 인물이었다. 그의 정책은 총대주교 제도 폐지와 신성종무원의 창립으로 절정을 이루었다. 신성종무원은 차르에 종속된 행정 기관이었고, 제정러시아 말기까지 존속하였다. 원장의 지위나 위상은 그저 세속적인 고위 행정 관료에 불과했다.[20] 랴자노프스키가 지적하듯, 제정러시아 시기 교회 조직, 재산, 정책에 대한 효율적인 통제가 가능해졌다. 러시아 이전 국가인 모스크바국이 차르와 총주교 등 두 명의 최고 지도자가 존재하였다면, 표트르 대제로 상징되는 페테르부르크 시기에는 차르가 절대적 통치자로 군림하였다.[21]

예카테리나 여제(재위 1762~1796)는 기독교에 적의적인 이들을 신성종무원의 행정 장관으로 임명하였다. 여제는 수도원의 거대한 토지와 교회 영지를 군주의 관할 하에 두는 조치를 취했다. 수도원의 절반 이상이 폐쇄되었고, 성직자의 숫자도 엄격히 제한되었다. 성직자들이 반발하고 저항하면 그들의 성직은 박탈당하고 감옥에 수감되거나 심지어 살해되었다.[22] 예카테리나 여제는 러시아 영토를 크게 확장했다. 그는 오스만 투르크와의 전쟁에서 승리한 이후 크림반도를 1783년에 정복했다. 이로써 몽골의 계승 국가는 결정적으로 러시아 영토가 되었다.

러시아 역사 속 러시아정교-중앙아시아 이슬람 관계

여기에서 러시아와 중앙아시아의 관계를 기본적으로 서술할 필요성이 있다. 정교 국가인 러시아가 무슬림이 많이 거주하는 중앙아시아를 19세기 중반 이후 군사력으로 정복, 무슬림 삶의 영역으로 깊숙이 들어갔기 때문이다. 중앙아시아 민족은 이슬람 종교 정체성을 강력히 가지고 있다. 이 지역은 전통적으로 생활 이슬람이 정착된 곳이었으며, 이슬람 의식이 널리 퍼져있었다. 중앙아시아 이슬람은 수피즘 전통과 밀접히 연관되었다. 이슬람 전파가 강화되던 시기는 킵차크 칸국, 즉 '골든 호르드Golden Horde(금장 칸국)'의 '베르케Berke' 칸(1255~1266)과 '우즈베크 칸'(1312~1340)이 무슬림이 된 사실과 연관 깊었다. 티무르 제국 시대, 티무르 치하의 14세기 이슬람은 중앙아시아에 큰 영향력을 가졌다. 카자흐스탄에서 이슬람은 아랍 선교사들에 의해 많이 전파되었으며, 타타르게 종교 지도자인 물라의 활동으로 강화되었다. 그들은 18세기 후반 예카테리나 여제의 개인 명령으로 카자흐스탄에 와서 활동하였다. 러시아 동방 학자인 란다는 다음과 같이 말했다.[23]

> 타타르인은 중앙아시아의 언어와 문화를 이해하고 이 지역에 이슬람을 전파함으로써 러시아의 중앙아시아 정복에 일종의 중재자, 통역자, 개척자, 안내인의 역할을 했다. 그들은 러시아 상인들과 정부 관리들의 조언자로서 활동하였으며, 선생, 물라, 그리고 지역 문화와 관습의 전문가로 일했다.

이슬람은 칸과 술탄의 카자흐 귀족에게 전파되었다. 평민들은 고대 前 이슬람 시기의 신앙을 유지하고 과거 의식을 시행하거나 이슬람 전통을 동시에 지니는 혼합주의를 선택하였다. 제정러시아는 중앙아시아를 지속적으로 정복하고 확대해 나갔다. 이로써 직접적, 혹은 간접 통치의 범위 속에 포함된 무슬림 인구는 5백만 명 이상이 되었다.[24] 중앙아시아에서 가장 강력한 이슬람 세력은 낙쉬반드 수피즘 계열이었다. 이들을 중심으로 이슬람은 강력한 세력을 구축하였다. 특히 낙쉬반드 종파 지도자들과 제자들은 무슬림 행위와 무슬림 의식을 매우 강력히 보존하고 있었다. 종교 지도자들은 오스만 투르크와 긴밀한 협력 관계를 구축하고 있었다.

중앙아시아 무슬림 세력은 매우 실체적인 힘이었다. 이들은 러시아 통치에 대한 저항을 지속적으로 가능하게 한 원천이었다. 이런 종교 환경으로 19세기 러시아 엘리트들은 무슬림 극단주의를 두려워했다. 이슬람 신앙에 대한 관용 정책의 분위기도 있었다. 러시아는 19세기 중엽에 타슈켄트를 점령하고 소위 '투르키스탄Turkistan 총독부'를 세웠다. 투르키스탄 명칭은 단순히 지도상의 공간이었지, 특정한 국가를 가리키는 것은 아니었다. 러시아 정부는 1차 세계 대전에 참전하였다. 결국 이것이 제정러시아의 붕괴로까지 이어졌다.

19세기 후반 2개의 주요한 사회적 변화가 행해졌다. 투르키스탄의 핵심 공간은 중앙아시아이다. 우즈베키스탄이 투르키스탄의 핵심이었다. 이 지역은 러시아에 의해 식민지화되었다. 러시아가 비록 식민지화했지만, 중앙아시아에 자강 운동이 일어났다. 이는 '자디즘Jaddism'이라고 명명되는 이슬람 개혁 운동이었다. 자디즘은 교육, 현대화, 이슬람 문화의 세속적 가치, 그리고 부패와 악덕과의 싸움 등으로 요약된다. 이 운동은 카자흐스탄 지식인이 중심이 되어 일어났다. 자디즘은 러시아인과도 일정하게 결부되어 있었다. 러시아가 적극적으로 이 운동을 반대하지 않았다. 개혁 운동은 러시아 및 유럽 문화를 수용하자는 주장으로 이어졌다. 러시아 엘리트들은 소규모의 종교 행위를 별도로 하고 문화 변화 정책을 공식적으로 표명하였다.

자디드 주창자들은 1880년대 이 운동을 시작하였으며, 그 정점의 시기에 유럽 문화 도입을 주장하였다. 운동은 매우 강한 영향력으로 중앙아시아 거주민에게 파고들었다. 근본적으로 이 개혁 운동은 러시아 엘리트, 즉 러시아 식민주의자들이 중심이 된 것은 아니었다. 터키계 민족, 특별히 세속화된 유럽 러

우즈베키스탄 사마르칸트의 레기스탄 광장 필자촬영

시아의 크림 타타르 무슬림이 개혁 문화를 전파하였고, 투르키스탄 거주민이 이를 채택하였다. 타타르 무슬림은 유럽 문화를 받아들이는 데 일정한 역할을 하였다.[25] 중앙아시아에 개혁 운동이 발생하였지만, 러시아는 근본적으로 제국이었다. 러시아는 중앙아시아를 정치적으로 지배한 제국이었으며, 제국의 지배를 점진적으로 강화하였다.

18세기 초 표트르 대제에 의해 러시아 정교회가 국가에 종속 체제로 남아있었지만, 러시아 민중에게 러시아정교는 여전히 메시아적인 의식으로 작동되었다. 러시아정교는 국민을 결속하고 대외 팽창의 구심점으로 작용했다. 19세기 중반 러시아 지식인들을 중심으로 등장한 '슬라브주의자'의 인식도 그러했다. 이반 키리예프스키, 콘스탄친 악사코프는 서구주의자들이 높게 평가한 서유럽 문화보다 러시아 문화가 더 우월하다는 의식을 가지고 있었다. 이들에게 러시아 정교는 특별했다. 이들은 로마-가톨릭 세계로 대변되는 서유럽 문화보다는 정교 세계의 독자성에 더 심취되어 있었다. 러시아인이 진정한 기독교인이라는 인식을 바탕으로 러시아는 메시아적 민족이라는 개념이 등장했다. 정교의 순수성과 도덕성이 보완되어 동-서 융합의 문명 세계를 창출하는 것이 러시아의 진정한 메시아적 사명이라는 점이 강조되었다.[26] 이러한 메시아적 관점은 오직 러시아정교가 메시아사상과 구원 사상으로 발전한다는 개념이 되었다. 이러한 인식을 통해 독특한 종교적 세계관이 구성되었다.

5. 소련-포스트소비에트 시기 러시아 정체성과 러시아정교

소련 시기 러시아정교와 이슬람 특성

1917년 러시아혁명 이후 러시아의 중앙아시아 통치를 통한 민족적 성격을 분석한다면, 러시아정교의 민족성을 잘 인식할 수 있을 것이다. 소련 초기 러시아는 중앙아시아 통제 방식을 가동했다. 중앙아시아는 혁명과 그 이후 내전 시기 자치와 자유를 잠시 누렸다. 그러나 러시아의 볼셰비키 세력이 백군과 벌인 내전에서 승리하면서 중앙아시아의 자치권은 상실되었다. 소련의 붉은 군대가 중앙아시아로 진입하면서 공산주의 통치가 시작되었다. 특히 스탈린 통치 시기 중앙아시아는 엄격하게 통제되었다. 공산주의 통치 방식상, 종교는 탄압받았다. 러시아 정교회도 마찬가지였다.

러시아는 세계 최초로 공산주의 국가를 출범시켰다. 혁명 이후 볼셰비키는 정권을 유지하기도 쉽지 않았다. 국가 존립이 매우 어려웠다. 그러나 그들은 백군과의 내전에서 힘겹게 승리하면서 1922년, 소련 체제를 출범시켰다. 이후 중앙아시아 구성 공화국은 1924년부터 소연방 체제에 합류하였다. 중앙아시아에서 가장 먼저 소련에 합류한 구성공화국은 우즈베크 공화국, 카자흐 공화국, 투르크멘 공화국 등이었다.

1차 세계대전과 러시아혁명 등 제정러시아 붕괴 전후 중앙아시아에서는 다양한 분리주의 그룹이 출현했다. 특히 '투르키스탄 민족해방운동'은 19세기 러시아에 의해 독립을 상실한 중앙아시아 무슬림 민족의 자치권을 회복하고자 하는 움직임이었다. 이 운동으로 1917년 투르키스탄 자치국이 출현하였다. 일부 전문가들은 당시 이슬람이 부흥했으며, 이를 통해 단일한 투르키스탄 공화국이 출현하였다고 주장했다. 혁명을 성공시킨 볼셰비키는 중앙아시아를 소련 체제에 합류시키면서 이 지역 거주민이 소비에트 시민사회의 정체성을 지속적으로 가질 수 있도록 이끌었다. 이후 타지크 공화국은 1929년, 키르기즈 공화국은 1936년에 각각 소연방 구성공화국이 되었다. 소련 통치자들은 중앙아시아의 민족 자치권을 제어하기 위해 "소비에트 시민사회"라는 개념 하에 민족 자치성보다는 소비에트 사회의 전체성을 강조했다. 고유한 민족 자결을 인정한다기보다는 소비에트 체제가 더 중요했다. 이 개념이 소련 전체를 관통하는 정치적 체계였으며 정신적 구심점이었다.

스탈린 통치 시기 러시아정교 상황

1920년대 스탈린은 힘겨운 권력 투쟁 끝에 승리했다. 그는 종교에 대한 완전한 통제권을 확립하고 러시아인의 종교 및 문화생활을 통제했다. 스탈린은 많은 종교 지도자들을 처형하였으며, 종교는 아편이라는 사회주의식 해석을 내리면서 독재 체제를 확립했다. 그는 무소불위의 독재와 전체주의 체제를 통해 소련을 강력한 공업 국가로 발전시켰다. 2차 세계대전을 승리로 이끌고 동유럽에 대한 정치적 지배권을 가졌다. 동독, 헝가리, 체코, 폴란드, 루마니아는 소련 체제에 종속되었다. 소련의 정치적 지배권이 확장되었다. 이는 '소비에트 팽창'으로 언급될 만하였다.

이 시기 러시아 종교 철학자들은 소련 지도부의 통치 이념을 일종의 '러시아 메시아주의'로 해석하였다. 니콜라이 베르쟈예프 등은 공산주의 체제를 제3 로마 이론이 현대적으로 환생하여 제4 로마가 출현한 사건으로 재해석했다. 소련 영화감독이던 아이젠시타인은 스탈린에게 헌정하기 위해 영화 '이반뇌제'를 제작했는데, 이 영화는 종교가 국가주의로 승화된 개념으로 해석되었다. 매우 강력한 쇼비니즘을 추구하는 내용이었다. 이는 러시아식 민족주의가 출현했다는 것을 함의한다. 러시아 민족주의에는 종교적 이념, 종교적 해석이 동반되는 경향이 짙다.

소련 체제의 핵심은 러시아공화국이었다. 스탈린 서기장이 조지아 출신이었지만, 소련의 핵심 민족은 러시아인이었다. 러시아인에 의한 통치로 반발이 일어났다. 러시아인은 러시아정교를 신봉하는 민족인데, 이슬람으로 대변되는 중앙아시아 민족 간의 메워지지 않는 종교적 간극의 영향이 컸다. 상기에 언급했듯, 소련 정부는 다민족으로 구성된 연방을 효율적으로 통치하기 위해 '소비에트 시민사회'라는 이상을 전면에 내세웠는데, 이는 강력한 사회적 정체성이었다. 중앙아시아 개별 민족을 뛰어넘은 초 민족 정체성이 시민사회라는 범주 안에 포함되었다. 개별 민족 정체성은 소비에트 정체성이 강하게 나타남으로써 희석되었다. 소비에트 정체성이 핵심이며, 사회주의적 진보 이념이 외면적으로 가장 중요했다.[27] 이런 방식으로 소련 정부는 종교를 통제하였다.

그런데 중앙아시아 사회에는 소비에트 시민사회라는 강력한 연대 의식이 있었지만, 역사적으로 형성되어 온 종교의 영향력을 무시할 수 없었다. 중앙아시아 종교 정체성은 이슬람이었다. 소련이 중앙아시아를 지배하면서, 무슬림을 중심으로 반소련 운동이 발생했다. 소위 '바스마치Basmachi' 운동은 소련 통치에 대항해 무슬림이 일으킨 무장 저항 운동이었다. 스탈린 독재 체제가 공식적으로 시작되던 1927년까지 이 운동이 이어졌다. 소련 정부는 중앙아시아 정체성이 이슬람에 강하게 남아있다고 인식하였다. 공산주의로 대표되던 소련 공산당은 종교를 아편으로 규정하였다. 그들은 이슬람 이외에도 러시아정교 조차도 탄압했다. 즉 모든 종교를 탄압했다. 많은 종교인이 박해를 받고 사망했다.

러시아인의 정체성인 러시아정교와 이슬람은 그 본질상 차이점을 가지고 민족마다 상이한 문화적 경향을 지니고 있고 종교적 변별성이 있었다. 예를 들

러시아 모스크바 구원교회xрам спасителя 필자촬영

있다. 소련 국민은 소비에트 시민사회라는 폭넓은 시민 정체성을 가졌지만, 각면, 아르메니아인 중에 터키어를 구사하는 이들이 있었는데, 이들은 아르메니아 정교도로서의 정체성 때문에 터키인이 아니라 아르메니아인으로 자신의 정체성을 규정하는 경향이 있었다.[28]

소련의 연방 의식은 매우 명확하였으므로 중앙아시아에서는 종교 소속이나 종교 정체성을 외면적으로 강하게 드러내기는 매우 어려웠다. 소련 지도부가 무신론을 강조하고 종교 탄압에 적극 나섬에 따라 이슬람이 오랜 기간 침체되었다. 그럼에도 불구하고 무슬림 성직자들은 일정한 목표를 가지고 있었고, 이슬람 종교 기관을 유지하고자 하는 노력을 기울였다. 성직자들은 압박을 받으면서도 무슬림 공동체의 이미지를 구성하기 위한 시도를 하였으며, 이런 노력으로 이슬람 정체성이 면면히 유지될 수 있었다. 국가 권력과의 관계보다는 무슬림 사회의 관습을 유지하고자 하는 노력이었다.[29]

종교 탄압 분위기가 누그러진 것은 2차 세계대전 때문이었다. 이 전쟁으로 약 2,000만 명의 소련 국민이 사망했다. 스탈린은 국가 위기에 봉착하자, 러시아 정교회를 활용하는 전략을 채택했다. 무신론 정책으로 탄압받던 러시아 정교회였지만, 국가 존망이 불투명한 세계대전 시기 스탈린은 러시아 정교회에 유화적 태도를 취했다. 그는 정교회가 국가 수호에 도움이 되어줄 것을 공식 요청했다. 스탈린은 1943년부터 전쟁 승리로 동독, 헝가리, 폴란드, 체코 등 동유럽에 대한 정치적 지배권을 가진 시기인 1948년까지 러시아 정교회를 국가의 주요 에이전트로 간주하는 태도를 보여주었다. 스탈린은 종교적 이상과 비전을 고양하기 위해 '모스크바 바티칸' 창설을 꿈꾸었다. 모스크바를 정교 세계의 최고 중심 도시로 만들기 위한 야심이었다. 현대판 모스크바 제3 로마 이론이었다. 동방 교회의 중심지인 콘스탄티노플에서 모스크바로 정교 중심지를 이전하고자 했던 것은 비잔틴 제국의 멸망이 결정적인 계기였지만, 러시아정교를 국가체제에 종속하고자 했던 의미도 강했다.

소련 사회는 1980년대부터 급진적인 변화를 겪었다. 고르바초프가 1985년 소련 서기장이 되었다. 그는 당시 50대였으며, 매우 정력적으로 국가를 이끌었다. 그는 그 유명한 '페레스트로이카Perestroika(개혁)'를 주창했으며, 소련 사회의 재구조를 추진했다. 페레스트로이카는 개혁적 의미보다는 재건축, 재구조로 해석되었다. 즉 정치-사회 개혁의 의미보다는 기존의 소련 사회 바탕 위에서 일정한 사회 변화를 시도하였다. 그러나 그의 정책은 보수파로부터, 혹은 소련 사회의 근본적인 개혁을 원했던 급진파로부터도 지지를 받지 못했다. 이 정책 이후 사회는 급변하였고 종국적으로 소련은 해체되었다.

러시아인의 정체성인 러시아정교와 완전히 다른 종교 정체성인 이슬람을 신봉하던 중앙아시아는 정신적으로 소비에트 시민사회라는 틀 속에서만 유지될 수 없었다. 종교적 차이를 무시할 수 없기 때문이다. 페레스트로이카가 강조되던 시기인 1985년 이후 러시아 사회는 소련 이전의 '사상적 르네상스'를 동경하였으며, 러시아 정교회와 정교 문화의 복원을 강하게 추진하였다. 그것은 현대 러시아가 소련 사회의 멸망이라는 사상적 혼란의 시기를 정교 문화를 통해 극복하겠다는 의지적 표현이며, 이는 민족 정체성 확립과도 연결되는 국민적 인식이었다.[30]

6. 결론

소련 해체로 과거 구소련권은 혁명적 변화를 맞이했고, 공산주의 이데올로기가 공식적으로 종식했다. 공산주의 이념이 사라지면서 이 지역은 이념의 진공 상태가 되었다.[31] 소련 해체 이후 해외 기독교 단체 등에서 기독교 복음 전파를 강력히 추진했다. 이에 러시아정교에 강한 종교적 정체성을 가지고 있던 러시아 정교회 고위 관계자들은 의회를 중심으로 로비를 펼치면서 기독교 복음 전파를 막는 법률안을 통과시키는 등 강력히 반발했다. 장훈태는 IS 등 중동 사회에서 강력히 나타났던 분쟁 혹은 내전이라는 사회적 변동 상황에서 서구 사회가 가졌던 종교적 편견으로 서구와 중동, 이슬람교와 기독교라는 갈등 구조가 양산되었다는 점을 비판하였다.[32]

이 글은 러시아정교를 바라보는 러시아인의 민족적 성격, 혹은 러시아인의 내면에서 원래부터 지니고 있던 정교의 종교성을 역사적인 경로를 따라 일별하였다. 특히 러시아정교의 역사적, 사상적 함의를 중심으로 내용이 구성되었다. 역사 속에서 구성된 러시아정교는 국민 정체성이었다. 모스크바국 시기부터 이는 국가 정체성의 일부분으로도 강력히 기능했던 종교, 정치, 문화 요소로 설명될 수 있다. 러시아가 16세기부터 무슬림 민족을 정복하였기 때문에 현재 러시아연방의 약 1억 4,500만 명의 인구 중에서 이슬람 신봉자는 약 2,000만 명에 이른다. 러시아연방 내 볼가강 유역과 카프카스 인근 지역에 무슬림이 원래부터 많이 거주한 관계로 무슬림 인구가 꽤 많은 편이다. 그러나 러시아연방의 종교 정체성은 러시아정교이다. 어떤 국가, 어떤 민족이든지 그 나라가 가지고 있는 고유의 종교, 문화적 영역이 있다. 전체적으로 이는 문화 정체성으로 연결된다.

1990년대 체첸 전쟁은 왜 발생했는가?:
러시아 역사 속 러시아와 체첸의 역사적 갈등관계를 중심으로

1. 서론

체첸 전쟁은 최현대사인 20세기말과 21세기(1994~1996, 1999~2002)에 벌어진 사건이며, 러시아의 푸틴 대통령이 공식적으로 체첸 자치공화국에는 "전쟁이 없다"고 선언했지만, 여전히 이 전쟁의 영향력은 지금도 너무나 강력하다. 소련 해체 이후 러시아연방 내부에서 벌어진 이 전쟁의 원인에는 몇 가지 요소가 분명히 존재한다. 그 가운데 가장 중요하게 부각된 것은 체첸 내에 매장된 원유와 체첸을 통과하는 원유 수송로에 대한 러시아의 사활적 전략 때문이라는 해석이다.

둘째, 체첸의 일부 지도자들이 체첸의 완전 독립을 요구하기 때문에 러시아가 이를 도저히 수용할 수가 없어서 전쟁이 일어났다는 주장이다. 만약 체첸의 독립을 허용한다면, 러시아연방 내의 다른 자치공화국에서도 독립 요구가 걷잡을 수 없이 일어나 독립의 도미노 현상이 벌어지기 때문에 러시아연방 정부는 도저히 이를 받아들일 수가 없다는 설명이다. 러시아 정치권력 집단의 사활적 이익이 있는 중요한 문제이기 때문에, 이에 대해서는 러시아와 서방의 분석가와 언론이 대체적으로 동의하는 부분이다. 러시아 지도자들은 체첸 전쟁에서 체첸이 승리한다면, 소련 해체와 동일한 운명을 러시아가 직면하게 될 것이라고 우려했다.[1]

상기의 두 가지 큰 틀의 체첸 전쟁의 요인은 거시적으로 분석해 본다면, 지극히 러시아적 입장에서 대변되는 관점이다. 이는 한 국가나 한 민족의 일방적 당사자에 대한 정당성이다. 이런 점에서 체첸 민족 입장에서 해석되는 전쟁의 정당성 고찰도 분석되어야 할 것이다. 이 글은 전쟁의 원인보다는 체첸 전쟁이 오랜 시기 러시아와 체첸의 상호 간의 역사적 악연惡緣으로 인해 발생하였다는 또 다른 관점을 중심으로 기술하는 내용으로 구성되었다.

체첸 공화국의 입장에서 체첸의 독립과 자유는 4백 년의 역사적 기원을 가지고 있다. 러시아와 체첸의 역사적 관계는 17세기에 시작되었다. 2005년에 사망한 체첸 대통령 마스하도프는 "지금, 체첸 민족은 러시아와 싸우고 있다. 러

1차 체첸전쟁 러시아군 기갑부대 출처: ⓒAP Photo 1994년 12월 11일

시아는 체첸과의 관계를 명확하게 규정하기를 원치 않는다. 이 전쟁은 4백 년 이상 지속되고 있다"라고 강조했다. 러시아의 사료에도 러시아와 체첸의 역사적 관계를 대략 1614년 이후로 정의하고 있다.[2] 전쟁의 본질에 대한 규명에는 한 민족의 종합적 역사에 대한 조명이 필요하듯, 체첸의 역사적 기원과 민족성은 체첸 전쟁의 성격을 이해하는 필수적 요소이다. 동시에 체첸과의 역사적 기원을 공유하는 러시아의 국가적 성격과 그 요소를 파악하는 것도 매우 중요하다. 그런 관계로 국가적으로, 민족적으로 두 당사자의 전쟁, 즉 역사적 충돌과 그 갈등이 어떤 기원을 함유하는지를 분석할 필요성이 있다.

체첸 전쟁에 대해 다양한 견해가 있어서 역사적 기원은 매우 신중하게 규명되어야 한다. 체첸 입장에서 체첸 전쟁은 민족적-역사적 운명의 궤도 한 가운데에 있다. 체첸의 투쟁은 단순히 '문명의 충돌clash of civilization'에서 강조되는 종교 전쟁이라는 이론의 단순한 대상으로 해석될 수도 없고, 정치-경제적 요인이라는 현상으로만 파악하는 것도 어려움이 따른다. 역사-정치적 갈등이라는 세계사의 온갖 사건의 광장에서 체첸 전쟁도 명백히 역사의 기원을 가지고 있다. 사무엘 헌팅턴이 직시하는 바와 같이 체첸 전쟁은 "러시아와 체첸이 彼我를 역사적 과정 속에서 어떤 방식으로 정의하고 있는지가 중요하며, 결국 상호작용의 역사적 뿌리를 가지고 있다"[3]는 논지는 매우 중요한 지적이다.

이 글에서 체첸 전쟁은 기본적으로 러시아와 체첸의 역사적 관계라는 틀에서 그 기원을 밝히고자 할 것이다. 특히, 체첸 전쟁은 강제적 점령을 통한 러시아의 전통적 팽창정책이 그 원인이며, 러시아의 강제 복속과 식민주의 정책이 역사적 배경임을 통시적 축을 중심으로 분석된다. 그리고 러시아의 군사적 팽창에 대한 체첸 민족의 역사적 항쟁의 기원과 본질을 체첸의 역사적-사회적 이념의 통합성이라는 측면에서 살펴보고자 한다.

2. 체첸 민족성 형성 과정과 초기 러시아-체첸 관계

역사 속에서 태동된 체첸의 대 러시아 항쟁의 경과

전통적으로 체첸 공동체의 봉건주의는 씨족 사회적으로 더 강력한 권력을 지닌 공동체가 핵심 씨족이 되는 독특한 씨족공동체로부터 발생하였다. 강력하고 부유한 씨족공동체가 체첸 공동체를 일반적으로 부르는 용어인 '타이프тайп'의 연장자 역할을 소유했다. 러시아 역사학자들은 봉건사회를 유지하기 위해 체첸 공동체가 채택한 방법은 체첸 내의 강력한 씨족공동체가 상대적으로 약소한 씨족을 '공격 시스템набеговая система'을 통한 약탈 경제의 형태였다고 주장하였다. 이 관점에 따르면 체첸 공동체는 일종의 노예제 사회였다. 노예 충당을 위한 하나의 방법이 바로 이러한 형태의 공격을 통해 획득한 포로들을 노예제 농업경영의 형태로 강제적인 부역에 동원하는 시스템이다. 심지어 부유한 씨족공동체는 다른 '타이프'의 지도자적인 씨족공동체와 정략결혼을 통해 지속적으로 권력을 확대 혹은 유지하였다.

체첸 봉건제 사회에 관련, 여러 의견이 엇갈리고 있다. 일부 러시아 역사학자들은 체첸은 태부족한 식량과 생활 유지를 위해 다른 체첸 씨족 사회를 공격할 뿐만 아니라 다른 민족의 공동체를 침략하는 약탈 경제가 주된 생활 기반이 되었다고 주장한다. 그런데, 이런 관점과는 다르게 일부 러시아 학자들과 체첸 지역 학자들은 약탈 경제는 아주 일부에 불과하였다고 강조한다. 러시아가 19세기에 식민주의 통치를 강력하게 시행할 때 체첸 공동체는 약탈 경제와 같은 후진적 방식의 경제생활과는 아무런 관계가 없었다는 것이다. 이들은 러시아가 극히 민족주의적 입장에서 체첸 공동체의 경제를 후진적인 경제 형태라고 폄하하고 있다고 반박했다.

체첸 공동체에서 봉건 관계가 형성되고 발전한 시기는 16~17세기였다. 체첸 봉건사회는 몽골의 침입과 그 이후 킵차크 칸국(골든호르드)의 지배, 티무르 제국의 점령 등으로 인해 더딘 발전 과정을 보여주었다. 체첸과 잉기쉬 민족은 북카프카스의 카바르다, 다게스탄의 다른 민족들보다 사회-경제 발전단계가 뒤떨어졌다. 체첸은 그 이전부터 다게스탄 영주들에 종속되어 있었다. 다게스탄의 '샴할 카지쿠무흐' 영주가 체첸에 대해 가장 강력한 지배적 영향력을 끼쳤다.[4]

체첸은 감당하기 어려울 정도의 많은 세금을 카바르다와 다게스탄 영주들에게 바쳤다. 체첸의 전통 민요에는 카바르다, 다게스탄의 샴할 카지쿠무흐와 '아바르' 영주에 반발하는 민족의 저항 이야기가 전해질 정도로 다른 민족과의 갈등의 역사가 배태되고 있었다. 역사적 단계에서 체첸과 잉기쉬인은 민족 형성의 역사부터 국가 형태의 발전단계를 한 번도 가지지 못했다. 종족 연합도 전혀 제대로 이루어지지 않았다. 체첸과 잉기쉬인은 바이나흐 민족계에 공통으로 속했다.

17세기 체첸의 개별 공동체의 상당한 수가 몇 개 지역에서 공동체 사회를 이루고 있었다. 러시아 역사 자료집에는 토지경작자들 землицы 이라는 표현으로 용어가 사용되었다. 이 공동체 사회는 씨족공동체 사회로부터 봉건제 사회로 이행하면서 늦은 발전단계를 보였다. 체첸 사회에는 왕과 같은 지도자나 왕위 계승자와 같은 형식으로 이루어지는 국가 개념의 통치자가 부재하였다. 체첸의 주된 산업은 목축이었는데, 양 가축이 지배적이었다. 벌꿀 재배와 사냥도 중요한 산업 수단이었다.

17세기부터 산악 지역의 체첸 민족은 비옥한 영토인 '순자Сунжа'강으로 이주를 시작했다. 17세기 중엽 체첸 공동체는 제정러시아의 정책에 의해 이미 이 지역에 이주하여 러시아 용병이 된 카자키 농민들과 맞닥뜨리게 된다. 그들은 '테렉Терек'강과 순자강 사이에 러시아 정부의 허락을 받고 거주하였는데, 체첸인의 이주로 양측은 마주치게 되었다. 체첸이 이주하면서 체첸인을 직접 통제한 이는 카바르다 영주들이었다. 체첸인은 일정한 세를 지불해야만 거주가 가능했다. 체첸의 북동 지역에서 체첸은 다게스탄 영주들에게 세금 의무를 졌다. 매우 힘든 상황이었다. 세금 지불 상황으로 체첸인은 농업 활동에 적극적으로 임했다. 18세기 말에는 옥수수가 중요 생산 요소였다. 이에 대한 반작용으로 가축 사육은 지지부진한 결과를 낳았다.

체첸은 18세기 중반 이후 거주지에서의 원활한 농업 활동을 보장받는 노력을 기울였다. 그러나 체첸 공동체보다 더 강력한 힘을 소유하던 카바르다 민족 등 이웃 민족들에 지속적인 압박을 받았다. 1757년 순자강 유역의 체첸 공동체는 드디어 카바르다 민족에 대항하여 봉기를 일으켰다. 체첸은 봉기 초기에는 카바르다 일부 공동체를 자신의 거주지로부터 추방하는 성과를 거두었지만, 이내 러시아 정부가 개입하는 바람에 봉기는 진압되었다. 지역 통제권을 유지하던 러시아는 체첸과 잉기쉬인에 대한 영향력을 행사하고자 혈안이 되었던 카바르다와 다게스탄 영주의 입장을 지지했다. 이에 대해 체첸인은 강한 불만을 가졌다.

이러한 역사적 상황으로 체첸인은 반러시아 저항 의식을 가졌다. 체첸인은 러시아 정부에 여러 차례 어려움을 호소했지만, 제정러시아는 식민주의 통치 일환으로 카바르다와 다게스탄 영주의 입장을 지지했다. 러시아는 18세기에 오스만 투르크와 페르시아와 큰 전쟁을 치르면서, 북카프카스를 보호령으로 병합하는 전략을 채택하고 북카프카스를 제정러시아의 영토로 편입시키고자 하였다.[5]

러시아 정부는 실질적인 통치권을 누리던 지역 영주들인 카바르다와 다게스탄 영주를 통해 식민주의 정책인 간접 통치 방식을 선택했다. 체첸인의 불만이 증대되었다. 반면, 다게스탄과 카바르다 영주들은 북카프카스에서 세력권을 팽창하고자 했던 오스만 투르크, 이란, 크림 타타르 민족의 공격에 반대하여 러시아를 적극 지원했다.[6] 이 지역에서 러시아의 광범위한 식민지화 과정은 18세기 중엽부터 본격화되었는데, 러시아 귀족들은 거대한 토지를 매입하였다. 무역이 빠른 속도로 진행되었다. 도시와 도로가 건설되기 시작했다. 러시아의 급속한 식민주의 정책은 특히 산악 지대에서 테렉강 유역의 경작지로 이주한 체첸인과 충돌이 일어날 수밖에 없었다.

체첸의 저항에 대한 제정러시아 정부의 입장

그러면 당시 체첸 산악 지역에 거주하는 체첸에 대한 러시아 정부의 입장은 무엇이었을까? 평지보다도 산악 지역에는 오스만 투르크의 영향력이나 선교사의 활동으로 범이슬람주의의 영향이 점차로 확산, 러시아는 체첸에 대한 직접 통제에 어려움을 겪고 있었다. 이에 따라 러시아는 산악 지역의 체첸인을 평지로 이주시키는 강압 정책을 펼쳤는데, 이는 도리어 체첸 민족의 反러시아 의식을 심어주는 결과가 되었다.[7]

러시아가 본격적으로 체첸에 대한 군사작전에 돌입하던 때는 18세기 후반기의 예카테리나 여제 때였다. 여제는 크림 타타르 민족을 패퇴시킨 후에 러시아인을 체첸 등 북카프카스 지역으로 정주시켰다. 그녀가 정주 정책을 실시하기 위해 사용한 방법이 정규군을 체첸으로 파견하는 일이었다. 제정러시아 군대와 체첸의 전사戰士라는 도식적인 충돌이 본격적으로 시작되었다. 1774년 체첸 공동체는 카바르다, 다게스탄의 일부 영주들에 반발, 봉기를 일으키는데, 러시아 정부의 즉각적인 군사 개입으로 실패로 돌아갔다.

18세기 말 테렉강 유역의 역사적 상황은 러시아의 개입과 그에 합세한 북카프카스 지역 영주라는 '2개의 식민주의 축'[8]으로 거대한 사회적 갈등을 태동하는 배경이 되었다. 이는 19세기 전반기 카프카스 전쟁(1817~1864)의 원인으로 발전되었다. 즉 체첸의 반봉건주의, 반식민주의 저항은 이러한 시대 상황의 결과로 나타난 역사적 사건이었다. 이후 체첸에서 이맘 만수르의 대러시아 항쟁이 본격화된다. 최초의 조직적인 항쟁이었다.

체첸의 이슬람 수용과정

체첸 민족의 이슬람 수용과정에 대해 알아보겠다. 만수르는 이슬람을 대러시아 투쟁의 이념으로 삼았다. 그리고 최초로 지하드를 선포한 이맘이다. 체첸이 정확하게 언제 이슬람을 수용했는지에 대해서는 명확하지 않다. 체첸과 역사적 관계가 지속되던 북카프카스의 다게스탄 선교사들이 체첸에 이슬람을 전파했다. 다게스탄은 아랍 민족이 북카프카스로 군사 원정대를 보낸 시점인 7세기부터 점진적으로 이슬람을 수용하기 시작했다. 다게스탄의 다양한 산악 부족들은 어떤 방식으로든지 바이나흐족, 즉 체첸, 잉기쉬 민족과 문화-경제적 관계를 유지해 왔다. 대부분 학자들은 체첸의 이슬람 수용은 다게스탄의 선교사들로부터 직접적으로 받아들였다고 주장한다. 체첸이 다게스탄보다는 더 늦게 이슬람을 수용했다는 사실은 명확하다. 아랍원정대는 체첸과는 민간 접촉도 없었고, 군사적 충돌이 있지 않아서 이슬람 교의를 전파할 수가 없었다.

체첸에서 최초로 이슬람을 수용한 지역은 바이나흐족이 흩어져서 거주하던 강 유역, 즉 '술카', '순자', '악사이' 지역이었으며, 그 시기는 16세기 후반으로 추정된다. 이때 다게스탄 선교사들은 적극적인 포교 활동에 돌입하였다. 다게스탄의 아바르족과 쿠믹족 선교사들은 이곳에서 체첸 최초의 이슬람 사원을 건립하였다.[9] 체첸 출신의 종교학자인 가다예프는 바이나흐 민족에 이슬람이 평화롭게 포교 되었다고 주장한다. 그는 "16세기부터 체첸으로 다게스탄 선교사들이 적극적으로 들어와서 이슬람을 전파하여 이슬람은 체첸 민족 이데올로기의 지배적인 형태가 되었다"[10]고 강조했다. 그의 견해에 따르면 체첸 공동체를 자신의 정치-경제적 영향권 안에 종속하고자 했던 다게스탄 영주들의 의도에 따라 이슬람이 점차로 퍼져나가게 되었다.

러시아혁명 이전의 체첸 이슬람학자인 라우다예프는 다게스탄의 선교사들은 체첸인에 동화되면서 이슬람을 포교했다고 주장했다.[11] 그러나 그는 체첸인이 이슬람을 수용한 정확한 시기에 대해서는 언급하지 않고 있다. 이슬람은 17세기에 바이나흐 민족의 지배적 종교가 되었다. 체첸 평원 지역의 이슬람화보다 산악 지대의 이슬람화는 더 늦게 진행되었다. 일반적으로 체첸 이슬람화는 16세기에 평화적으로 전파되었다. 이슬람이 가장 활발히 전파된 시기는 '이맘 만수르Mansur(Мансур)'의 역할과 관련 되었다. 만수르는 대러시아 투쟁을 위해 적극적으로 이슬람을 전파했다.

체첸의 이슬람화는 짧지 않은 기간 서서히 이루어졌다. 16~17세기 카바르다, 다게스탄 민족보다 체첸 봉건사회의 발전단계가 더 늦었다. 그러므로 체첸의 이슬람화는 이 지역에서 봉건적 형태의 지배력을 쟁취하기 위한 카바르다, 다게스탄 민족 그룹의 전략적 고려에 따라 이루어졌다. 체첸 이슬람화가 진행되면서 이슬람 선생인 '물라Mulla(мулла)'가 등장했다. 이들은 다게스탄의 이슬람 전파의 중심 지역이던 '쿠무흐'와 '아쿠샤'에서 이슬람 교육을 받고 이슬람 선생이 되는 과정을 거쳤다.

체첸이 다른 북카프카스 공동체보다 봉건적 사회의 전前 단계인 씨족-친족관계가 더 오랫동안 존속되었기 때문에 이슬람이 뿌리내리는 데에는 여러 가지 장벽이 있었다. 평지의 체첸인보다 산악 지역 체첸인의 이슬람 수용에는 더 어려움이 있었다. 원래부터 존재했던 민간신앙과 갈등을 빚었기 때문이다. 이러한 갈등으로 체첸 사회의 지도자들은 적극적으로 이슬람을 수용했다. 체첸의 강력한 씨족공동체는 다른 민족들의 영주들과 정치적 투쟁을 벌이는 과정에서 이슬람을 통해 체첸의 씨족공동체를 효과적으로 통합하고자 했기 때문이었다.

3. 이맘 만수르의 대러시아 항쟁: 체첸의 민족 통합적 요소를 중심으로

만수르, 이슬람 이념으로 대러시아 항쟁

18세기 후반의 이맘 만수르(1760~1794)는 이런 시대적 배경하에서 체첸의 이슬람화에 큰 영향을 미쳤다. 제정러시아는 예카테리나 여제 시기 카프카스로 적극적인 팽창정책을 펼쳤다. 이에 맞서 1785년 체첸 종교 지도자인 만수르가 적극적으로 러시아 팽창에 항거하는데, 그는 이슬람을 민족 통합적 상황에 도입해 강력한 대러시아 항쟁을 펼쳤다. 만수르는 다게스탄에서 이슬람 교육을 받았고, 수피즘의 낙쉬반디 종단의 이슬람 스승이 되었다. 뛰어난 종교적 연설, 엄격한 금욕주의, 신비주의 수피즘의 신앙관을 지켰다. 만수르가 이슬람 스승으로 활동하던 18세기 후반 상황은 제정러시아의 군사-정치적 팽창이 날로 확대되던 시기로 러시아는 오스만 투르크, 페르시아 등과 카프카스 지배권을 놓고 치열한 각축을 벌이고 있었다.

만수르가 이맘으로 활동하던 초기 수피즘[12]을 신봉하는 스승답게, 그는 세상으로부터 단절, 오로지 알라신만을 쫓고 도덕적 완성의 이상에만 매달리던 종교적 성품의 삶을 강조하며 살았다. 북카프카스 수피즘은 신비주의, 금욕주의 사상으로 카프카스 전쟁 발발 때까지 신을 향한 귀의 등 종교적 명상과 계율에 치중한 이슬람 종파였다. 만수르가 체첸에 끼친 종교적 역할에 대해 라우다예프는 다음과 같이 전하고 있다.[13]

3일간의 금식을 공동체에 부탁하고 만수르는 제자들과 함께 체첸 마을을 순서대로 방문하였다. 백성들은 그에게로 나아와서 그 앞에서 죄를 회개하고 절도, 분쟁, 흡연, 음주 등을 하지 않겠다고 맹세했다. 그 대신에 백성들은 열심히 기도에 힘쓰며, 특별히 기한을 정해놓고 제한적으로 하지 않고 수시로 기도하겠다고 약속했다. 민중들은 그의 발 앞에 엎드려 이맘의 옷자락에 입을 맞추고, 백성들끼리 서로의 잘못에 대해 용서를 구하는 종교적 참회의 시간을 가졌다.

그런데 1785년에 체첸에서 러시아의 식민주의 통치와 군사적 행동이 본격적으로 체첸 민족을 압박하면서 만수르도 체첸 등 북카프카스 민족의 독립과 자유를 위한 군사 봉기에 나섰다.

그렇다면 어떤 과정으로 만수르가 반러시아 항쟁을 펼쳤을까? 18세기 후반기 제정러시아는 카프카스 민족에게 러시아정교를 강하게 전파하기 시작했다. 선교 활동은 카프카스에서 러시아의 식민주의 통치가 효과적으로 시행되었다는 것을 의미한다. 러시아의 이러한 정책으로 조지아와 아르메니아는 러시아정교를 적극적으로 수용했다. 러시아정교 전파에 고무된 러시아는 카바르다, 체첸, 오세티야, 잉기쉬 등에 러시아정교 포교를 서둘렀다. 초기 4년 동안 북카프카스 민족 중 약 1천 명이 세례를 받았고, 1771년에

이맘 만수르(Шейх Мансур — Википедия)
루슬란 하사노프(Руслан Хасханов) 作, 2017

서 1791년의 20년 동안에 약 5천 명이 정교 신자가 되었다.[14] 러시아 정부는 포교 활동을 강화하고 체첸 등 산악 민족의 러시아화를 서두르기 위해 러시아정교 신학교를 설립하고 정부 행정관리들은 산악 민족 청년들에게 정교 신학을 주입시켜 이들이 러시아정교를 전파하는 정책을 펼쳐나갔다.[15]

러시아정교의 확산과 동시에 제정러시아는 테렉강 유역까지 군사기지를 확대하면서 체첸의 완전 복속을 추진했다. 다게스탄의 저명한 역사학자인 마고메도프는 이 시기 체첸과 북카프카스 민족들은 러시아 군인들과 관리들의 약탈에 매우 시달렸다고 언급하고 있다. 체첸 역사학자인 우마로프는 19세기 카

프카스 전쟁은 18세기 후반기 러시아가 체첸에 가한 강제적 식민 통치가 그 기원이 되었다고 설명한다. 북카프카스 민족의 반러시아 경향은 체첸의 종교적-정치적 투쟁으로부터 광범위하게 촉발되었다는 것이 그의 견해이다.[16] 만수르는 이때 그 자신은 선지자도 아니며, 체첸의 군사 사령관 직위도 없지만, 체첸 민중이 만수르를 지도자로 세우면서, 자신의 사고와 존재 자체를 일반 민중들은 기적으로 여기고 있다고 밝히고 있다.[17] 만수르가 대러시아 항쟁에 나선 것은 러시아 군대가 체첸에 군사 요새를 대대적으로 설치, 산악 지역으로 대규모 군사 원정을 자주 감행한 것이 그 원인이 되었다.[18] 이런 상황에서 1785~1787년에 체첸의 강력한 군사 봉기가 일어났다.[19]

1785년 7월, 만수르의 거주 지역이 러시아의 '피예르'가 지휘하던 군대에 의해 철저히 초토화된 사건이 벌어진다. 이후 만수르는 강력한 정치적 인물로 체첸의 종교적-정치적 지도자가 되었다.[20] 이맘 만수르의 항쟁이 진행되면서, 그는 체첸 사회뿐만이 아니라, 점차로 강화되고 있던 러시아의 식민주의 통치에 불만을 품던 다른 민족들, 즉 카바르다 민족과 다게스탄의 레즈긴족, 쿠믹족, 노가이족 등의 군사적 봉기에 절대적 영향을 미쳤다. 이 시기 체첸뿐만이 아니라, 이 민족들이 연합해 공동의 연합전선을 펼쳤다.

만수르의 항쟁과 그의 역할

만수르는 체첸 내에서 종교적 수장이면서 정치지도자가 되는 실질적인 첫 번째의 인물이 되었다. 이전까지 더 강력한 씨족공동체 지도자들이 체첸의 권력을 분점하는 형식이었다면, 이제 정치적이며 종교적 수장, 즉 실질적 통치자인 이맘의 역할을 하나의 인물이 소유, 공동체 내에서 이슬람은 급속도로 그 세력을 얻게 되었다. 러시아의 카프카스 병합 관련, 베니센은 만수르가 14세기 중앙아시아에 널리 퍼진 수피즘의 종파인 '낙쉬반디' 이념을 수용했다고 강조했다. 그는 이런 관점에서 만수르의 역할을 3가지로 분류했다.

첫째, 만수르는 이슬람에서 금지하는 계율을 절대적으로 지킨 초기 이슬람의 순수하고 금욕적인 믿음으로 돌아갈 것을 강조했다. 그는 알코올, 담배, 약탈 등을 금지했다. 또한 체첸의 전통적인 관습인 피의 복수кровная месть관습을 중단시켰다.

둘째, 전통 관습법인 '아다트adat(адат)'를 금지하고 이슬람 율법인 샤리아 체계를 세울 것을 강조했다.[21]

셋째, 지하드가 이교도인 러시아에 항쟁하는 이념이 되어야 한다.[22] 만수르가 이끌던 군대는 이슬람의 이름으로 성전을 선포했다. 현대 체첸의 이슬람 학자인 얀다로프는 만수르는 체첸 결속이 삶의 목표였으며, 영웅적인 군사행동을 감행했다고 평가했다.[23] 역사가들은 카프카스 민족 입장에서 카프카스 전쟁은 이슬람을 수단으로 '가자바트газават', 즉 성전을 수행한 것으로 평가했다. 소련 초기 러시아의 카프카스 학자인 파크로프스키는 "체첸 민족이 국가 형태로 단일화되지 않은 당시의 특수한 상황 때문에 성전은 전혀 새로운 국면으로 반전되는 계기가 되었다"[24]고 강조했다. 만수르가 북카프카스 민족의 농민 저항에 기여했으며 이후 샤밀 신정국가의 토대가 되었다는 설명이다.[25] 만수르는 카프카스 전쟁의 전주곡과 같은 군사 항쟁의 깃발을 내건 인물이었다. 그는 카프카스 전쟁의 영웅인 이맘 샤밀의 선구자[26]로 평가되었다. 러시아 학자인 스키트키는 "그는 러시아에 저항한 영적인 아버지였고, 수동적으로 사회적 죄악을 받아들이기를 거부하고 싸웠다"[27]고 밝히고 있다.

만수르와 같은 체첸의 영웅적 인물이 등장한 배경은 18세기에 체첸 민족이 여전히 이웃 다른 민족들보다 봉건제 사회가 발전하지 않아 이슬람 이데올로기가 필요했다는 것을 반증한다. 실제적으로 예카테리나 여제의 강력한 팽창 정책에 맞서기 위해 불가피하게 체첸 민족이 하나의 이념을 더 적극적으로 도입했으며 이는 이슬람 저항 정신으로 이어졌다는 설명이다. 북카프카스의 여타 민족에 지속적인 압박을 받아온 체첸이 다른 민족에 대한 반봉건적 입장뿐만이 아니라, 자신의 땅을 침략하고자 하는 제정러시아에도 맞서 항쟁의 깃발을 들었고, 이는 이슬람을 통해 현실화 되었다. 지하드를 주창하기 위해 강력한 조직 체계를 갖춘 단일화된 군사 항쟁이 필요한 시점에 만수르의 등장은 체첸 민족의 자연스런 자위책이 되었다. 만수르는 러시아 정부에 체포된 이후 심문을 받을 때, 체첸 성직자들은 지하드 선포를 승인했다고 말하고 있다.[28]

만수르의 투쟁 이후 50년이 경과된 시점에 카프카스 전쟁 시기 제3대 이맘 샤밀Шамиль도 만수르가 자신의 선구자였고 스승이었다고 높게 평가하고 있다.[29] 19세기 현재의 체첸 공화국과 잉구세치아 공화국, 다게스탄의 아바르에 건설된 신정국가теократическое государство의 토대는 만수르에 의해 세워졌다. 1785~1791년의 만수르의 저항은 "전통적인 반反러시아 그룹"[30]의 역사적 상황이다. 이는 카프카스 전쟁 시기 러시아의 주체적 인물인 예르몰로프의 전략과 행동에 대치된다. 예르몰로프가 체첸 민족을 정복하는 행위의 정당성으로 삼았던 "미개민족을 깨우는 계몽барабанное просвещение"과는 그 역사적 궤도가 원천적으로 다를 수밖에 없고 이는 병합을 위한 제국주의 행위와 자유와 독립을 기본 민족의 생존권으로 목표하고 있는 소수 민족과의 역사에 대한 인식 차이가 상당하다는 사실을 증거한다. 예르몰로프가 정복의 대상으로 삼았던 체첸이라는 소수 민족의 일반 민중이 살아가는 마을은 反러시아 항거 집단의 형태로 외부적 공간에 존재한다.

정복에 나선 러시아 민족과 이에 대항하는 소수 민족의 역사적 상황에 대한 행동 방식은 완전히 다를 수밖에 없으며, 이에 따르면 소수 민족의 저항의 역사라는 관점에서 본다면 2백 년 후의 체첸 전쟁은 그 역사적 기원 과정이 명확하게 배태된 것이라는 해석이 가능하다. 만수르의 봉기가 진압된 이후에도 여러 번의 군사 봉기는 있었지만 18세기 후반 이 지역에 강력한 군사 요새를 건설하려던 러시아 정부에 빈번히 진압되는 역사적 과정이 되풀이된다.

4. 19세기 전반기 카프카스 전쟁의 과정과 원인, 그 역사성

19세기 카프카스 전쟁의 과정

러시아-체첸의 관계에서 주목해야 하는 상황은 러시아의 식민주의 정책 연구이다. 러시아가 18세기 이후 체첸 민족을 지배하기 위해 펼친 정책이 카프카스 전쟁의 원인으로 작용하였다. 카프카스 전쟁은 러시아와 체첸의 갈등이 최고조로 촉발된 기간이었다. 19세기 전반기 북카프카스의 상황은 급변한다. 1813년 러시아는 페르시아와 굴리스탄 조약을 체결, 공식적으로 체첸과 다게스탄 등 북카프카스를 복속했다. 확실한 통제권을 유지하기 위해 1816년 '예르몰로프 E. П. Ермолов' 장군이 북카프카스 총사령관으로 부임하였다. 그는 식민주의 통치를 펼쳤다. 예르몰로프는 북카프카스를 효과적으로 통제하기 위해서 특별히 체첸 민족에 대한 완전한 지배가 필요하다고 간주했다. 예르몰로프는 북-동 카프카스에서 체첸과 다게스탄, 북-서 카프카스에서 카바르다, 체르케스 민족에 대해 강력한 식민주의 통치를 펼쳐야 한다고 주장했다. 그는 가장 시급하게 통제권을 가져야 할 민족을 체첸이라고 규정했다. 그는 체첸에 대한 근원적인 봉쇄 작전에 돌입했다.

러시아 사료집의 예르몰로프의 언급이다.[31]

체첸 정복이 필요하다. 이는 필수적인 일이다. 그러나 지금까지 해온 방식과는 완전히 다른 방법으로 접근해야 한다. 러시아 군대는 체첸의 깊숙한 산악 지역까지 원정대를 보냈지만, 그럴 때마다 체첸은 강력한 저항을 하면서 자신의 아이, 아내, 재산을 지켜왔다. 이제 군사적인 정복보다는 체첸의 약탈 공격에 관련된 모든 수단을 제거하는 방식으로 접근할 때가 왔다. 순자강 유역으로 강력한 군대 요새를 건설한다면 그들은 비옥한 땅을 상실, 겨울철이면 추위로부터 가축들을 보호할 근거를 잃어버릴 것이다.

카프카스 전쟁 과정을 요약한다면, 예르몰로프 장군의 부임으로 시작, 1864년 체르케스 민족이 완전 진압된 시기까지가 전쟁 기간이다. 1대 이맘 가지 무하메드Гази Мухаммед, 2대 이맘 함자트-베크Гамзат-Бек, 3대 이맘 샤밀Шамиль이 그 지도자였다. 이들의 출신은 모두 다게스탄계였지만, 카프카스 전쟁의 핵심 인물인 샤밀은 1839년에서 1859년까지 체첸에서 근거지를 마련, 체첸 민족과 더불어 대 러시아항쟁을 이끌었기 때문에, 사실상 카프카스 전쟁의 주된 무대는 체첸이고 체첸 민족이

이맘 샤밀
출처: Imam Shamil | Имам Шамиль 1859~ Color by Klimbim 0. 1

가장 적극적인 참여를 보였다. 따라서 우리는 2백 년 전에 러시아와 체첸을 중심으로 펼쳐진 이 전쟁의 원인을 파악하고 1994년에 벌어진 체첸 전쟁의 역사적 기원을 살펴보는 것은 매우 유용하다고 하겠다. 이 전쟁의 원인에는 일반적으로 주요한 두 개의 축이 존재한다.

카프카스 전쟁의 원인

첫째, 사회-경제적 발전의 낮은 수준, 발전된 봉건제 사회의 부재로 말미암아 생존 수단을 마련하기 위해 약탈 공격набеговая система을 체첸 등 산악 민족이 감행함으로써 전쟁이 일어났다는 주장이다. 이에 대해 소비에트 학자인 파크로프스키는 다음과 같이 확언하고 있다. "러시아 귀족 출신 역사가들은 카프카스 전쟁의 원인을 야만적이고 약탈적인 공격으로부터 짜리즘을 수호하기 위한 불가피한 전쟁이었다고 여기고 성전을 외치던 카프카스 지도자와 군인들은 러시아와 평화적 관계를 원한 카프카스 일반 민간인에게도 테러를 저질렀

다"32고 강조했다.

둘째, 소련 학자들의 견해로 전쟁의 원인을 제정러시아의 강압적인 식민주의 통치와 이에 부합한 지역 영주들의 전횡 때문에 발생했다는 주장이다.33 흐르쇼프 시기 1956년 아카데미 과학원 산하 역사연구소의 학술회의에서 참석자들은 전쟁의 원인을 제정러시아가 강제적으로 이 지역을 점령하고 식민주의 정책을 강압적으로 펼치고 이에 부합한 지역 영주들이 봉건주의적 폭정을 일삼았기 때문에 전쟁이 일어났다34는 것이 일반적 견해였다.

그러나 1980년대 브레즈네프 시기 카프카스 전쟁의 원인에 대해 소련 역사학자들은 새로운 견해를 제시하면서 전쟁의 원인을 두고 첨예하고 날카로운 대립을 보여주었다. 블리예프는 카프카스 전쟁은 체첸의 종족-씨족관계에서 前봉건주의 단계로 이행하는 전환 과정에서 나타난 전쟁이었다고 분석한다. 엥겔스의 말에 따르면 이런 단계는 '군사 민주주의военная демократия'의 과정이다. 블리예프는 체첸은 러시아 군대에 약탈 공격을 먼저 감행하였다고 주장한다. 그런 방식으로 러시아와 이 지역 민족의 '영구전쟁перманентная война'이 일어났다는 것이 그의 관점이다.35

블리예프는 한 걸음 더 나아가 산악 민족의 약탈 공격이 카프카스 전쟁의 근본 원인이라고 강조했다. 그의 견해에 따르면 산악 민족은 평지에 살고 있는 러시아인과 카자키 요새를 공격하여 군수품이나 생활필수품을 강제로 획득하였다. 산악 민족의 생존 기반은 농업 생산이나 목축 등의 산업이 아니라, 약탈 공격 이후의 전리품이다. 러시아는 이런 약탈 공격을 제지하는 하나의 외부적 힘 внешняя сила이었을 뿐이었다. 러시아는 산악 민족의 공격에 맞서 방어에 나설 수밖에 없었으며 산악 민족보다 더 높은 사회적 발전단계에 있었던 러시아는 체첸을 포함해 북카프카스 민족에 진보적인 사회가 형성되는데 큰 역할을 하였음을 강조, 러시아의 정당성을 옹호했다. 그는 카프카스 전쟁은 진보적인 평지 거주민들과 반동적인 산악 민족 간의 투쟁이며, 러시아는 체첸인의 내부 투쟁 결과에 따라 행동반경이 정해졌다는 견해를 제시했다.

블리예프의 견해에 이어 비노그라도프와 그의 제자들은 전쟁의 원인 제공자는 체첸 등 산악 민족이었다고 강조했다. 러시아는 북카프카스로 진출한 것은 아니었으며, 단지 산악 민족의 공격 대상에 불과하였다. 이들은 약탈 공격 시스템은 외부의 적과 전쟁을 벌이는 체첸의 민족 독립운동이 아니라, 체첸 민족의 팽창 행위이며 부를 축적하는 주요 기능이 되었다는 의견을 제시했다.[36]

그러나 1980년대 러시아 민족주의 입장에서 이런 입장이 강력하게 제기되자, 체첸과 다게스탄의 지역 학자들과 일부 러시아 학자들은 이에 대해 다른 입장을 강력히 개진했다. 그들은 '소련의 역사История СССР' 저널에 블리예프의 견해를 반박했다.[37] 이들은 산악 민족에게 오랜 시기 자치적이고 자급적인 농업 경제가 존재했다고 강조했다. 산악 민족의 공격набеги조차도 방어를 위한 저항의 한 형태이고 러시아 군대가 마을을 초토화한 이후에 생계를 위한 행동의 일환이었다고 주장했다.[38] 네프스카야의 언급은 체첸 등 산악 민족의 관점을 잘 대변하고 있다. "우리는 블리예프의 견해 – 산악 민족의 군사적 기능이 약탈 공격에 적합한 시스템으로 이용되고 이를 농업을 통한 생산 기반보다 더 중요한 행위로 여겼다고 주장하는 관점-를 전혀 동의할 수 없다"[39] 이 견해에 동의하는 역사학자로는 압둘라예프, 할리로프, 감자토프, 이브라김베일리[40] 등이 있다. 이들은 카프카스 전쟁은 러시아 입장에서는 식민주의적, 북카프카스 민족에게는 반식민주의, 반봉건주의, 자유 독립운동이었다고 밝혔다.

1989년 6월 20~22일 다게스탄 마하치칼라에서 열린 전 러시아 컨퍼런스 〈1820~1850년대 다게스탄과 체첸 민족의 민족해방운동〉에서 역사학자들이 내린 결론도 이를 뒷받침하고 있다. 이 컨퍼런스에서 "북카프카스 민족의 투쟁은 다게스탄과 체첸, 북-서 카프카스 민족의 이익을 위한 것이고 전 민중의 지지를 받은 해방운동 성격을 지녔다"[41]는 평가가 내려졌다.

후대의 역사학자들이 평가하는 것처럼 카프카스 전쟁에 관련된 해석과 접근 방법은 다양하다. 다게스탄의 역사학자인 마고메도프는 카프카스 전쟁을 크게 세 가지 경향으로 분류하고 있다.[42]

첫째, 제정러시아의 외교 정책 관점에서 살펴보아야 한다.

둘째, 모든 봉건제 사회의 경우처럼 자신의 이익을 추구하는 카프카스 민족의 입장에서 전쟁을 바라보며, 이는 민족의 자유 독립운동으로 귀결된다.

셋째, 국가건설이라는 원대한 이념을 이루기 위한 정당성으로서의 관점이다. 마고메도프는 둘째, 셋째의 경우를 통해 제정러시아의 팽창정책에 맞선 소수 민족의 항쟁사적 측면에서 해석이 가능하다고 평가하고 있다.

5. 카프카스 전쟁 시기 러시아의 식민주의 통치 방식과 정당성

러시아의 강압적인 식민주의 통치 방식과 그 과정

체첸에 관련된 러시아의 식민주의 통치의 과정은 어떤 식으로 진행되었을까? 만수르의 저항 이후에도 체첸의 이슬람은 18세기 말까지 러시아의 팽창에 대항하는 이데올로기로 강력한 역할을 하지 못했다. 그러나 18세기 말부터 상황은 급변한다. 제정러시아는 체첸을 포함한 북카프카스에 급속도로 지배권을 강화시켜 나간다. 이스라엘 출신의 동방학 권위자인 감머는 러시아의 파벨 1세가 "북카프카스에서 이슬람 민족에 대한 초기 형태의 개입 방식에서 벗어나 의도적인 충돌과 점령 전략을 채택했다"[43]고 주장했다.

1817년 이후 예르몰로프가 도입한 정책도 강압적 방법이었다. 그는 우선 체첸 민족을 고립하기 위해 <순자>강 유역에 군사 기지를 건설하였다. 러시아가 이렇게 한 배경에는 체첸인을 평지에서 험준한 산악 지대로 몰아냄으로써 약탈 공격을 완전히 종식하기 위한 의도였다. 예르몰로프는 체첸 민족의 절대적 복종을 요구했다. 그는 러시아를 지지하는 다른 민족과의 관계를 확대하거나 강화시켰다. 그러한 방법으로 예르몰로프는 북카프카스에서 자신이 채택한 전통적인 '채찍과 당근кнута и пряника' 방식을 효과적으로 사용하고자 했다. 그의 통치 기간을 제정러시아 역사가인 로마노프스키는 "산악 민족에 반대한 조직적인 전쟁의 시작"으로 평가하고 있다.[44]

1820년대 러시아는 더 강화된 점령 정책을 펼쳤다. 예르몰로프는 체첸을 비롯하여 북카프카스 민족의 약탈 공격에 대한 응징으로 대대적 원정을 감행, 마을을 초토화하고 정원이나 농장 등을 황폐화하는 잔인한 행동을 일삼았다. 러시아의 원정에 저항하여 체첸 민족 등 산악 민족이 봉기하자, 러시아 군대는 그들을 강제로 진압하는 사건이 반복되었다. 예르몰로프와 후계자들은 카프카스 전쟁 종식까지 군대 원정을 전개하고 샤밀등 저항 지도자들은 1840~50년대에 치열한 저항운동을 지속하는 양상이 되풀이되었다. 체첸에서의 식민주의 정책은 19세기 이전의 시대보다도 더 강압적인 방식의 형태였다.[45] 니콜라이 1세와 측근들은 산악 민족을 복종시키는 유일한 무기는 총칼이라고 간주했다. 니콜라이 1세는 "영원히 산악 민족들을 복종시켜라, 만약 복종하지 않는 민족들은 절멸истребление시켜라"고 강경한 입장을 취했다.[46] 사령관 '체르느이세프'도 "체첸 등 카프카스 민족을 복종시키는 유일한 방법은 군사적 수단 이외는 존재하지 않는다"[47]고 강조했다.

카프카스 전쟁 시기 지역 영주들의 역할

그러면, 러시아가 식민주의 통치 방식을 선택한 것은 자신의 힘만으로 가능한 것일까? 이에 대한 해답으로는 러시아의 통치와 부합하는 지역 영주들의 역할에 대한 상황 이해가 필수적이다. 즉 러시아의 식민주의 정책과 더불어 동시에 봉건 영주들도 지역 평민들에 대해 압박 통치를 펼쳤다. 체첸의 저항운동은 일부 영주들이 개인적 이익을 위해 러시아와 결탁, 농민에게 압박 정책을 펼쳐나간 것도 직접적인 원인으로 작동했다. 차르 정부는 영주의 이익을 보존하거나 지켜주었다. 러시아는 이들의 도움 덕택에 체첸 민족을 효과적으로 통치하였다. 1840년대 샤밀이 이끄는 체첸 민족과 치열한 전쟁을 벌였던 사령관 보론초프Воронцов는 제정러시아의 봉건주의 정책의 과정을 아래와 같이 설명하였다.[48]

러시아 정부는 오래전부터 카프카스에서 지도적 위치에 있던 계층을 지지하였다.

직접적으로 카프카스 민족을 통치하는 방식보다는 민중들에게 광범위한 영향력을 가지고 있는 몇몇 지도자 계층을 간접적으로 다스리는 방식이 훨씬 더 효과적이다.

러시아가 이러한 정책을 더 강화한 이유는 어디에 있었을까? 식민주의 통치는 이 지역에 대한 직접적인 복속과 점령뿐만이 아니라 다른 관점에서는 페르시아와 튀르키예를 약화하는 전략적 차원이다. 러시아의 국가 이익을 위한 전진 기지로 체첸 등 북카프카스를 선택했다. 러시아는 튀르키예와 페르시아의 배후에서 영국 등 자본주의 국가들이 이 지역에서 영향력을 행사하는 계획이 있는 것으로 판단했다.[49] 러시아의 체첸 및 카프카스 점령은 서방 국가와 튀르키예, 페르시아의 개입 전략에 맞서 카스피해와 중앙아시아로 진출하는 전초 기지의 전략적 가치를 지닌다.

러시아의 식민주의 통치와 행정 체계

러시아가 지속적으로 북카프카스의 지정학적 중요성을 고찰하였다고 평가하는 대표 학자는 데고예프이다. 그는 카프카스에 대한 러시아의 전략적 접근에 대해서는 항상 2가지의 주요 축이 상호 작용하였다고 간주한다. 그는 이를 소위 '중앙집권주의централизм'와 '지방 분권регионализм'이라고 불렀다.[50] 그의 견해에 따르면 중앙집권주의자는 카프카스에 가장 빠른 시기 내에 행정적인 통일 체계를 세워 이 지역으로 진출하였다. 이에 반해 지방분권주의자들은 일정 시간이 지나면 스스로 없어지거나 새로운 정치 형태로 서서히 폐기되는 지역적인 특수성을 강제로 제거하지 않고 그 단계를 서서히 줄이면서 자연스러운 통치력을 행사해야 한다고 제안했다.[51]

데고예프는 두 가지 상반된 접근 방식은 명확한 형태로는 존재하지 않았고 이러한 방식이 크게 충돌한 사건으로 확대해석해서는 안 된다고 지적하였다. 카프카스 전쟁이 종식된 이후 후반기에는 중앙집권주의자의 방식으로 카프카스가 통치되었다. 이런 형태로 체첸은 2개의 주요한 범주로 나누어졌는데, 하나는 제정러시아와 그에 부합한 지역의 실력자들, 즉 지방 영주들과 결탁해 이루어진 영역과 제정러시아의 직접적인 통치를 받은 영역으로 분류된다. 첫째, 지역 영주의 기득권과 세습적 권리 등을 보존하면서 그들이 안보 및 군사 분야에서 책임 권한을 소유하는 방식이었다. 이런 방식으로 지역통치자들은 새로운 합법적인 권한을 소유했는데, 이는 러시아의 입장에서 고차원적인 정치적 합법성을 유지하는 효과가 있었다.

둘째, 러시아의 행정 체계가 직접 하달되는 상황이다. 그럼에도 행정구역 책임자는 반드시 러시아인이라는 전제는 없다. 러시아의 직접 통치가 가능한 지역에는 군인과 행정관 모집 등에 그 지역 민족들을 대표하는 사람들로 충당하는 방식이다. 반드시 사회적 지위가 높다거나 러시아 정교도라는 조건을 충족하지 않아도 가능하다. 가장 중요한 요소로는 군주에 대한 충성도와 직업적 능력이었다. 그래야만 제정러시아의 직접적인 통치와 군주의 명령이 체첸 민족에게 바로 체계적으로 시행될 수 있기 때문이다. 체첸에서 이슬람 요소가 항쟁의 이념이 되면서 러시아가 선택한 대응 방법은 이슬람 성직자를 러시아의 정치적 사이클 속으로 끌어당긴 정책이었다.[52]

6. 러시아 사회의 지성사에 나타난 카프카스 전쟁과 체첸의 항쟁

데카브리스트의 카프카스 전쟁에 대한 관점

카프카스 전쟁을 둘러싸고 전개된 러시아 인텔리겐차의 논란도 러시아 사회의 뜨거운 논쟁거리였다. 러시아 데카브리스트 혁명-민주주의자들은 러시아의 통치를 받던 카프카스 민족에 대한 긍정적 평가를 내렸다. 그들의 저항을 민족의 독립과 자유를 위한 투쟁으로 받아들였다. 카프카스 전쟁을 반식민주의적이고 민중 해방 운동의 성격에 동의하는 인텔리겐챠는 그리보예도프A. C. Грибоедов, 푸시킨A. C. Пушкин, 레르몬토프М. Ю. Лермонтов, 게르첸A. И. Герцен,

오가레프Н. П. Огарев, 도브로류보프Н. А. Добролюбов, 체르느이세프스키Н. Г. Чернышевский, 셰프첸코Т. Г. Шевченко, 그리고 데카브리스트[53] 등이 있다.

카프카스로 유형되어 온 데카브리스트 중 많은 이들이 문학가였다. 그들은 거대한 카프카스 낭만주의 문학의 목격자였다.[54] 그들은 식민주의 통치가 "러시아와 카프카스 민족과의 평화적 관계로 나가는 방해 요소"[55]임을 자각, 유화적 통치가 총칼로 민중을 짓누르는 것 보다 더 많은 긍정적인 결과를 낳을 수 있음을 예견한다. 쥐다노프는 다음과 같이 이야기하고 있다. "진보적인 러시아 문화에 있어 카프카스 민족과의 만남은 러시아의 진보적인 사회사상에 깊고 유익한 영향을 끼쳤고 국제 관계를 풍성케 하는 계기가 되었다."[56]

데카브리스트는 북카프카스에서 제정러시아의 관리나 군인 신분으로 이 전쟁에 참여했다. 데카브리스트는 혁명 운동을 경험하였으며, 정부의 북카프카스 통치 정책을 수용할 수 없었고 결과적으로 찬동하지도 않았다. 1825년 12월 데카브리스트 봉기가 실패로 돌아간 이후 65명의 강등된 관리들과 약 3천명의 데카브리스트 운동 참여자들이 카프카스로 유형되었다. 그들은 어려운 생활 환경에 부닥쳤는데, 대부분은 카프카스 전쟁이 벌어지던 군사 요새에서 복무했다. 데카브리스트 운동 시기 남부 협회를 맡았던 '무라비예프Н. Муравьев'는 대표적으로 러시아의 카프카스 점령을 맹렬히 비난한 사람이었다. 그는 카프카스 민중에게 가한 식민주의 통치를 적극 반대했다.

이에 비해 카프카스 민족의 군사 항쟁을 러시아 시각에서 강하게 비판하는 데카브리스트도 있었다. 대표적 인물은 북부협회의 책임자인 페스텔 대령이었다. 그는 약탈적인 카프카스 민족은 이 지역에 아주 심각한 위험을 초래하고 카프카스 민족은 더욱 더 평화적이고 순종적인 러시아의 이웃이 되지 못한다고 주장했다. 그는 러시아에 카프카스 민족은 전방위적으로 해악을 끼치므로 이 민족을 통제하기 위해서는 하나의 방법만 존재하는데, 바로 "그들을 완전히 복종시키는 것"[57]이라는 견해를 피력했다.

19세기 러시아 혁명-민주주의자들의 카프카스에 대한 관점

카프카스 주제와 관련, 19세기 러시아의 혁명-민주주의자들의 경향도 큰 몫을 담당했다. 이들은 게르첸A. И. Герцен, 벨린스키B. Г. Белинский, 체르느이셰프스키Н. Г. Чернышевский, 도브로류보프Н. А. Добролюбов 등이다. 그들은 러시아의 과도한 식민주의적 통치에 반대한다. 이들은 러시아정부의 공식 정책에 反하여 러시아의 강제 점령을 위한 카프카스 전쟁과 체첸을 비롯한 카프카스 민족에 대한 복속에 반대 입장을 견지했다.[58] 특히 도브로류보프는 카프카스 민족이 이슬람의 종교적 광신주의에 빠져서 카프카스 전쟁이 발생했다는 러시아 정부의 공식 주장에 반기를 든 대표적인 혁명민주주의자였다. 그는 '무리디즘Muridism'이라는 카프카스의 전형적인 이슬람 항쟁 운동을 종교적 광신주의와 동일시 여기는 정부의 입장은 본질을 벗어난 해석이라고 주장했다. 그에 따르면, 무리디즘은 카프카스에서 정치적 동기를 가져본 적이 없었지만, 결국 러시아의 강제 점령에 따른 카프카스 민족의 증오심으로 말미암아 광범위한 대중의 지지를 받을 수밖에 없었다고 밝히고 있다.[59] 무리디즘은 1820년대부터 북카프카스를 중심으로 카프카스 전쟁의 종식까지 광범위하게 퍼져있었던 무슬림 제자운동이다.

1834년에 이맘 샤밀은 '신정국가теократическое государство(Islamic Government)'를 선포했다. 그는 정치-종교-행정의 수반에 올랐다. 무리디즘은 대러시아 항쟁의 중심이념이 되었다. 도브류로르프의 관점에 따르면, 카프카스 전쟁은 타민족의 지배에 대한 증오심이 산악 민족에 광범위하게 퍼져있고, 러시아의 차르 통치가 지역 민족의 삶의 필요성과 정서에 완전히 부합되지 않았다는 사실이 가장 중요한 두 가지 관점이라고 설명했다. 그러한 이유로 전쟁은 더욱 더 거세게 진행되었다고 해석했다.[60] 그는 체첸을 중심으로 신정국가를 세워 카프카스 전쟁을 주도적으로 이끈 샤밀의 운동은 역사적 기원을 가지고 있으며, "투쟁은 산악 민족의 입장에서 독립과 민족 관습의 신성 불가침성을 위해 행해졌다"[61]고 언급했다. 어떤 종교적 광신주의가 아니라, 강제적 군사 점령에 무리디즘이 대항마처럼 나타난 이념이라고 도브류로르프는 강조했다. 그는 "무엇보다도 무리디즘이 성공적으로 전개된 것은 러시아의 전제적 압박으로 인한 산악 민족의 증오심 때문이었다"[62]고 해석했다. 이슬람이 군사적 항쟁으로 발전한 것은 강대국의 팽창 정책의 결과였다.

도브류로르프는 항쟁 운동의 중심에 섰던 이맘 샤밀의 행동도 비판하였다. 그는 샤밀의 통치도 여러 민족에게 어려움을 주었는데, 이는 산악 민족이 복종이라는 것에 낯설기 때문이라는 것이다.[63] 혁명-민주주의자인 그에게 있어서도 민족 독립을 위한 그 어떤 항쟁에서도 자유가 억눌려질 수 있었다. 그는 그러한 사실을 수용하기 어려웠다. 카프카스 전쟁이 결국 체첸을 비롯한 산악 민족이 패배하게 된 것도 샤밀이 마지막에 대중적 지지를 상실하였기 때문이라는 점이다.

러시아 사회주의자인 게르첸이 카프카스 전쟁에 관련, 언급한 대부분의 내용은 망명 기간 발표되었다. 그는 러시아 정부의 식민주의 통치를 비난하면서, 러시아 정부와 일반 민중은 근본적으로 차이점이 있으며, 그들이 추구하는 목적도 상충하는 것이라고 강조했다.[64] 혁명-민주주의자의 카프카스 전쟁에 관련된 역사적 사실을 추적한 가지예프의 견해로는 카프카스 전쟁사에 있어 게르첸이 차지하고 있는 위치는 본질적으로 그의 혁명-민주주의적 관점과 짜리즘의 점령 전쟁이라는 일반적인 이론화된 평가와 밀접하게 관련되어 있다. 게르첸은 그러한 전쟁들은 러시아와 러시아 민중 양쪽에도 아무런 긍정적인 요소가 아니었다고 평가하였다.[65]

7. 체첸 전쟁의 역사적 기원과 갈등:
19세기 후반기 이후 체첸-러시아 관계를 중심으로

19세기 후반기 러시아-체첸 역사적 관계

1859년 체첸에서 샤밀이 러시아군에 포로로 잡히고 1864년 체르케스 민족의 마지막 저항도 러시아 군대에 진압당해 카프카스 전쟁은 종식되었다. 러시아는 전쟁 이후 새로운 방식으로 체첸 민족을 다스리고자 하였다. 전쟁이 끝났을 때 러시아의 '바랴틴스키 А. И. Барятинский' 사령관은 '체첸 민족에 보내는 포고문'을 통해 체첸에 몇 가지 약속을 하였다. 포고문은 러시아 황제의 이름으로 체첸 민족에게 여러 가지 생활상의 혜택을 보장하였다. 특히 체첸인이 방해 없이 이슬람을 자유롭게 신봉하도록 허락한다는 내용이 있었다. 체첸은 전통적인 관습법인 아다트와 이슬람법인 '샤리아'에 의거, 재판을 받으며 민중이 주체가 되는 법정 제도를 세우겠다는 내용도 포함되었다. 체첸 민족이 일반적 원칙 아래에 상업과 수공업 등의 직업에 종사할 수 있는 여건도 약속받았다.[66] 러시아 정부가 외형적 약속을 하게 된 배경은 카프카스 전쟁 시기 체첸의 저항이 너무나 강해 전쟁 이후에도 또다시 도전할지도 모른다는 우려에서 나온 것이었다. 이러한 외형적 약속은 실제 체첸 민족에게 부과된 정책과는 매우 상반되었다.

기존 체첸 민중의 사유지는 실제적으로 러시아 정부의 소유가 되거나, 러시아에 영합한 지역 영주의 손에 불평등하게 분배되었다. 체첸 산악 지역의 토지와 숲은 러시아 정부에 넘겨졌다. 제정러시아는 토지에 관한 일련의 조치 이후 체첸을 더 엄격히 통치하는 정책을 펼쳤다. 러시아는 체첸 민족을 비롯, 약 60만 명에서 약 80만 명까지 추정되는 카프카스 거주민을 오스만 투르크 등으로 강제이주 시켰다.

카프카스 전쟁이 종식되고 북카프카스 민족의 이주 과정은 세 단계로 이루어졌다. 첫째, 1859~1862년, 둘째, 1863~1864년, 셋째 단계는 1865년이었다. 체첸인 이주는 샤밀이 포로로 잡힌 1859년에 주로 이루어졌다.[67] 1943년 스탈린은 체첸인을 강제 이주시킨 바 있다. 당시는 2차 세계 대전 중간으로 체첸인이 독일에 부역하고 협력했다는 것이 강제이주의 이유였다. 이 사건으로 체첸 민족에 큰 고통이 수반되었다.

강제 이주된 많은 체첸의 후손들이 지금도 튀르키예와 요르단 등에서 거주하고 있다. 이러한 일련의 과정을 겪으면서 체첸은 다시 이슬람 요소를 중심으로 제정러시아에 대항하였다. 카프카스 전쟁 패배 이후 체첸의 수피종단은 큰 위기에 봉착하였다. 낙쉬반디야 종단을 중심으로 카프카스 전쟁을 주도한 종교지도자들은 공식적으로 러시아의 지배에 놓였다. 이런 와중에 체첸의 수피종단에서 낙쉬반디야와 더불어 2대 종파를 이루던 '카디리야' 종단이 급속히 19세기 후반에 세력을 확장하였다. 19세기 후반 체첸 무슬림은 '쿤타 하지'라는 카디리야 종단의 최고지도자에 의해 인도받았다. 그는 19세기 전반기 수피종단의 대러시아 항쟁 정신에서 한걸음 뒤로 물러나, 수피즘의 교의인 '타리카', 즉 신비주의적이고 금욕주의적인 이념을 더 한층 강조하고 나섰다. 그는 '지크르зикр' 즉, 음악과 춤으로 원형을 돌면서 온몸으로 움직이는 의식을 강조했다. 1877년 러시아-오스만 투르크 전쟁 시기 체첸인은 다시 군사 무장을 하고 러시아에 대항했다. 쿤타 하지의 사망 이후 전쟁에 주도적으로 참여한 종단이 바로 카디리야 종파였다. 러시아정부는 군대를 투입, 체첸인의 봉기를 진압하였다. 체첸의 일부 지도자 공동체는 튀르키예로 이주, 그곳에서 체첸 디아스포라를 구성한다.

20세기 러시아-체첸 관계

1917년 러시아 혁명 이후 러시아는 적군-백군의 내전으로 접어들었다. 적군은 백군과의 전투에서 유리한 고지를 점령하기 위해, 북카프카스 민족 독립을 일시적으로 허락하였다. 적군은 샤밀을 혁명주의자요, 제정러시아에 항거한 상징으로 대대적인 선전을 하는 등, 체첸 민족의 인심을 사기 위한 노력을 기울였다. 혁명은 체첸에 큰 변화를 불러 일으켰다. 1919년 체첸, 다게스탄, 카바르다 등은 '고르스키 자치 공화국горская автономная республика'을 세웠다. 체첸 민족이 단일한 공화국을 건설한 것은 아니지만, 카프카스 전쟁 당사자인 여러 민족이 단일한 연합 공화국을 건설하였다는 의의가 있다. 그러나 이 공화국은 아주 짧은 기간 존속되었다. 내전이 적군의 승리로 끝나자 볼셰비키는 1922년 북카프카스에 군대를 파견, 고르스키 공화국을 해체하고 합병했다.

이후 체첸은 1936년 체첸-잉구세치아 자치공화국으로 탄생되었다. 소련 시기 체첸 사회는 집단농장화로 인해 다른 민족과 더불어 많은 피해를 입었다. 소련과 체첸의 관계에서 체첸인에 당면한 큰 고통의 사건은 스탈린이 명령을 내려 단행된 1943년 체첸 민족에 대한 강제이주 사건이다. 체첸인은 카자흐스탄과 키르기스스탄으로 강제로 추방되었다. 강제이주 된 약 45만 명 중에 이주와 정착 과정에 약 8만 명이 사망했다.[68] 카프카스 전쟁이 종식된 1864년에 오스만 투르크로 강제이주 당했던 때로부터 79년이 경과되었다.

분쟁 지역 작가인 후안 고이티 솔로는 솔제니친의 소설인 '수용소 군도'의 체첸에 대한 작가의 단상을 다음과 같이 인용하고 있다.[69]

> 하지만 그곳(수용소)에는 결코 굴복하지 않고, 복종을 받아들이지 않는 민족이 있었다. 그들은 어느 한 무리의 저항군으로 국한된 것이 아니라, 한 명 한 명이 합쳐진 민족 전체가 다 그러했다. 그들은 바로 체첸인이다. (이들은) 수용소 장교들을 즐겁게 하거나 그들 맘에 들려고 애쓰지도 않았다. 행동은 거만했고, 아니 오히려 드러내 놓고 적대적이었다는 표현이 맞을 것이다. …… 한 가지 지적할 만한 특이한 점이 있다. 아무도 그들이 이전의 생활방식 그대로 생활하는 것에 대해 뭐라고 할 수 없었다는 점이다. 30년 동안이나 그 땅을 통치했던 체제도 그들에게 체제의 법을 강제로 존중하게 할 수는 없었다.

그는 솔제니친이 1세기 이상을 투쟁하며 전쟁을 치른 체첸 민족에 대해 경탄할 만한 초상화를 그려냈다고 평가하였다. 체첸은 흐루쇼프 소련 서기장 시절인 1957년에 고향으로 귀향하였지만, 이미 그곳의 토지와 건물을 소유하고 있던 러시아인 등과 여러 가지 갈등을 빚었다. 소련 해체 이후 러시아연방 조약을 승인한 잉구세치아는 분리되어, 1992년에 체첸과 잉구세치아 공화국은 2개의 자치공화국으로 각각 나누어졌다. 러시아 정부에 체첸 공화국의 독립을 강력 요구했던 두다예프 대통령은 생존시 체첸을 '체첸-이치케리야 공화국чечен-ичкерия'으로 불렀고 러시아 정부는 체첸공화국으로 명명하고 있다.

    1차 체첸 전쟁의 체첸 지도자는 두다예프였다. 그는 체첸 이슬람 수피즘 종파 중에서 가장 큰 종단을 이루던 '낙쉬반디야'파가 아니고 '카디리야'파에 속했다. 체첸 독립에 대한 이슬람 종단의 열망이 강해 전쟁 초기에 이 2개의 종파는 독립에 대해 이견이 크게 대두되지 않았다.[70] 그만큼 체첸 민족의 독립에 대한 열망이 강하였다. 카프카스 전쟁이 수피즘의 '낙쉬반디야'파에 의해 초기의 신비주의 운동에서 급속도로 항쟁을 위한 종교의 이념화로 발전된 것은 매우 특별한 일이다. 이슬람은 러시아의 제국주의에 맞선 민족 수단이며 구심점이었다.

    소련 해체라는 20세기말의 특별한 역사적 분기점에서 체첸 민족의 자유와 독립을 외치고 대통령으로 선출된 두다예프의 등장은 체첸 민족이 1834년 이슬람 신정국가를 건설한 때로부터 150년이 지났음에도 불구하고 여전히 강력한 지도자의 등장을 바라는 것으로 해석된다. 두다예프는 체첸이 완전하게 러시아로부터의 자유 쟁취와 독립을 목표로 하였고, 국민들은 그를 지지했다. 두다예프는 대선에서 전체 유권자(63만 여명)의 77% 투표율에 85%의 지지로 당선되었다.[71] 이는 체첸이 러시아와의 관계에서 나타난 역사적 기원, 즉 소수 민족의 독립과 주권 쟁취로 해석될 수 있다.

8. 결론

    본문을 통해서 연구된 체첸 전쟁의 기원과 갈등은 대체적으로 다음과 같이 분석될 수 있다.

    첫째, 체첸 전쟁은 러시아와 체첸의 역사적 기원에서 그 결정적 요인을 찾아

볼 수 있다는 사실이다. 러시아와 체첸의 역사적 관계라는 사실로 분석해본다면, 체첸 전쟁은 4백년 혹은 역사적으로 더 가까이는 러시아와 체첸의 갈등 구조가 깊어졌던 2백년 이상의 장기간의 역사성으로 해석되어야 하는 당위성이 확보된다.[72] 전쟁의 전개 상황도 그렇다. 체첸 전쟁은 19세기 전반기 카프카스 전쟁처럼 체첸 평원 지역보다는 테렉강 이북 지역인 산악 지대를 중심으로 체첸인이 항쟁하였다. 러시아가 반군 색출의 목적으로 주장했던 마을 초토화 작전도 역사적 기원을 가진다. 1차 체첸 전쟁에서는 대다수의 체첸 국민이 러시아와 전면전을 벌였다. 러시아의 초토화 공격 형태나 체첸의 게릴라식 공격과 방어는 러시아와 체첸의 군사 투쟁에서의 단적인 하나의 예(例)이다. 카프카스 전쟁 때에 러시아는 체첸 지역으로 군사원정을 감행할 때에 마을 전체에 대한 초토화 작전을 종종 전개했다. 체첸 민족은 산악지대에서 러시아군의 공격에 맞서 게릴라식 싸움을 벌였는데, 험난한 지역에서 러시아와 주로 교전하였다.

기습 공격도 매복이나 산악지대에서 급습하는 형태였다. 전쟁이 없을 때 전 동원령에서 해제되어 자신의 집으로 가서 농사를 짓거나 일반 사회생활을 영위하기도 했다. 후안 고이티 솔로는 자신이 체첸의 남동지역 사령관인 훈카르 이스라필로프와의 인터뷰 내용을 전하고 있는데, 사령관은 체첸 전사들이 민간 생활로 돌아가고 싶을 때는 언제든지 그렇게 하고 있다고 전하고 있다. 카프카스 전쟁 동안에 체첸 민족 중에서 전쟁에 동원된 사람들은 15~50세였다. 이는 두다예프 대통령이 1차 체첸 전쟁때에 주민 15~50세까지 국민동원령으로 소집한 것과 동일한 역사적 사건이다.[73]

체첸의 항쟁이라는 역사성에서 분석해 보면, 체첸 전쟁은 '체첸 공동체 사회'의 존재에 대한 정체성의 발로이다. 4백년간 체첸이 존립을 위해, 독립과 자유라는 자위권 수호에 대한 총체적인 세계관을 가지고 있었다는 것을 의미한다. 푸틴 러시아 대통령이 언론에서 자주 제기하고 있는 반군 테러리스트에 대한 척결 이유가 체첸 내의 평화로운 시민에 대한 보호 차원이라는 주장에도 그 역사적 유사성이 있다. 19세기 북카프카스 전쟁 때에 제정러시아에 부합한 영주들을 러시아는 평화적인 신민이라고 주장하였다. 체첸 전쟁을 전후하여 두다예프 등 체첸의 독립에 반대 의견을 제시하고 친 러시아 입장을 취했던 체첸인을 러시아는 협상 가능한 파트너로 여겼다.

둘째, 체첸 전쟁의 요인에는 종교적 요소, 즉 이슬람 요인이 결정적인 변수로 등장한다는 사실이다. 1차 전쟁 기간에 체첸 공동체 내의 다수 정치 집단은 급격히 이슬람 이념에 기울기 시작했다. 일부 단체는 급진적인 이슬람 근본주의 경향을 보였다. 소위 말하는 '와하비주의'는 사우디아라비아에서 발흥한 이슬람 극단주의적인 근본주의 운동이다. 완전한 이슬람 신정국가로 돌아가자는 운동이다.[74] 러시아 정부는 1차 체첸 전쟁이 끝나고 난 뒤에 와하비주의는 북카프카스에 급속도로 번져 제 2차 체첸 전쟁의 직접적 원인이 되었다고 지적하고 있지만 이는 19세기 카프카스 전쟁의 지하드에서 그 기원을 찾을 수 있다.

체첸에 아랍 중동의 원리주의 이슬람이 급속하게 전파된 1990년대 상황은 1820년대 체첸이 제정러시아에 대항하기 위한 이념적 통일이나 수단으로 이슬람 신비주의 운동인 수피즘을 변용, 민족의 정신적-사상적 통합에 나서면서 러시아와 군사 투쟁을 전개한 역사적 사실과 맥락을 같이 한다. 이는 민족의 자유와 독립이 절실히 요구되던 역사적 분기점마다 체첸에 이슬람이라는 종교적 요소가 강하게 기능하고 있다는 사실을 증거한다. 1999년 당시에 생존했던 체첸의 마스하도프 대통령은 19세기 전반기 샤밀의 신정국가처럼 체첸에서 완전한 샤리아 율법으로 통치하는 이슬람 국가를 새롭게 건설하자고 주장했다. 체첸의 군사 지도자인 '샤밀 바사예프'가 2차 체첸 전쟁 직전 다게스탄으로 군사적 행동을 감행하면서 '체첸-다게스탄 이슬람 신정국가'를 건설하자고 주장한 것도 연관성이 있다.[75]

19세기 수피즘의 원리가 대對투쟁의 이념화로 발전되었다면, 와하비주의는 사우디아라비아 등 외래의 이슬람 근본주의 운동이 체첸 전쟁의 민족적 운명 속에서 또다시 국가 건설의 이념으로 등장하는 역사적 기원을 보여준다고 할 수 있겠다. 수피즘이 1820년대 신비주의 정신으로 시작되었다가 대對러시아 항쟁으로 발전된 것처럼, 체첸 전쟁의 중차대한 특정 민족의 운명적 시기에 급속히 와하비주의가 전파되었다. 와하비주의가 체첸 내에서 어느 정도의 세력으로 확산되었는지는 정확한 분석이 어렵지만 체첸 전쟁의 구체적, 정치적 사건의 중심에 있었다는 것은 확실하다. 이 이념은 반反러시아 군사 투쟁의 성향으로 나타났다. 러시아 정부의 제 2차 테러군사작전은 '테러리즘 응징에 관한 법'(1998) 등 국내법에 입각한 '반테러작전'으로 규정하고 있다. 체첸이 아랍 이슬람 국제테러단체들의 지원을 받아 이웃 다게스탄까지 포함한 '이슬람국가' 건설을 목적으로 1999년 8월 다게스탄 공화국의 마을로 침범하여 신정국가 건설을 선포했기 때문이다.[76]

셋째, 체첸 전쟁에 대한 러시아 정부의 역사적 정당성은 러시아의 전통적 팽창정책의 결과로서 나타나는 사건과 연관된다. 본문에서 살펴본 것처럼 18~19세기의 러시아 식민주의 통치는 강대국의 약소민족에 대한 하나의 통치적 정당성으로 주장되었다. 이는 러시아가 반反러시아 대열에 광범위하게 존재하고 있고 다양한 방법으로 러시아에 항쟁했던 체첸 민족을 이슬람 극단주의 테러리스트로 간주, 러시아의 체첸 정책의 정당성으로 그 근거를 삼고 있다는 사실을 보여준다. 이는 제정러시아가 체첸 민족에 대해 실시한 식민주의 통치의 결과인 중앙집권식, 혹은 지방분권식의 다양한 통치전략이 과거 강제적 점령을 통한 지배 이념의 원리가 오늘날까지 이어지고 있다는 역사적 진실을 보여준다고 하겠다.

넷째, 체첸 전쟁의 기원과 갈등, 그 요소를 분석하는 일은 매우 신중한 역사적 이해와 접근이 필요하다는 사실이다. 체첸 전쟁에 대해 샤무엘 헌팅턴이 주장하는 바와 같이 중세적 종교 전쟁으로 해석하는 사실도 무리가 따른다. 이는 현실적으로 러시아와 체첸의 국가적 존립을 위해 다양한 정치적-사회적-경제적 요인을 함축하고 있기 때문이다. 그렇지만, 이를 꼭 현실적인 국가 상황, 사회 조직과 통치 집단의 내부적 요인으로만 이해할 수도 없다. 이 글은 비교적 체첸 민족의 역사적 상황과 러시아와의 역사적 관계를 중심으로 체첸 전쟁의 기원과 그 당사자 간의 갈등을 다루었다. 이는 모든 민족이 처한 생존이라는 사활적인 상황 하에 하나의 당면한 사건, 즉 체첸 민족에게는 체첸 전쟁이라는 현상 그 자체에서 탈피, 역사적 기원에 대한 치열한 인식이 없이는 전쟁의 결정적 요인을 찾아보기 어렵다는 판단에 근거하고 있다.

　다섯째, 체첸 전쟁은 체첸 민족의 자유와 독립이라는 역사성에서 근본적으로 해석되어야 한다는 사실이다. 이는 어느 관점에서 체첸 전쟁을 바라보는 것인가에 따라 근원적 차이가 있지만, 강대국에 맞선 약소민족의 역사적 투쟁사라는 측면에서 그 의의를 찾고자 하는 시도로 충분히 받아들여질 수 있다고 판단되기 때문이다.

러시아-오스만 투르크의 역사적 관계:
전쟁과 종교적 특성

1. 서론

제정러시아와 '오스만 투르크'(이하 '오스만'으로 표기)는 유라시아 스텝 지역에서 몇 세기 동안 치열한 경쟁을 벌였다. 러시아 남부 지역은 투르크계 민족이 거주하던 역사적 공간으로 16세기 이후 오스만과 페르시아가 이 지역을 지배해왔다. 러시아가 16세기 중반 카잔 칸국을 정복하고 남부로 제국 확장을 시도하면서 오스만과 페르시아라는 인접 강대국과 러시아와의 관계가 본격화되기 시작했다. 유라시아는 러시아정교와 이슬람이 공존하던 지역이었다. 러시아와 오스만은 종교적 특성이 매우 뚜렷하게 구별되는 국가였다. 즉 종교적 정향성이 매우 이질적이다. 러시아는 비잔틴제국의 동방정교를 수용하면서 러시아정교라는 종교 정체성을 가졌다. 1453년 비잔틴제국이 멸망할 때까지 오스만과 비잔틴제국은 여러 번의 전쟁을 치르면서 강력히 대립한 국가들이다. 러시아와 오스만은 유라시아 스텝의 무슬림이 살던 거주 공간에서 정치적 우위를 차지하기 위해 전쟁을 벌였다.

러시아와 오스만은 17세기 이후 상호 간에 매우 많은 전쟁을 치렀다. 특히 18~19세기 양국의 전쟁은 유럽 열강에 편입되기 위한 투쟁이었다. 이러한 점에서 전쟁은 양국 관계사를 분석하는 매우 중요한 요소이다. 러시아가 16세기 이후 동쪽과 남쪽으로 영토 확장을 추진하면서 정복한 민족들은 무슬림이었다. 동쪽의 시베리아 민족들을 제외하고 러시아 남부는 무슬림이 많이 거주한 공간이었다. 이 지역 무슬림에 대한 정치적 지배권을 가진 국가는 페르시아와 오스만이었다. 특히 오스만은 지속적으로 이슬람 영향력을 끼쳐왔다. 이런 견지에서 제정러시아의 로마노프 왕조와 오스만의 관계사는 전쟁, 러시아정교, 이슬람 특성을 통해 분석될 수 있을 것이다. 러시아는 무슬림 공간에 침입하였다. 그리고 러시아에 포함된 신민인 무슬림 민족의 본질을 파악하기 위해서는 오스만 등 러시아 변경 국가들과의 대외정책이 매우 중요하다.

이슬람은 유라시아의 많은 민족들이 신봉하는 종교이다. 러시아의 국제관계사를 올바로 이해하기 위해서는 러시아 영토 변경 내와 인접 국가의 이슬람 분석은 매우 필요한 연구 작업이 될 것이다. 러시아의 종교 특성을 파악하는 일은 러시아 사회 내의 무슬림, 유대인, 불교도, 러시아정교도, 그리고 기타 민족-종교 그룹의 상호 관계를 파악하는 바로미터가 된다. 국가 권력과 종교성은 어떠한 의미인가? 제국 확장 시기 국가 권력은 타민족의 종교에 관심을 가진다. 즉 정복당한 민족의 자존심은 종교성을 통해 분출되는 경우가 종종 있다. 오스만은 러시아 남부의 무슬림 민족에 대해 이슬람이라는 단일한 정신을 강조하는 경향을 보였다.

러시아는 합법적 방법, 혹은 강압적 수단을 가지고 무슬림 민족을 통치하였다. 18세기 후반 예카테리나 여제 시기 이러한 방식이 가동되었다. 러시아는 무슬림 신민을 정교도화하는 정책을 포함시켰다. 국경, 변경, 이웃 국가 등 다분히 제국과 연관된 국제관계에 있어 종교 기호는 문화사 범주에 속한다. 종교는 내부적 사회 요인인 동시에 외부 세력과의 관계 설정에 있어 중요한 변인 요소이다. 적어도 제정러시아 시기 차르의 통치 범위 안에 있던 무슬림에 대한 종교 정책은 제국 건설과 연관되어 있으며, 이는 러시아 및 인근 국가와의 국제관계의 틀 속에서 이해될 필요성이 있다.

2. 러시아의 세력 확장기, 러시아와 오스만 투르크의 역사적 관계

러시아와 오스만의 정치사적, 문화사적 의미

일부 제국 전문가들은 제국 연구를 2가지의 큰 범주로 분류하였다. 하나는 제국의 내부적 관점인 민족주의 경향에 초점을 맞추는 경우이다. 러시아를 이런 관점으로 분석하기 위해서는 제국 권력이 피지배 민족에게 어떠한 방식으로 구현되어야 하는지가 규명될 필요성이 있다. 제국주의 세계관, 그리고 피지배 식민지에 대한 인식이 어떠한 방식으로 형성되는지의 여부도 매우 중요하다. 또 다른 하나는 국제관계인데, 국가 간의 권력 관계, 군사, 경제 분야를 중심으로 제국을 분석하는 방식이다. 이런 경우 제국을 둘러싼 지정학적 콘텍스트를 이해해야 한다. 이 방식에는 국가 간, 혹은 민족 간의 갈등이 문화와 종교성 속에서 어떻게 나타났는지, 혹은 군사적 갈등과 전쟁이 정복 국가 및 피정복 국가에서 실제적으로 실현되었는지가 규명되어야 한다. 강대국 간에 피식민지 국가를 놓고 어떠한 국가 정책을 펼쳐나갔는지도 주요 고려 사항이다. 제국과 연관된 국제관계 역학은 제국의 내부적 관점에 비해 많이 분석되지 않았다. 러시아는 국제관계 속에서 어떠한 역사적, 정치적 함의를 지니는지 자연스럽게 제기할 수 있다.

그렇다면 러시아와 오스만은 정치사적, 문화사적 의미에서 어떠한 국제관계를 가졌을까? 러시아정교와 이슬람은 국제관계 속에서 어떠한 함의를 가질 수 있을 것인가?

러시아는 독특하고 특이한 역사적 과정을 거쳐 왔다. 서유럽의 제국 확장은 대륙을 뛰어넘어 다른 대륙이나 해양을 통해 이루어졌다. 러시아는 인접 지역을 중심으로 국가 권력을 확대했다. 러시아는 매우 특이한 제국의 형태를 가졌다. 러시아는 역사적으로 유럽화를 추진하였고 유럽 세력권 편입을 위해 노력했다. 동시에 러시아는 몽골의 전통이 강하게 남아있는 아시아적 특성을 가진 국가였다. 러시아 남부는 무슬림 민족이 거주하던 지대였고, 슬라브 민족과는 다른 종교적 정체성이 구현되던 공간이었다. 오스만과 페르시아가 러시아 남부의 무슬림 민족을 오랜 기간 지배해왔다. 양국은 러시아 남부 스텝 지대에서 전통적으로 아시아적 특성을 가진 제국이었다. 러시아는 남부로 세력을 확장하다가 오스만과 페르시아와 맞서게 되었다.

유럽적, 아시아적 특성을 동시에 가진 러시아가 남부로 영토 확장을 추진하면서 먼저 대립한 강대국은 서유럽이 아니라 이슬람 국가였다. 물론 북방전쟁의 당사자인 스웨덴, 폴란드도 러시아제국 확장 시기 매우 주요한 국가였지만 러시아의 서부 지역과 관련된 관계로 오스만과는 의미가 달랐다. 역사적 논란이 있지만 러시아는 유럽과 아시아의 중간 지대에 위치하면서 양쪽 공간에 속하는 인문적 특성을 동시에 보유하는 국가였다. 러시아는 제국 확장의 길로 나섰다. 이 와중에 오스만은 적대적 세력이었으며, 타자他者였다.

러시아 이슬람은 오랜 역사적 기원을 가지고 있다. 현재의 러시아연방인 다게스탄으로 이슬람은 7세기에 최초로 전파되었으며, 북카프카스를 중심으로 확장되었다. 이슬람은 오랜 시기 유라시아 초원 지대에 거주한 무슬림의 강력한 문화적 요소였다. 수많은 민족들이 이슬람을 종교 정체성으로 수용했다. 러시아 이슬람은 투르크권 민족을 중심으로 확산되었으며, 이후 남부 스텝 지역, 볼가, 우랄, 시베리아 등에 광범위하게 퍼져나갔다.[1] 러시아 확장의 시기에 부닥쳤던 이민족 중 다수가 무슬림이었다.

러시아가 이슬람 세력권이던 남부로 영토 확장을 이룰 수 있었던 배경은 러시아가 몽골의 지배로부터 벗어났기 때문이었다. 러시아의 중세 국가인 모스크바국이 몽골 세력을 완전히 격퇴하고 진정한 독립을 이룬 때는 1480년이었다. 수백 년간 러시아의 아킬레스건은 '몽골의 멍에Mongol yoke'였다. 몽골은 공식적으로 1240~1480년까지 러시아의 슬라브 민족을 지배했다. 러시아는 농업 국가로서는 매우 빈약한 토양과 기후 조건을 가진 가난한 국가였다. 러시아는 후진적 농업 사회의 발전 과정을 거쳤다. 그러나 이반 뇌제 시기 러시아에서는 전제권력이 발생하였다. 당시 모스크바국은 남부 요충지인 카잔 칸국에 대한 군사 원정을 시도하였다. 카잔 칸국의 거주민들은 무슬림이었다. 과거 몽골 타타르의 역사적 기반이던 킵차크 칸국의 후손인 카잔 칸국을 점령, 러시아는 제국의 기반을 닦으면서 남부 지대로 영토 확장의 초석을 마련했다.

러시아 제국주의자는 무슬림을 러시아정교도로 변화시켜야 한다는 문화 사명을 강조했다. 그 시작이 16세기 이후였다. 러시아는 무슬림을 기독교로 개종하는 그 자체가 소수민족에게 역사의 열림이 될 수 있다고 판단했다. 러시아정교의 혜택을 무슬림도 얻어야 한다는 제국의 관점이 제기되었다. 소수민족의 역사는 교육받은 사회의 지원으로 비로소 시작된다는 점을 러시아는 강조했다. 제국의 행정가들과 선교사들은 변방 민족을 위한 부흥사였다. 정교도들이야말로 관습의 보호자라는 사실을 이들은 부각시켰다.[2]

모스크바국은 1552년 카잔 칸국, 1556년 아스트라한 칸국을 정복했다. 러시아는 카잔 칸국을 정복하면서 타타르 민족에 대한 지배권을 최초로 가졌다. 러시아는 과거 킵차크 칸국의 역사적 후손이 거주하던 지대를 점령했다.[3] 러시아는 전통적으로 동방정책을 중시했다. 이 정책과 관련된 나라가 주변 무슬림 민족 국가였던 오스만, 페르시아, 아스트라한 칸국, 노가이 칸국, 그리고 킵차크 칸국이 멸망하기 직전인 1475년에 오스만에 복속된 크림 칸국 등이다. 러시아는 카잔 칸국과 아스트라한 칸국을 정복하면서 강력한 중앙집권화에 성공했다. 타타르 민족은 16세기 중엽 역사상 처음으로 러시아 차르의 종주권을 인정했다. 모스크바국은 타타르를 정복함으로써, 동방으로 진출하는 통로를 얻었다.[4] 결과적으로 카잔 칸국은 킵차크 칸국의 계승 국가로서의 능력을 갖추지 못했다. 모스크바국에 복속된 이유는 경제적, 군사적 능력이 상실되었기 때문이다.

러시아연방 카잔공화국 크레믈린
출처: Historic and Architectural Complex of the Kazan Kremlin - UNESCO World Heritage Centre

1,500년 경 킵차크 칸국의 붕괴 이후로 카잔 칸국은 러시아에 결국 복속되었다. 모스크바국이 카잔 칸국을 침범했을 때 카잔 칸국의 인근 '카시모프 칸국'은 이슬람이라는 공동의 종교적, 민족적 특성을 가진 카잔 칸국을 도와주지 않고, 도리어 모스크바국을 결정적으로 지원해주었다. 이에 반해 아스트라한 칸국은 중립적 태도를 가졌다. 크림 칸국도 직접적으로 카잔 칸국에 군사적 지원을 해주지 않았다. 카잔 칸국을 지원한 국가는 반 모스크바 전선을 형성하던 주변 국가인 폴란드와 리투아니아 공국이었다.5

모스크바국의 차르는 카잔 칸국 정복 이후 남동 변경 지대의 무슬림 인구 밀집 지역을 통치하면서 정치적 세력권을 넓혔다. 카잔 칸국과 아스트라한 칸국은 정치적, 상업적으로 볼가의 핵심 국가였다. 아스트라한 칸국은 북카프카스와 모스크바를 이어주는 상업 수송의 허브 역할을 했는데, 모스크바 북쪽과 중앙아시아를 이어주는 중간 지대로서의 상업 중심지였다.6 1587년 노가이 민족의 통치자인 '우루스Urus'는 오스만의 술탄에게 "아스트라한, 볼가, 야이크 지역을 지배하는 자가 노가이 사람들을 정복하는 장본인이다"7라는 편지를 보냈다. 러시아는 16세기부터 자국의 영토 내로 흡수된 무슬림을 효과적으로 통치해야 한다는 숙제를 가지게 되었다. 무슬림 통치 책임을 스스로에게 부과하였다.

러시아 남부 무슬림의 정치사적 함의

그렇다면 남부 지역의 무슬림은 러시아에게 정치적으로 어떠한 함의를 가지고 있을까? 16세기는 아직도 러시아가 서유럽의 열강으로 인정받을 수 있는 국력을 갖추지 못한 시기였다. 이런 상황에서 정복 대상지로 러시아의 역사상 처음으로 떠오른 남부 스텝의 무슬림에 대한 통치를 원활히 이루지 못한다면, 러시아의 서부 지역에 대한 정치적 지배력도 유지할 수 없었다. 무슬림은 특별한 통치 대상이었다. 이제 유라시아 스텝의 강자로 발돋움하는 모스크바국에 대해 인근 지대의 무슬림은 피지배자의 입장에 서게 되었다. 이는 러시아와 이제 러시아의 세력권에 편입된 남부 초원지대의 민족이 새로운 역사적 단계로 접어들었다는 것을 의미한다. 슬라브 민족의 공동체 내로 무슬림이 참여하였다. 러시아는 나름의 종교 정체성을 확립해야만 한다. 그리고 공동체 내에서 대對 무슬림 정책을 올바르게 실행해야 하는 임무를 가졌다. 16세기 중반 러시아는 무슬림과의 관계를 정확히 정립해야만 하는 시대적 과제를 얻게 되었다. 유라시아 스텝 지대에서 킵차크 칸국이 패퇴하고 러시아가 카잔 칸국을 점령, 인근의 모르드바, 추바쉬, 체레미스, 바쉬키르, 마리 민족 그룹이 모스크바국에 포함되었다.[8] 이들 민족 그룹은 대부분 무슬림이었다.

러시아 남부 유목민족 제국사는 종결의 시점에 도달했다. 16세기 몽골과 같은 전통적인 유목 민족들의 세력은 점차로 약화되었다. 여전히 몽골의 계승 국가인 크림 칸국은 존속하고 있었지만, 과거 몽골 통치 지역은 이제 러시아가 제국으로 탈바꿈하는 열린 공간이 되었다. 러시아와 오랜 시기 강력한 경쟁을 펼친 민족은 러시아의 팽창을 억제하기에는 역부족이었다.[9] 인근 무슬림 민족은 이슬람 이외 러시아정교에는 전혀 관심을 가지지 않았다. 모스크바국이 카잔 칸국을 복속하였지만, 러시아정교는 러시아와 카잔 칸국 사이에서 2차적 역할 정도에 그쳤다. 무슬림 민족은 초기에는 러시아정교를 수용하는 데에 부정적 인식을 가지고 있었다.[10]

모스크바국과 남부 무슬림 민족과의 관계

모스크바국은 무슬림 국가에 대한 완전한 지배권을 가지지 못했다. 그리고 러시아정교에 비해 이슬람은 매우 생경한 종교적 정체성을 가지고 있었으므로 이 지역 무슬림 민족에 대한 이해가 쉽지 않았다. 988년 러시아정교를 수용한 이후 16세기 중반까지 거의 6백년 가까이 정교의 영향권 안에 있었던 러시아는 16세기 중반부터 본격적으로 러시아의 세력권으로 편입된 무슬림을 적절히 통치해야만 하는 국가적 책무를 가지게 되었다. 모스크바국은 카잔 칸국을 정복하였지만, 여전히 킵차크 칸국의 계승 국가들에 공격을 받았다. 한때 크림 칸국은 모스크바국을 침공하였는데, 1571년 모스크바는 일부 점령되었고 도시는 불타기도 했다. 러시아는 심장부인 수도까지 군사적 침입을 받는 위기를 겪었다. 이러한 안보적 문제 때문에 남부의 카잔 요새는 러시아의 전략 지대地帶이며 국가 방어선이 되었다. 카잔은 또 다른 식민지를 건설하고자 했던 미래 제국인 러시아의 최우선 정복지였던 셈이다.11 즉 러시아 남부를 방어해야 할 뿐만 아니라 제국의 국경선을 확장하기 위해서도 러시아는 무슬림 민족과 이슬람에 대한 깊은 종교적 통찰력을 가져야만 했다.

이반뇌제가 사망한 1584년 이후 모스크바국은 급격한 쇠퇴기에 접어들었다. 러시아는 1598년부터 1613년까지 동란의 시기로 접어들었고, 이후 1613년에 로마노프 왕조가 새롭게 등장했다. 러시아 내정이 불안해지면서, 러시아를 둘러싼 국제관계도 급박하게 돌아가기 시작했다. 당시 조지아는 오스만의 압박을 줄곧 받고 있었으며, 위기 극복을 위해 러시아에 원조를 요청하고 있었다. 조지아는 조지아정교를 신봉하며, 러시아와 동방정교의 종교적 뿌리를 공유하고 있었다. 조지아는 민족적 동질감이라기보다는 종교적으로 러시아와 가깝다는 인식 하에 군사적 지원을 요청한 측면이 있었다. 남카프카스에서 조지아가 외세의 위협에 시달린 것처럼, 북카프카스의 무슬림권 칸국인 다게스탄의 지도자인 '샴할'은 1589년 오스만 술탄에 도움을 요청했다. 그런데 이 시기 이슬람은 이 지역에서 정착 단계에 있었다. 즉 다게스탄에서는 7세기 아랍 군사 원정대가 이슬람을 전파한 이후로 꾸준히 이슬람이 전파되고 있었다. 러시아는 카잔 칸국을 점령한 이후 다게스탄 등 북카프카스로 세력권을 넓히고 있었다. 샴할은 러시아인이 다게스탄에 군사 요새를 건설하고 군대를 파견했다는 점을 상기시켰다. 그리고 그는 러시아가 정교도들이며, 이에 대항하여 무슬림 민족들이 단결해야 함을 강조하였다.12

> 만약 술탄이 우리에게 군사적 지원을 하지 않는다면, 러시아 군대는 북카프카스 지역을 정복하며, 무슬림 민족을 러시아정교도로 삼을 것입니다. 그리고 오스만이 페르시아로부터 탈취한 북카프카스의 주요한 지역인 데르벤트, 솀아하, 쉬르반 무슬림 공동체는 러시아 군대를 방어할 수 없을 것입니다. 이런 상황이 벌어진다면, 러시

아인은 페르시아 샤와 조지아 공국의 여러 왕들과 군사적 연대를 통해, 오스만 투르크의 수도인 콘스탄티노플까지 진격할 것이며, 동시에 프랑스와 스페인 왕들도 다른 통로를 통해 오스만 투르크를 점령하기 위한 군인들을 파병할 것입니다. 이러한 상황이 전개된다면 술탄도 포로로 잡히며, 무슬림은 기독교로 개종되며, 우리의 종교적 믿음도 종말을 맞이할 것입니다.

북카프카스의 무슬림 칸국은 모스크바국이 세력권을 확대하는 것을 보면서 같은 무슬림 문화권인 오스만에 군사 원조를 요청했다. 그들은 이슬람의 종교적 정신으로 술탄에게 호소했다. 당시 카프카스를 지배하던 오스만은 무슬림 영주의 군사 지원 요청을 빈번히 요구받았다. 제정러시아가 남부로 팽창하는 과정에서 북카프카스의 다게스탄, 체첸은 일종의 완충지대였다. 러시아는 17세기로 접어들던 당시에 북카프카스에 대한 정치적 지배권을 가지기 위해 노력했다. 러시아가 북카프카스를 정복한다면, 남카프카스로 제국의 세력권을 넓혀나갈 것이며, 그리고 크림 반도의 흑해로 나가기 위한 군사적 요충지가 확보될 수 있다. 그러므로 흑해로 나가기 위해서는 다게스탄 등 북카프카스 정복은 매우 중요했다. 러시아 입장에서 카잔 칸국이 점령당한 이후 전략적으로 핵심 국가는 크림 칸국 이었다. 러시아는 카프카스뿐만 아니라 흑해로 나가기 위한 요충지인 크림 칸국을 점령하기를 매우 원했다. 그러나 오스만이 정치적 지배권을 가지고 있었다. 킵차크 칸국의 계승 국가인 크림 칸국의 거주민은 이슬람을 신봉하고 있었으며, 이는 유라시아 스텝 지대에서 유목 칸국의 일반적인 종교 정체성이었다. 크림 칸국이 오스만과 더불어 종교적인 일체감을 유지하고 있었다는 사실은 러시아의 흑해 정복에 걸림돌이 되었다는 것을 의미하였다.

크림 칸국에 대한 러시아의 정복은 장기간 진행되었다. 러시아는 유럽 정책을 추진하였고, 러시아의 지전략적 목표는 크림 반도로의 진출이었다. 러시아는 18세기 후반기에 이르러서야 크림 칸국을 정복하였다. 16세기 이후 크림반도는 오스만의 지배하에 있었다. 16세기 중엽 이래 러시아와 오스만은 매우 많은 전쟁을 치렀다. 양국의 전쟁은 남 유라시아와 흑해 지역의 종주권을 차지하기 위해 벌어졌다. 정교 국가와 이슬람 국가로 확연히 구별되는 양국 중 누가 크림반도 종주권을 차지할 것인지의 여부는 국가 세력의 시험대가 되었다.[13]

흑해 상황은 복잡하게 전개되었다. 17세기 로마노프 왕조는 반러시아 연대를 보였던 폴란드-오스만-크림 칸국의 동맹을 저지시켰다. 1630년대부터 우크라이나 지역에 속하는 드네프르에서 폴란드의 입지는 약화 되었고 러시아와 우크라이나의 국가 합병 기운이 무르익기 시작했다. 1654년 러시아와 우크라이나는 '페레야슬라브 조약'을 체결하였다. 그런데 이 조약의 내용에 대해 아직도 양국은 역사적 논쟁을 강력히 벌이고 있다. 러시아는 합병조약이었다고 주장하고 우크라이나 측은 이 조약은 그저 양국의 연대에 불과하였다는 완전히 다른 입장을 가지고 있다. 이 조약의 원본은 전해져 내려오지 않고 있다. 이 조약으로 흑해 주위의 지정학적 상황이 변화하였다. 드네프르 유역에서의 러시

크림반도 출처: https://www.reddit.com/

아 입장은 강화되었다. 이로써 오스만이 흑해에서 보인 공격적인 전략도 타격을 입기 시작했다.[14]

17세기 중엽인 1676~1681년 러시아-오스만 전쟁이 발발했다. 북카프카스의 카바르다 군대도 이 전쟁에 참여했다. 전쟁은 드네프르 강의 우현에서 벌어졌다. 카바르다의 '카스풀라트' 왕은 러시아의 차르에 의해 세금을 징집하는 대표자로 임명받았다. 그는 테레크 카자크의 수장이자 모스크바국의 공이었다. 크림 지역 칸들은 오스만 편에서 러시아와 전쟁을 치렀다. 전쟁은 '바크체사라이' 조약이 체결됨으로써 종식되었다. 조약 내용에는 러시아의 초기 국가인 키예프 루시에 속하는 남우크라이나가 크림 칸국에 포함되었다. 우크라이나의 서부 드네프르 지역은 러시아에 귀속되었다. 오스만은 카바르다에 대한 완전한 종주권을 요구했는데, 러시아 측에서 이를 거부했다. 카스풀라트는 러시아의 위임을 받고 1680년 러시아와 크림 칸국 간의 단독 강화 조약 체결을 위해 크림 칸국과 협상을 벌였다. 17세기 말 러시아는 크림반도에 대한 통치권을 확립하고자 시도했으나 실패했다. 무슬림 민족이 거주하는 크림반도의 접경에서 전혀 다른 종교 정체성을 가진 러시아와 오스만이 충돌했다.

3. 18세기 제국 경쟁 시기: 카프카스와 크림반도를 둘러싼 러시아와 오스만 투르크의 국제관계

표트르 대제, 유럽제국의 기틀 마련

18세기 표트르 대제 시기 러시아는 제국의 세기로 접어들었다. 러시아는 유럽화를 선택했다. 유럽 국가들은 비유럽화 국가들에 압도적인 힘의 논리를 내세웠다. 18세기이후 러시아 엘리트들은 유럽 국가들이 아시아 국가들에 대해 가졌던 제국주의 인식과 유사한 제국의 논리를 가졌다.[15] 이들의 멘탈리티는 표트르 대제의 통치와 더불어 서유럽 시각으로 전환하였다. 러시아 귀족계급은 유목 기마민족과 아시아 민족들을 정복 대상으로 인식하였다. 역사가 진보한다는 유럽적 인식을 러시아의 지식인들도 가지기 시작했다. 비 유럽인들은 더 이상 슬라브 민족을 정복하는 약탈자이거나 군사적 침략을 일삼는 이교도들이 아니었다. 러시아인은 그들은 시대에 뒤떨어진 민족이요, 그래서 유럽식 문명화를 수용해야 하는 대상자로 인식하였다.[16] 표트르 대제 시기 러시아는 제국의 가치를 러시아정교와 슬라브 정신의 전통성에 두었다. 러시아는 카프카스, 흑해의 지배권을 놓고 오스만과 정면으로 충돌하였는데, 러시아 남부의 절대 강자인 오스만과 군사적으로 경쟁하는 능력을 축적하였다.

제정러시아의 대외 정책의 기본 목표는 대양으로의 진출이었다. 이전에 러시아는 오스만과의 전쟁에서 만족할 만한 승리를 얻지 못하였다. 오스만도 내부 분열로 경제 발전이 정체되면서 강한 국력을 소유하지 못했다. 오스만 군대의 강점은 전쟁에 참여하는 군인의 수가 많다는 것이었다. 18세기 오스만은 강력한 이슬람 정신으로 무장했으며, 우방국가인 프랑스와 스웨덴이 오스만을 지원하고 있었다. 흑해 근처의 아조프를 확보하는 것이 러시아 대외 정책의 시급한 목표였다. 이를 위해 표트르 대제는 크림 칸국 정벌에 나섰다. 1689년 러시아는 군사 원정대를 보냈지만, 실패로 끝났다. 1695년 러시아는 오스만의 요새인 아조프를 공격하였으나 성공하지 못했다. 표트르 대제는 해군 창설을 매우 강력히 추진했다. 그 결과로 돈 강 유역인 보로네쉬에서 해군 함선이 건조되었고, 흑해로 함대가 출범하였다. 1696년 러시아 군대는 결국 아조프를 점령하였다. 러시아는 아조프에 타간로그 요새를 건설하였다. 아조프를 점령했다고 양국의 전쟁이 종결되었다는 의미는 아니다.

러시아는 소위 '대사절단'으로 명명되는 유럽 사절단을 표트르 대제 자신이 친히 조직하여, 유럽 시찰을 단행하였다. 표트르 대제가 유럽 시찰을 단행한 것은 강대국들과 산업, 기술, 문화 분야의 협약을 체결하는 목표도 있었지만, 유럽 강국에 오스만에 반대하고 러시아 지원을 요청하는 또 다른 목표도 있었다. 러시아는 1697년 오스만을 공격하기 위해 오스트리아, 베네치아와 협정을 체결했다. 그러나 표트르 대제는 스웨덴과의 북방전쟁이 시급해 1700년 오스만과 향후 30년간의 평화 협정을 체결하였다. 그러나 러시아가 몰다비아 공국의 반 오스만 봉기를 지원하면서 러시아와 오스만 간에 전쟁이 발발했다. 오스만의 유럽 지역에서 군사 충돌이 있었으며, 이 전쟁은 오스만의 승리로 종식되었다. 1711년, '프루트' 평화 협정을 통해 러시아는 아조프를 상실했다. 흑해에서 러시아의 무역 활동이 금지되었다. 1713년 6월 러시아와 오스만은 25년간 유효한 아드리아노폴 평화협정을 체결했다. 양국 관계는 정상화되었다.

러시아는 점진적으로 경제 발전을 이루고 있었으며, 서서히 현대식으로 군대 정비에 나섰다. 표트르 대제의 서구화 정책으로 군대 병참과 병기가 유럽식으로 발전하였으며 군대 기병대가 여러 전쟁을 통해 경험을 쌓고 있었다. 러시아는 스웨덴과의 북방전쟁에서 승리를 거두고 남카프카스로 세력 확장에 본격 나섰다. 1722~23년 러시아는 카스피해로 군사 원정대를 보냈다. 당시 페르시아가 다게스탄과 아제르바이잔 등 북동카프카스 및 남카프카스의 요충지를 지배하고 있었다. 러시아는 북서 카프카스의 민족을 지배하던 오스만의 세력을 격퇴하기 위해 군사 원정대를 보내었다. 북서카프카스에서 동방 국가와의 무역 교류의 길을 확보하고 오스만의 세력 확장을 억제하기 위해서였다. 러시아는 북서카프카스에서는 만족할 만한 성과를 거두지 못했지만, 다게스탄과 아제르바이잔을 지배하고 있던 페르시아 세력을 몰아내는 데에 성공했다. 러시아는 이슬람 세력권이던 다게스탄과 아제르바이잔에서 정치적 지배력을 가지면서 이후 18세기 후반 러시아-오스만 전쟁에서 결정적인 승리를 거둘 수 있었다.

러시아에 있어 1722년은 매우 중요한 역사적 해이다. 러시아 제국의 팽창이 본격적으로 이루어진 시기이기 때문이다. 러시아는 이슬람 국가인 페르시아, 오스만 이외 여러 카프카스 민족들과 직접적으로 조우하였다. 1723년 9월 23일 러시아와 페르시아 간에 '페테르부르그' 조약이 체결되었는데, 이 조약으로 북카프카스의 데르벤트와 아제르바이잔의 바쿠가 러시아에 할당되었다. 그리고 길랸, 마잔데란, 아르트라바드가 러시아에 넘겨졌다. 러시아는 북동 카프카스에 속하는 카스피해에 대한 지배권을 가짐으로써 국가적 위신이 강력해졌다. 이 조약은 표트르 대제의 가장 강력한 동방정책의 승리로 해석된다.[17] 이 협정 체결로 오스만은 큰 불만을 가졌다. 콘스탄티노플의 프랑스 및 영국 대사들은 카스피해에서 러시아 군대의 철수를 요구하였다. 오스만이 러시아에 선전포고를 하지 않는다면, 유럽 열강은 오스만과의 외교 및 무역 관계를 단절하겠다고 위협했다.[18] 이 영향 때문인지 러시아는 한동안 남카프카스로의 영토 확장에 실패했다.

양국 간 첨예한 대립은 1724년 6월 12일, '콘스탄티노플' 조약을 체결함으로써 일정 부분 해결되었다. 러시아는 1723년 페르시아로부터 할당 받은 땅의 소유권을 인정받았다. 그리고 북카프카스의 핵심 도시인 쉬르반 지역의 2/3를 받았고 사무르 땅의 일부를 할당받았다. 쉬르반 해역 근처에는 쉐마힌 칸국이 오스만의 술탄인 아흐메드 3세의 지배를 받는 다울-베크가 통치하였는데, 오스만이 직접 이 지역을 통치하기로 결정되었다. 오스만은 남카프카스 서부에 대한 권리를 러시아로부터 얻게 되었다. 즉 다게스탄에 속하는 아흐트이, 루툴, 차후르 그리고 레즈긴 민족 거주지의 지배권을 인정받았다. 그리고 아제르바이잔의 나머지 땅과 조지아, 아르메니아, 이란 서부 지역에 대한 통제권을 가졌다. 본격적으로 카프카스 지역은 이후 150년간 행해진 러시아와 오스만의 군사적 대결의 최전선 지대가 되었다.[19]

러시아 대외 정책의 목표: 흑해로의 진출과 오스만과의 전쟁

러시아가 카프카스로 본격적으로 진출하자, 오스만은 매우 강력히 저항했다. 역사적으로 카프카스는 오스만과 페르시아의 사파비 왕조 간에 제국 확장의 경쟁 장소요 침략의 대상지였다. 러시아가 카프카스로 본격 진출하면서 러시아와 오스만은 매우 치열하게 대립하였다. 오스만은 레반, 낙쉬체반, 로리, 그리고 간자 지역을 점령함으로써 러시아의 남진을 저지시켰다. 러시아와 오스만은 대립을 지속하다가 1724년 6월 24일에 협정을 체결하였다. 러시아는 다게스탄 지역인 북 쉬르반, 마잔데란, 길란, 그리고 에스테라바다를 쟁취함으로써 카프카스로 진출할 수 있는 교두보를 얻었다.[20] 안나 여제(재위 1730~1740)의 통치 시기, 아프가니스탄 민족이 페르시아에 봉기를 일으키면서 페르시아의 사파비 왕조는 급격히 세력을 잃게 되었고, 1736년에 붕괴되었다. 러시아는 이 상황을 활용, 오스만과 일시 연대, 페르시아의 점령지인 카프카스의 일부 지역을 차지했다. 그러나 사파비 왕조의 붕괴 이후 페르시아에서는 '나디르 샤 Nadir Shah'가 제위에 올라 강력한 국가를 건설하였고, 러시아와 오스만의 세력을 격퇴하면서 군사력을 강화하기 시작했다.[21]

러시아 군대는 카프카스로부터 물러났는데, 카프카스 입구에서 북쪽으로 러시아 국경선이 후퇴하였고, 러시아는 페르시아와 국제 조약을 체결하였다. 1732년 1월 21협정에서 이전에 러시아에 할당된 다게스탄의 데르벤트가 다시 페르시아로 반환되었다. 1735년 3월 10일 러시아와 페르시아는 신 조약을 체결하였고, 러시아는 1724년 오스만과 합의했던 모든 점령지에서 철수하였다. 동카프카스에서 완전히 물러나면서 러시아의 국경선은 키즐야르로 정해졌다.[22]

러시아 대외정책의 가장 중점적인 목표는 흑해로 나아가 이 지역에서 군사 요새를 확보하는 것이었고, 또 다른 이유는 당시까지만 해도 매우 강력한 정치적 공동체였던 크림 칸국의 공격에 대비하기 위해서였다. 러시아 대외 정책의 두 번째 목표는 우크라이나와 벨로루시 지역을 제정러시아로 완전히 편입시키는 일이었다. 이 지역의 대부분은 폴란드에 속해있었다.[23] 러시아와 오스만은 카프카스 지역뿐만 아니라 크림반도를 둘러싸고 군사적 갈등이 지속되었다. 1735~1739년에 양국 간에 전쟁이 발발하였다. 러시아는 1736년 크림반도의 바크체사라이와 아조프를 점유하였다. 러시아의 전통적 우방국인 오스트리아가 러시아를 지원했다. 1737년에 러시아는 아차코프를 점령했다. 1739년에 양국은 '벨그라드' 협정을 체결하였다. 러시아는 크림으로부터 철수하고, 러시아 군함과 상선을 흑해에 배치하는 것은 실패했지만, 아조프가 러시아의 영토가 되었다.[24]

러시아, 점령지에 러시아정교 포교 정책 추진

러시아는 크림 지역에 대한 완전한 지배권을 획득하는 데 실패함으로써 기존에 이미 러시아 세력권으로 포함된 지역에 러시아정교를 포교하는 정책을 추진하였다. 점령지를 중심으로 종교 정체성을 강조하는 식민주의 정책을 가동했다. 카잔 칸국의 무슬림 거주민은 강제성을 띤 개종을 하는 경우가 있었다. 그러나 정치적 압력이나 종교 이데올로기의 새로운 압박에도 불구하고 무슬림은 자신의 신념을 지킨 편이었다. 카잔 칸국의 정교회 사제였던 루카 카나쉐비치에 의해 대규모의 반 이슬람 운동이 벌어졌을 때 무슬림의 반항이 촉발되었다. 이 사제는 이슬람의 영향력을 근절하는 가장 효과적인 방식은 모스크를 폐쇄라고 확신했다. 이에 따라 1740년 러시아 행정부 내에서 '종교 개종 특별청'이 개설되었고, 모스크 철거 작업이 적극적으로 진행되었다. 카잔 칸국 지역에는 536개의 모스크 중 418개가 폐쇄되었다. 수백 명의 무슬림이 러시아 정교도가 되었다. 이 기간 러시아 정교도가 된 사람들을 '노보크레쉬니예'라고 명명했다. 러시아는 러시아정교를 전파하기 위해 "카프카스 라인"이라고 불린 북카프카스의 모즈독, 블라디카프카스, 그리고 키즐라르 등에 군사 요새 구축과 더불어 러시아정교 교회를 세웠다.[25]

1차 러시아-오스만 전쟁

1768년 오스만은 러시아, 프로이센, 오스트리아 등 3국이 분할하던 폴란드에서 러시아 철수를 주장했다. 러시아는 이를 거부했으며 공식적인 1차 러시아-오스만 전쟁(1768~1774)이 발발했다. 오스만은 프랑스와 영국의 지원 하에 러시아에 선전포고했다. 대부분의 전투는 발칸 지역인 몰다비야, 왈라키야, 그리고 아조프 해협에서 이루어졌다. 크림 칸국은 오스만을 지원하고 있었는데, 키림-기레이 칸은 중앙 우크라이나를 공격하였다. 1771년 러시아는 사히브-기레이 2세가 통치자로 있는 크림 칸국에 승리하고 재차 크림 반도를 차지하였

오스만 제국의 술탄 출처: The Sultans of the Ottoman Empire: 1300 to 1924 (thoughtco.com)

다. 매우 중요한 국가적 승리였다.[26]

러시아는 전쟁 과정에 정교 정체성을 주위 정교 국가들에게 강조하는 전략을 채택했다. 러시아는 발칸으로 진격하면서 동방정교 국가에 무슬림 통치자들에 대항하여 봉기할 것을 호소했다.[27] 유럽 강대국으로 편입되기 직전 러시아는 종교를 정치적, 군사적 목적에 이용하였다. 오스만은 전쟁의 불리함 속에서 프랑스와 오스트리아의 원조에 의존하였다. 전세가 불리하게 돌아가기 시작한 오스만은 러시아 내정의 어려움을 나름대로 활용했다. 1774년 러시아에서 푸카초프 농민 반란이 발생했다. 결국 양국은 1774년 7월 21일 '쿠축 카이나르지 조약Treaty of Kuchuk Kainarji'을 체결했다.

러시아의 역사가인 니콜라스 라쟈놉스키가 오스만에게 "치욕적인 타격"[28]이 되었다고 언급한 이 조약으로 오스만은 카잔 칸국에 대한 주권을 공식적으로 포기하였다. 아조프, 케르치, 예니칼레, 쿠반, 카바르다 지역은 러시아에 귀속되었다. 쿠반 강의 북쪽 지대는 러시아의 영토가 되었다. 크림 칸국은 독립

국으로 선포되었다. 이 협정에 따라 크림반도는 중립화되었다. 오스만은 크림반도에 대한 종주권을 포기하고 러시아 이권을 인정함으로써, 러시아는 크림반도의 주요 요새들을 획득하였다. 러시아 측의 해석에 따르면 크림 칸국은 독립을 쟁취하였다.[29] 이 조약의 가장 큰 의의는 러시아가 흑해에서 매우 강력한 세력권을 구축하면서 국가 염원이던 크림 칸국에 대한 지배권을 획득하는 데 완전히 성공했다는 점이다. 이로써 러시아는 몽골 후계 국가들에 대한 완전한 지배에 성공하면서 남부 스텝 지대 무슬림의 세력권을 장악하는 데 성공했고 이를 발판으로 무슬림 민족을 직접 통치하는 교두보를 마련했다.

이 조약으로 러시아에는 드네프르와 부흐 지역이 할당되었다. 러시아는 흑해로의 출구에 성공했으며, 흑해 스텝 지역인 노보로시야를 획득, 흑해에서 군사 함대의 보유가 가능하였다. 보스프러스, 다르넬리야 해협을 통과할 권리도 획득하였다.[30] 러시아는 흑해 군사 요새를 확보했으며 무역선이 자유스럽게 지중해 항해 권리를 획득했다. 흑해와 남유럽으로 나가는 출구가 확보되었다. 오스만은 4백만 루블의 전쟁 배상금을 지불하였고 크림반도의 주요 도시가 러시아에 귀속, 큰 타격을 받았다. 여전히 크림반도의 타타르인은 오스만 술탄을 칼리프, 즉 이슬람의 종교 지도자로 광범위하게 인정했지만, 크림 칸국은 형식적으로 독립국이 됨으로써 술탄의 영향권으로부터 공식적으로 벗어났다. 러시아 측은 이를 술탄의 지배로부터 벗어났다는 의미로 해석했다.

종교적 의미로는 러시아가 이스탄불에 정교회를 세울 수 있는 권리를 얻었고 오스만은 기독교 교회들을 보호하고 이스탄불에 세워지는 정교회의 러시아 대표들을 인정해야 하는 의무가 주어졌다는 점이다. 몰다비아와 왈라키아는 오스만에 반환되었다. 그러나 오스만은 이 지역에서 관대한 통치를 펼쳐야 하고, 러시아가 그들을 위해 개입할 수 있는 권한을 얻었다.[31] 이 조약으로 오스만은 카바르다와 오세티아를 러시아에 넘겨줌으로써 북카프카스에 대한 영향력을 더 이상 행사할 수 없게 되었다.[32] 러시아가 크림 칸국을 실제 지배했다는 사실은 북카프카스에 대한 러시아의 정치적 지배권이 확고해졌다는 의미이다. 러시아는 조지아 보호국으로서의 권한을 소유하였으며, 흑해의 동쪽 해안에서 오스만의 군대를 제거하면서 남카프카스를 식민지화할 수 있었다.[33] 몇 년이 경과된 1783에 러시아는 크림 칸국을 종국적으로 병합했다. 이것은 러시아가 카프카스뿐 만 아니라 흑해로 세력을 확대하였다는 것을 의미한다.

18세기 중엽에서 후반기로 들어서면서 북카프카스의 정치적 환경은 급변하였다. 1747년 페르시아의 나디르 샤가 사망, 북카프카스에서 페르시아의 정치적 영향력은 퇴조하였다. 지역 패권을 놓고 이제 러시아와 오스만이 정치적 행위자로 남았다. 이 시점에 서유럽 강국들이 개입하기 시작했다. 특별히 프랑스가 적극적이었다. 1750년대 중반까지 프랑스는 오스만의 마흐무드 1세에게 직접적인 영향력을 미쳤다. 오스만과 크림 칸국에 불리한 환경이 조성되었는데, 러시아가 전략적 군사요새를 북카프카스의 모즈독에 건설하였다.

1762년 10월 건설되기 시작한 모즈독은 카바르다 귀족의 이익을 침해하였다. 귀족의 농노들이 모즈독으로 도망치는 일이 빈번했는데, 귀족의 적의감이 커졌다. 그들은 정부에 모즈독 요새를 제거해달라고 청원했다. 그러나 모즈독 건설은 러시아정부의 핵심 정책이라 이는 수용되지 않았다. 제정러시아는 북카프카스를 완전히 점령하기 위해 모즈독을 군사 전진기지로 사용하려고 했다. 모즈독을 둘러싼 갈등이 1768~1774년 러시아-오스만 전쟁의 원인이었다. 양국은 모즈독의 영토와 거주민들을 활용하기를 원했다. 가장 중요한 군사 요새지였기 때문이다.[34]

러시아와 오스만은 카프카스를 차지하기 위한 군사 전략을 강구하기 시작했다. 오스만은 아조프와 타간로그에 강력한 군사 부대를 주둔시키고자 하였다. 오스만은 자국 군대와 북카프카스 산악 민족의 군인 약 5만 명을 합쳐 아스트라한을 공격하는 계획을 가지고 있었다. 이에 맞서 러시아 군대는 발칸 지역을 주공격 목표로 정했던 자국 군대를 북카프카스와 돈 강 하류 지역에 재배치시키는 등 군대 강화 작전을 전개했다. 동시에 러시아는 오스만의 북카프카스 정복을 막기 위해 강력한 군사 부대를 키즐야르에 주둔시켰다.[35]

제1차 러시아-오스만 전쟁의 결과로 대외정책의 변화가 일어났다. 폴란드 분할도 이 전쟁의 직접적인 영향을 받았다. 러시아와 오스만의 첫 번째 협정에는 오스트리아와 프러시아가 개입하였다. 폴란드를 러시아와 분할한 이 두 강대국은 발칸 반도, 흑해 지역, 그리고 동유럽에서 러시아의 세력이 강화되는 것을 전혀 원하지 않았다. 프러시아의 프리드리히 2세는 러시아와 협상을 벌여 오스만에 대한 러시아 요구 사항을 지지하면서도 그 대가로 폴란드 분할을 제안했다. 오스트리아도 동일한 요구를 하였으며, 예카테리나 2세도 이에 동의했다. 프리드리히 2세가 폴란드 분할의 주체자로 역할을 맡았다. 러시아와 오스만 사이에 '쿠축 카이나르지' 조약이 체결되기 직전인 1773년에 프러시아, 오스트리아, 러시아는 1차 폴란드 분할에 합의했다. 프러시아는 대 폴란드의 일부를, 오스트리아는 갈리시아 지방을, 러시아는 옛 러시아 땅인 동 벨라루시를 획득했다.[36]

러시아와 크림 칸국의 역사적 관계

1770년대 국제관계에서 러시아와 크림 칸국의 역사적 관계는 어떻게 설명해야 할까? 크림반도가 완전히 러시아로 복속되기 전까지 크림 타타르인은 오스만 술탄의 종주권을 과거부터 줄곧 인정해왔다.[37] 오스만이 이 지역에서 결정적으로 세력을 상실했다. 이는 러시아와 오스만의 국제관계에 매우 큰 변화가 일어났다는 것을 의미한다. 18~19세기 러시아와 오스만 간의 전쟁에는 여러 가지 역사적 함의가 있었다. 두 강대국의 전쟁을 통해 몽골의 계승국가이던 크림 칸국은 러시아의 지배 공간이 되었다. 러시아는 유럽 강대국의 대열에 합류하는 토대를 마련했다. 러시아는 이슬람을 신봉하는 국가들과 직접적으로 대면하였다. 이슬람 국가들에 맞서 당당히 강대국의 일원이 되는 길이 열렸다.

그 반면에 오스만은 전쟁에 패함으로써 크림반도의 종주권을 포기했다. 크림 칸국의 실체적 지배 국가인 오스만은 전략적 요충지를 상실하였다. 크림 칸국의 상실은 결정적 타격이었다. 오스만은 크림 칸국과의 밀접한 관계를 이용, 수세기 동안 카프카스 소수민족에 대한 지배권을 행사해왔다. 크림 칸국은 카프카스와 흑해 지역을 잇는 전략지대였다. 크림 칸국이 러시아에 병합되고 난

이후에도 오스만은 러시아와 국가의 존망을 건 몇 차례의 전쟁을 하였으며, 국력이 급격히 소진되었다.[38]

　러시아는 예카테리나 여제 시기 북카프카스로 제국의 팽창을 확대하였다. 러시아는 크림 칸국을 지배하면서 북카프카스의 요충지인 아디게이, 체르케스, 카라차예브 민족에게 일정한 영향력을 가질 수 있었다. 이 민족들은 크림 칸국에 원래부터 정치적으로 속해 있었다.[39] 러시아는 오스만에 거주하는 정교도들의 법적인 권리를 획득하였으며, 이는 러시아의 강력한 외교적 승리였다. 예카테리나 여제는 오스만과의 전쟁을 승리로 이끈 이후 무슬림 민족에 대한 정복 전쟁을 지속하였다. 1780년대 여제는 북카프카스 완전 점령을 위해 전면적인 군사 원정을 감행하였다. 이 지역에는 다양한 무슬림 민족들이 거주하였는데, 러시아는 산악 민족의 끊임없는 공격에 대비하기 위해서라도 러시아 남부에 막강한 방어선 구축이 필요하다고 인식했다.

　북카프카스는 오스만과 페르시아라는 양대 이슬람 강국과의 접경지대인 동시에 일종의 완충지대, 혹은 지렛대 역할을 하고 있던 공간이다. 러시아는 동방정책과 관련, 유럽의 라이벌인 영국과의 정치적, 군사적 경쟁에서 우위를 점할 수 있는 카드는 북카프카스 점령이라고 판단했다.[40] 러시아 남부의 총독이며 사령관인 포템킨은 러시아의 통치권을 북카프카스를 넘어 확대하는 거대하고 야심찬 계획을 실천했다.[41] 예카테리나 여제는 쿠축 카르나르지 조약(1774)을 오스만이 준수하지 않았다는 이유로 1783년 크림 반도를 완전히 병합했다. 여제는 오스만의 크림반도 재탈환 움직임에 대응, 이곳으로 군사를 보내 크림반도에 대한 지배권을 확고히 다졌다. 러시아는 흑해 해군 기지인 세바스토폴 요새를 건설했으며, 타마니와 쿠반 변경 지역을 러시아의 세력권에 포함시켰다.

　1787년 여름 오스만은 크림반도를 재탈환하고 조지아를 재차 복속하기 위해 러시아에 전쟁을 선포했다. 상황은 복잡하게 전개되었다. 이를 제2차 러시아-오스만 전쟁(1787~1791)이라고 한다. 1791년 오스만의 해군이 러시아에 패배하였고, 오스만은 러시아에 평화 협정을 요청했다. 러시아와 오스만은 '야시' 조약을 체결했는데, 제1차 전쟁의 결과로 맺은 협정을 재확인하는 수준이었다. 크림과 쿠반 지역은 러시아가 복속하며, 카프카스 쿠반 강을 기점으로 새로운 국경이 체결되었다. 양국은 드네스트르 강을 국경 경계로 설정했다. 부흐 강과 드네스트르 강 사이 지역이 러시아에 할당되었다. 여기에 카드지베이 요새가 포함되었다. 오스만은 재차 러시아의 크림반도 합병을 인정했다.[42]

오스만은 카바르다의 러시아의 귀속을 인정하였다. 그리고 러시아와 조지아가 맺은 1783년의 게오르기예프 조약을 인정하고 조지아에 대한 러시아의 보호권을 받아들였다. 이로써 오스만은 조지아에서 완전히 물러나게 되었다. 그런데 이 전쟁의 영웅인 포템킨은 전쟁 종료 이후 급사했다. 오스만은 두나이의 정교도들을 보호하기 위한 러시아의 권리를 인정하였다. 이 지역은 오스만의 영토로 최종 확정되었다. 전쟁 결과로 러시아는 흑해 지역을 완전히 복속시켰다. 크림반도는 러시아의 영토가 되었으며, 러시아는 유럽의 강국으로 등장하였다. 이제 전통의 유럽강국들은 러시아의 한층 강화된 국력에 주의를 기울이기 시작했다. 18세기에 벌어진 양국 전쟁에는 정치, 군사, 국제관계 요소 및 경제적 요인도 존재했다. 러시아와 지중해 연안 국가들과의 무역 관계가 확대되었다.[43]

4. 북카프카스의 국제관계와 종교적 특성

북카프카스에서 종교적 상황 이슈와 이슬람 전파

제국의 경쟁 과정에서 종교적 특성과 국제관계는 어떻게 설정되었을까? 18세기까지 러시아, 오스만, 페르시아는 지정학적 이익을 달성하기 위해 종교를 수단으로 삼았다. 술탄 사절들은 술탄 친서를 지역 무슬림 민족의 수장들에게 전달했는데, 러시아인의 핍박에 대항하여 이 지역 사람들의 투쟁을 고무하는 내용이 많았다. 러시아 정부도 이에 대항하여 오스만과 페르시아의 점령지에 거주하는 기독교인에게 봉기를 촉구하는 사절들을 파견했다. 1784년 러시아

사절단들이 카라바흐와 카라다그의 정교도 아르메니아인에게 페르시아의 멍에에서 벗어나기 위해 러시아 제국의 보호에 의지하라는 정치적 메시지를 강력히 전달하였다.[44]

오스만은 카프카스에서 이슬람화를 여러 세기 동안 진행시켜왔다. 특히 북서카프카스 이슬람화가 적극 시도되었다. 이에 힘입어 이슬람은 18세기, 19세기 전반기 이 지역을 중심으로 광범위하게 전파되었다. 이슬람은 중세 시대가 아니라 근대에 이르러 더 강하게 포교되었다. 이슬람을 가장 활발하게 전한 이들은 오스만과 크림 칸국 출신의 선교사들이었다. 그리고 이들로부터 이슬람을 수용한 다게스탄과 체첸의 무슬림 선교사들이 16~18세기에 적극적으로 이슬람을 포교하였다. 그들의 영향하에 북서카프카스에서는 하나피파 이슬람이 정착되었다. 북동카프카스에서는 수피 무슬림의 활동이 강력하게 일어났으나 북서카프카스에서는 그렇지 못했다. 그러나 18세기 말 대大 카바르다의 거주민 중에서 수피즘에 큰 관심을 보이는 무슬림이 등장했다.[45]

러시아 변경에서 무슬림은 다수를 차지하였으며, 이 변경 민족들을 지배하던 국가는 이슬람 정체성을 가진 오스만이었다. 오스만과 이슬람은 역사성으로 본다면, 이 지역의 핵심 키워드이다. 18세기 전 기간을 통해 오스만과 페르시아는 급격히 국가 세력을 상실하였다. 이에 따라 러시아가 유럽의 강대국으로 부상하였다. 러시아는 유럽뿐만 아니라 아시아에서도 확고한 국가적 위치를 점유하였다. 러시아는 카프카스에서 오스만과 페르시아의 세력을 누르고 크림반도에서 오스만의 세력을 격퇴, 18세기에 유럽화의 경로에 성공적으로 입성하였다. 러시아는 이제 근동을 소유하는 기본적인 지렛대를 확보하였다. 페르시아, 오스만, 그리고 이 국가들을 지원한 영국, 프랑스, 스웨덴은 러시아의 부상에 당황하였다. 강대국은 러시아 제국의 확장을 막았던 소위 '무슬림 장벽'이던 오스만을 활용하였다.[46]

18세기 러시아의 표트르 대제는 유럽화의 경로를 선택하였다. 러시아는 유럽 강대국으로 발전할 수 있는 토대를 구축하였다. 러시아와 오스만은 18세기 내내 치열한 국가 경쟁을 펼쳤다. 러시아는 오스만에 정치적 우위를 확보하였다. 오랜 적대국인 오스만과의 여러 전쟁에서 승리하면서 유리한 조약 결과를 얻었던 러시아는 서유럽 강대국으로 발전하는 토대를 가졌다. 18세기는 양국의 접경 지역에 있던 소수 민족을 지배하기 위한 국가 경쟁 시기였다.

19세기 초까지 크림 지역 선교사로부터 이슬람 영향력을 강하게 받아온 무슬림은 그 이후에 오스만 선교사들로부터 이슬람을 수용하였다. 크림 칸국이 러시아에 복속된 이후로 크림 칸국에서 카바르다 지역으로의 이슬람 선교사 파송이 중단되었다. 18세기 말 오스만에 의한 이슬람 전파의 핵심 지대는 아나파였다. 이 지역은 일정한 시간이 지난 후에 러시아에 귀속되었지만, 오스만이 재탈환을 하는 등 양국의 전쟁 접전 지역이었다. 그러나 오스만 선교사들은 카바르다로 지속적으로 이슬람을 전파했다.[47] 카바르다 지역은 매우 중요한 역사적 함의의 공간이다. 거주민들은 이슬람을 수용한 이후 카라차이 지역에 이슬람을 전파하였으며, 조금 더 늦게 발카리아와 아디게이 거주민들에게 이슬람을 포교했다.

이슬람 전파의 핵심 지대는 오스만의 군사 요새들이었는데, 수훔, 가그르이, 아나파 등 흑해 인근 도시들이었다. 이 무역 도시들에 이슬람 선교사들이 활동하였다. 그들은 무역업자들과 같이 여행하였는데, 가끔 선교사들이 무역상 행세를 하면서 이슬람을 전파하였다. 혹은 그곳의 산악 거주민이 오스만의 요새로 와서 여러 물물교환을 하는 과정에서 이슬람을 소개받고 수용했다. 아나파에는 전쟁 수행 도중에 포로로 잡힌 군인들이 거주했는데, 이들에게 이슬람이 전파되었다. 이밖에 이슬람 전파자들은 크림 칸국 군인들도 있었는데, 이들은 카프카스에서 장기간 거주하는 사람들도 있었다.[48]

이러한 전체적 과정을 본다면, 크림과 북카프카스에는 이슬람이 매우 활발히 포교되고 있었고, 이는 오스만에 의해 주도되었다. 즉 러시아정교와 반대되는 개념으로 이슬람은 핵심적인 역사, 문화적 변동 요인이었다. 오스만과 러시아의 역사적 관계에서 국가세력을 확대하거나 유지하는 데 종교는 나름의 역할을 담당했다. 이러한 측면에서 러시아와 오스만의 세력 경쟁의 국경 지대이거나 오스만이 확실한 세력권을 유지하던 지역에서 오스만은 이슬람을 적극적으로 전파했다. 즉 제국 세력의 접경지에서 제국 주체자는 자국의 종교 정체성을 인근 소수 민족에게 강력히 강조하는 형태를 보였다.

19세기 러시아의 무슬림 과제

19세기 러시아에는 북카프카스와 중앙아시아를 중심으로 하는 소위 '무슬림 과제'가 존재하였으며, 이는 차르 정부가 반드시 해결해야 할 국가 정책의 주요 의제였다. 19세기 나폴레옹 전쟁 이후 자유주의가 전파되면서, 러시아 내 무슬림들은 새로운 민족주의 경향에 관심을 기울이기 시작했다. 무슬림의 군사 저항이 있을 것이라는 불안감이 러시아 엘리트들 사이에 퍼져있었다. 러시아 보수주의자들은 오스만의 지배하에 있던 약 2천만 명의 무슬림이 위협 요소가 될 것으로 인식했다. 당시에 무슬림들은 볼가강, 우랄산맥 지역, 크림, 시베리아, 카프카스, 그리고 북 카스피해 스텝 지역, 트랜스속시아나에 광범위하게 분포하고 있었다. 그들은 거대 제국이던 러시아의 안보와 통합성의 저해 요소였다.[49]

러시아와 오스만의 국제관계를 통해 종교적 특성의 일단을 살펴볼 수 있으며, 국제관계 동학에서 종교는 전쟁과 매우 밀접한 관련성을 가지고 있다는 점을 강조할 필요성이 있다. 러시아-오스만의 관계를 규정한 것은 양국이 벌였던 전쟁이었다. 특히 북카프카스에서 이러한 점은 매우 특징적이었다.[50] 국가 간의 경쟁에는 무엇보다도 단일한 종교 정신이 매우 중요하게 작용했다. 러시아가 북카프카스에 대한 완전한 정복을 이른 기간 내에 성취할 수 없었던 이유는 다게스탄, 체첸 등 무슬림 민족이 러시아에 대항하여 지하드를 선포하고 강력한 군사적 항쟁을 지속했기 때문이다. 페르시아와 오스만은 무슬림 민족에게 지속적으로 군대 지원과 재정 지원을 하였다. 러시아 문헌에 따르면, 이 두 강대국은 이슬람이라는 동일한 종교적 정체성으로 정치적 영향력을 가졌다. 양국은 영주들의 상호 분리주의적 경향을 이용했다. 러시아에 저항하는 영주에게는 군사적, 재정적 지원을 베풀었다. 러시아의 르티쉐프 총독은 "오스만은 이슬람이라는 종교적 수단으로 다게스탄 거주민들을 통치하였다. 그리고 오스만은 다게스탄 사람들이 러시아에 대한 군사적 저항을 하도록 모든 수단을 활용한다"고 언급했다.

그러나 페르시아와 오스만은 경제적, 사회적으로 인프라 구축에 실패했으며, 결과적으로 카프카스 민족들로부터 광범위한 지지를 확보하지 못했다는 러시아 측 해석이 있다. 유럽 강국으로 부상한 러시아를 견제하기 위해 서방 국가들은 페르시아와 오스만을 지원하고 있었다. 이 국가들은 이러한 지원을 북카프카스 민족에 대한 영향력 행사에 이용했다. 서유럽 국가들은 러시아 역할을 축소하고 유럽에서의 러시아의 국력을 약화하기 위해 페르시아와 오스만을 활용하는 전략을 구사했다. 러시아의 문헌에서는 서유럽 국가들이 카프카스 민중들에게 적의를 가지고 대했으며, 그들에 대해 식민주의 태도를 가지고 있었다고 언급하고 있다.[51]

그렇다면 당시 러시아 정부의 논리는 무엇이었을까? 러시아는 북카프카스 소수 민족이 종교적 위협을 지속적으로 받고 있다고 간주했다. 그래서 문명화 미션이 실천되어야 한다는 입장을 가지고 있었다. 정부 엘리트들은 오스만과 페르시아 등 이슬람 국가들이 북카프카스 민족에게 이슬람을 전파하고 정교 국가인 러시아에 지하드 등 종교적인 항쟁을 부추기고 있다고 인식했다. 러시아는 아르메니아는 사도교회의 전통을 가지고 있으며, 조지아는 비잔틴 정교의 영향을 받은 조지아정교를 신봉하고 있어 이 국가들과 러시아는 기독교 전통의 유대감이 있다고 판단했으며, 이를 활용, 매우 긴밀한 역사적 관계를 구축했다.

그런데 러시아는 북카프카스에 대해서는 완전히 다른 문명화의 잣대를 가지고 있었다. 그것은 기독교 전통을 받은 시기도 있었지만, 이 공간은 기본적으로 무슬림의 거주지였다. 러시아 통치자들은 종교적 유대감에서 벗어난 이질적, 분리적 세력이 등장하지 않을까 두려워했다.[52] 이는 이슬람을 이질적인 종교적 요소로 간주한다는 것을 의미한다. 북카프카스 이슬람은 러시아에 대항하는 대립적인 문화 요소였다. 이슬람은 북카프카스 민족이 러시아에 항쟁하는 하나의 이념적 요소로 발전했다. 북카프카스 이슬람은 수피즘의 전통이 매우 강했고, 도시 이슬람에 나타나는 전통적 요소인 모스크와 물라(무슬림 선생) 중심이 아니라 매우 모호하고 신비적인 형태를 지니고 있었다. 수피즘은 이후 러시아에 저항하는 북카프카스 군사 이슬람으로 발전했다.

5. 결론

3장은 유라시아 지역, 특히 카프카스와 크림반도를 중심으로 오랫동안 국가적 경쟁을 벌여온 러시아와 오스만 투르크의 역사적 관계를 전쟁과 종교적 특성을 중심으로 분석했다. 러시아 국경의 변경은 오랜 기간 이슬람 제국이던 오스만의 지배하에 있었다. 양국의 전쟁은 제국의 확장 가운데 필연적으로 발생할 수밖에 없었다. 특히 러시아 남부의 이슬람 지역은 전통적인 이슬람 강국이던 페르시아와 오스만의 정치적 영향력이 지배적인 공간이었다. 러시아는 남부 패권을 놓고 오스만과 치열한 국가 경쟁을 벌였으며, 이는 전쟁의 형태로 나타났다. 양국 대립의 본질적인 원인은 변경성에 있다. 즉 이 지역은 러시아와 오스만이라는 강대국의 경계 지대의 변경이었으며, 시간 경과에 따라 양국 중 세력이 강한 국가로 유라시아 민족의 편입 현상이 반복되었다.

이러한 변경성은 지리적 요인이었다. 이와 더불어 제기되는 점은 종교적 특성이다. 러시아정교의 전통성을 자랑하던 러시아와 이슬람 국가인 오스만은 정책의 추진 과정에서 종교적 정체성을 활용하였다. 이러한 문화적 이질성이 양국 관계에서 매우 중요하다는 점이 이 글의 또 다른 관점이었다. 오스만에 이슬람 요소는 매우 중요하였다. 오스만이 이슬람을 러시아 남부 스텝 지역에 포교하면서 이 지역은 문화의 접경지대가 되었다. 이곳은 전통적으로 무슬림이 지배했던 땅이었다. 그러므로 동방정교의 매우 강력한 세력을 구축하고 있던 모스크바국, 제정러시아와 오스만 사이에는 첨예한 갈등이 발생했다. 이 글에서는 이질적인 종교 정체성을 가진 국가들이 국경 확장 과정에서 거대한 충돌이 일어날 수 있다는 점을 나름대로 제시하였다.

강대국의 국가 논리가 약소민족의 의사와는 관계없이 이루어진다는 사실을 재차 지적하고자 한다. 전쟁은 그러한 인식으로 인해 다른 민족의 공간에서 발생했다. 제국 확장이 이루어진 공간에서 강대국끼리 부닥쳤을 때 각국은 종교, 문화적 우월감을 강조하는 특성을 보였다. 러시아와 오스만도 예외는 아니며, 제국 이념이나 제국의 방향성을 연구하기 위해서는 전쟁의 요소와 종교적 이념을 동시에 규명할 필요성이 있을 것이다.

2

러시아 역사 속 러시아 변경:
북카프카스, 시베리아, 중앙아시아 공간

4장 북카프카스 사회 공간
5장 러시아와 시베리아 공간
6장 19세기 시베리아횡단철도 건설의 과정과 목적
7장 중앙아시아 공간

북카프카스 사회 공간:
피의 복수와 아다트 관습법

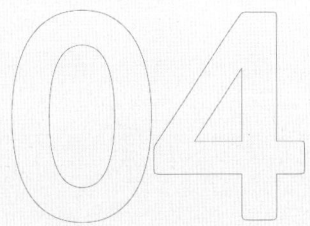

1. 서론

북카프카스 민족의 전통적 행위에 있어서 '피의 복수blood revenge(кровная месть)'는 살인, 상해, 강도 등으로 피해를 당한 가족 혹은 친족이 가해자의 가족이나 친족에게 동일한 방식을 사용하여 되갚아주는 징벌 수단을 의미하였다. 북카프카스 피의 복수에 대해 필자는 이미 용서와 화해의 변증적 방식을 중심으로 논증한 바가 있다.[1] 피의 복수는 혈족 간에 전승된 혈족 간 복수전과는 다른 형태이다. 피의 복수는 세대 간에 전승되어 지속적 행위로 이루어진 것 같지만, 실제적으로 그렇지 않다. 체첸 민족처럼 명예를 매우 중요시 여기는 민족의 경우 일정한 기간까지 피의 복수가 전승되기도 하지만, 그렇다고 피의 복수가 영원히 지속되어 복수가 끊임없이 전승된다는 의미는 아니다. 피의 복수는 명예의 개념과 밀접한 관련성이 있다. 즉 자신, 혹은 가족의 명예 회복의 행위였다. 이는 무분별하게 성립되는 것이 아니라 용서와 화해의 방식으로 종결되는 경우가 일반적이었다. 피의 복수는 보복의 행위로서 종식되는 것은 아니었다.

피의 복수는 용서와 화해의 관점이 매우 중요하였으며, 화해의 수단으로 배상과 보상의 방식을 활용하였다. 이러한 배상의 내용은 '아다트Adat'라는 관습법에 규정되어 있다. 피의 복수는 카프카스 민족의 아다트에 기록되는 경우가 대부분이다. 피의 복수는 일정한 법적인 토대에 기초해 있었다. 피해 당사자가 피의 복수의 대상자와 어떤 합의에 이를 수 있는지 아다트를 통해 알 수 있다. 그럼에도 불구하고 아다트와 상관없이 피의 복수가 '복수'로 종결되기도 하며, 이는 아다트를 위반하는 행위였다. 복수라는 용어를 놓고 본다면, 아다트는 복수 방지의 기능이 있고, 복수가 아닌 화해를 위해 적용하는 보상이 어떤 식으로 이루어지는지를 주시해야 할 것이다. 다른 의미로 아다트는 법률인데, 법률은 피해자에게 정서적, 인격적인 보상을 완벽하게 할 수 없다는 측면에서 완전한 화해는 불가능하다는 존재론적 질문을 던질 수 있을 것이다.

피의 복수는 학문적으로 이슬람 문화권에서의 전통적인 관습이 어떤 양태로 나타났는지를 알 수 있는 바로미터를 제시한다. 즉 이슬람과 변별적인 법적, 문화적 요소로 아다트는 무슬림의 다양한 삶의 정체성을 이해하는 근거를 제공한다. 북카프카스 피의 복수와 아다트에 관련된 국내의 연구 자체는 없으며, 용서와 화해의 변증 방식으로 피의 복수의 함의를 분석한 연구 결과가 있다. 그러나 피의 복수와 아다트를 직접적으로 관련지어 연구한 논문은 없다. 다만 카프카스 아다트와 샤리아를 비교 연구하거나 시베리아의 아다트에 대한 일부 연구가 있다. 국내에서 피의 복수 그 자체는 충분히 연구되지 않았으며 내용은 민족과 민족 간의 분쟁 혹은 복수전 정도이다.

2. 피의 복수와 관련된 일반적 범주

피의 복수의 적용 범주와 공동체

피의 복수에 대해 언급할 때, 가장 기본적으로 적용되는 범주는 무엇일까? 그것은 살인, 상해, 강간 등 신체적인 피해와 밀접히 관련되어 있었다. 나를 비롯한 친족, 부족에게 살해, 상해 등 신체적 피해를 끼치는 경우 피의 복수 대상이 되었다. 피의 복수는 일정한 부분 전승되었고 지금까지도 사람들의 인식 속에 유적처럼 남아있다. 피의 복수 범주는 광범위하였다. 단지 신체적 상실에만 국한되어있지 않다. 일반적인 삶의 모든 부분에 넓게 존재하였다. 중대한 모욕, 명예를 손상하는 행위 등 개인이나 공동체를 모독하는 것도 그 범주에 포함되었다.

피의 복수가 지속적으로 관습처럼 전승된 이유는 남성의 명예라는 고대적인 개념, 즉 명예에 손상이 끼쳐질 수 없다는 개인 권리의 인식에서 시작했다. 적절하고 합당하지 않은 언어 구사에도 피의 복수가 적용되었다. 공동체 내의 부모, 가족, 친척 등에게 언어적 모욕을 가하거나, 공동체 내에서 최소한 준수해야 할 기본 규정을 어기는 경우 성립될 수 있었다. 상해가 심하지 않은 경우에도 마찬가지였다. 부족 전통과 사회 조직과도 연관되었기 때문이다. 민족의

저항이라는 측면에서 강대국과의 전쟁도 불사하는 영역에까지 나타나는 현상으로 설명될 수 있다.[2]

피의 복수는 공동체 내, 혹은 공동체를 초월해서 행해진 폭행도 그 범주에 포함되었지만, 토지에 관련된 개인적 분쟁도 그 대상이 되었다. 피의 복수는 의도적이든, 비의도적이든 특정 개인이 매우 소중하게 여기는 일에 피해 받을 때도 적용되었다. 용서와 화해로 종결되는 경우도 있지만, 매우 충격적으로 결말이 이루어지는 경우가 있었다. 다게스탄, 체첸, 잉구세티아에서 이 관습은 지금도 전적으로 없어지지 않고 일부 남아있는 경우가 있다.[3]

현대사회에서 복수는 피해자에 의해 발생하는 것이 아니라, 사회의 질서를 지키기 위해 교도소를 통해 징벌이 이루어진다. 국가를 상대로 행동하는 동기는 꼭 정치적인 것만은 아니다. 국가를 상대로 전쟁을 감행하는 것은 간단한 행동이 아니다. 복수를 위해 군사력이나 병참 부대의 지원 등을 필요로 한다. 이런 경우 복수를 위해 저항 운동과 연결하여 행동을 취할 수밖에 없다. 폭력의 전체적인 성공을 위해 필수 불가결한 요소는 지역 민중의 지원이다. 군대에 필요한 휴식처와 안전을 보장해 주면, 지속적으로 저항 운동에 참여하는 신병들을 모집할 수 있기 때문이다.[4]

전통적 사회에서 일정한 피해를 끼친 상대방에게 복수를 하지 못한다는 것은 무능한 인간이라는 사실을 자인하는 꼴이 될 수도 있었다. 이는 개인뿐만 아니라 상대방 공동체에 복수를 하지 못하는 공동체 전체에게도 해당된다. 친족 사회에서도 마찬가지였다. 친족 입장에서 복수를 제대로 하지 못한다면, 개인과 전체 부족 사회에 불명예가 되었다. 전통적으로 복수는 부계의 가족 중에 남성에게 적용되며, 특별히 형제, 아버지, 아들, 그리고 가까운 친족에게 해당되었다. 이러한 관습은 고지대에 속하는 고립된 지역에서 더 광범위하게 나타났다. 피의 복수는 그 원인이 무엇이었든지 관계없이 폭력의 사이클로 사람들을 이끌었다.

피의 복수를 의무적으로 행하는 권한은 피살된 자, 혹은 피해를 본 자의 모든 직계 가족에게 해당되었다. 이런 권리가 있는 이들을 "피의 소유자"로 불렀다.[5]

범죄자들에 대한 처벌은 의무 사항처럼 간주되었다. 강력한 씨족공동체의 경우, 적의敵意는 상호 간에 수십 년, 수백 년간 이어졌다. 씨족공동체 전체가 그 사건에 휘말리는 경우가 있었고, 공동체 전체에 피해가 발생하는 일도 벌어졌다. 씨족공동체 간에 살해 사건, 강제적 인신매매, 노예 매매 사건도 벌어졌다. 18세기 말과 19세기 초에 오세티야 지역에서 발생한 피의 복수는 공동체가 광범위하게 참여했으며, 씨족과 종족 간의 갈등으로 번진 경우가 있었다.[6]

예를 들면, 북카프카스에서 이러한 사건이 있었다. 메흐툴린의 젠구타야 마을에서 거주하던 '미르자-베크Мирза-Бек'가 이르가나이 마을로 도주해 와서 거주하고 있었는데, 몇 년간 살다가 그 마을의 어떤 사람과 다툼을 벌이다가 살해되었다. 이후 무서운 피의 복수가 일어났다. 젠구타야에서 17명이 이르가나이로 와서 살인자를 찾기 시작했는데, 마침 그 살인자가 집에 없었고, 마을의 부인 2명이 복수의 희생물이 되어 살해되었다. 그러자 이르가나이에서 큰 소요가 일어났고 젠구타야에서 온 사람들은 감금당하고 피의 복수로 일부가 죽기도 하였다는 사건이 기록되어 있다.

체첸, 잉기쉬, 다게스탄 민족계에 피의 복수 관습으로 사회 계층 간에 여러 갈등이 있었다. 20세기 말 체첸 전쟁 시기 체첸 군사주의자들이 급진적 군사주의자가 되었는데, 지하드를 선포했다. 글로벌 지하드의 전쟁터로서 체첸 저항이 왜 발생했는지가 이슈로 등장했다. 체첸 전쟁 등 분쟁의 원인을 설명하기 위해 관습법에 대한 이해가 매우 필요하다. 역사적으로 고립되어 있고 저항의 핵심 지역인 산악지역에서 지금도 러시아연방에 저항해 투쟁이 일어나는 이런 현상을 과거 피의 복수에서 그 기원을 찾을 수 있다. 여전히 투쟁이 다른 지역보다도 더 쉽게 형성되었다는 점에서 그렇다. 이 지역은 이슬람과 아다트 법률이 개입된 공간이다. 전쟁 시기 다게스탄과 체첸 군사 집단의 투쟁 지역은 산악의 고지대였다. 3절에서 기술하지만, 아다트에 의해 피의 복수의 원칙이 제시되어 있으며, 피의 복수는 복수 그 자체에 있는 것이 아니라 배상과 보상 등을 통해 화해로 종결되기도 했다. 즉 아다트에는 화해와 용서라는 원칙이 매우 중요시되었다. 피의 복수 대상을 찾아서 동일하게 복수를 가하는 것이 아니라 일정한 보상으로 화해를 시도하는 일이 매우 광범위하게 이루어졌다.

피의 복수의 여러 실례實例

북카프카스에서 살인자는 '바쉬-깐을이Баш-канлы'라고 명명되었다. 공동체 내에 살인자가 발생하였을 때, 살인자의 가족이나 친족 중에서 최소 1명에서 최대 7명까지 그 살인자와 함께 마을에서 추방당하는 결정이 부과될 때가 있었다. 그 대신 이들은 피살자의 가족들로부터 살해당하지 않는다는 조건이 부과되었다. 그러나 화해가 성립되기 위해서는 일정한 기간이 필요하였으며, 최소한 6일에서 최장 1년 정도가 소요되었다. 그럴 경우, 배상금이 지불되었다. 마을에서 추방된 자들은 '말-깐을이мал - канлы'라고 명명되었다. 추방은 원칙적으로 살해 사건과 관련이 있었으며, 그런 경우 추방이 결정되었다. 살해 사건이 벌어지고, 2명 혹은 그 이상의 '바쉬-깐을이'가 지정되면, 이는 '말-칸을이'가 지정되었다는 것을 의미한다. 다게스탄 다르긴 지역의 휴라킨 공동체에서는 살인자가 기혼자라면, 아내가 첫 번째의 '말-깐을이'로 지정되었는데, 이는 사건 관련자의 형벌이 확대되었다는 의미였다. 즉 살인자의 가족, 친족에게도 형벌이 확대되어 부과된 것이다. 용서에 대한 배상금이 살인자에게 원천적으로 부과되기 때문이다.

피의 복수 사건에는 살해와 상해 등의 신체적 영역에 관련이 안 된다고 하더라도 범죄자를 마을에서 추방하는 일이 원칙이었다. 기다틀 지역에서는 마을의 다리를 고의로 방화한 자는 벌금을 물고 공동체에서 추방당하며, 이들은 피의 복수의 대상자로 간주되었다. 범죄자들은 직업을 포기하고, 모욕당한 공동체와 친족들의 마음을 돌려놓기 위해 추방되어야만 했다. 이런 경우 많은 이들이 러시아 요새로 단순히 떠나기도 했는데, 그곳에서 평화스럽게 거주했다. 일부는 러시아 군대에서 피난처를 구하거나 러시아 군대에 봉직하였다.[7]

'깐을이'로 공표된 사람은 거주지보다 멀리 떨어진 지역의 친척이나 지인의 집에 숨어 있는 경우가 있으며, 영향력 있는 원로나 권위자에게 보호를 받을 수 있도록 요청할 수도 있었다. 원로들은 피살자의 가족들과 화해를 중재하는 권한이 있어 가해자 측은 이들에게 의존하였다. 살인자는 화해 방식을 통해 자신을 보호하고 타인의 공격으로부터 안전을 모색하였다. '깐을이'로 지정된 모든 이들은 피난처, 혹은 보호지에서 화해를 시도하였다. 살인자가 피살자 가족들과 화해에 합의하게 되면, 살인자 추방 기간이 정해졌다. 쿠믹 민족은 2년, 틀레이세르후, 아르티 마을은 3년, 안틀라틀레, 안추흐, 까뿌체 지역은 1년 동안 추방당했다. 나머지 지역은 피살자 가족과의 협의 하에 결정되었다. 기간이 1년 미만인 경우, 협상 자체에 대해 비난 받는 경우가 있었다.

살인자의 경우, 화해와 보상, 협상을 통해 직접적으로 복수의 대상이 안 될 수도 있기 때문에 살인자는 매우 신중하게 배상을 통해 스스로 보호할 필요성이 있었다. 그러나 살인자는 피살자의 가족들로부터 추적을 받을 가능성이 있었다. 많은 경우에 그는 보호를 위해 숨어서 지내기도 하며, 모든 일이 해결될 때까지 자신의 존재를 숨겨야 했다. 살인자가 피의 복수의 대상이 된다면 살해당할 수도 있기 때문에 당연히 벌금을 내고 피의 복수의 대상으로부터 벗어나고자 시도하는 것이 더 유리할 것이다. 그런데 벌금의 대상과 종류는 공동체마다 동일하지 않았다. 다르긴 지역에서 벌금은 하루 동안 하는 기도의 숫자만큼 황소로 부과되는 경우가 있었다. 무슬림은 하루에 5번씩의 기도를 한다.

다게스탄의 안디, 카이타고-타바사란에서 살인자는 도망치거나 자신의 집에 남아있어야 하는데, 범죄 심리가 끝날 때까지 그렇게 할 의무가 있었다. 그런데 범죄자가 심리가 끝날 때까지 기다리는 과정 중에 피살자 가족에 의해 포위되고 살해당할 수도 있었다. 이런 경우 범죄자는 집으로부터 나갈 수 없으며, 자유 상실 상태로 피의 대가를 받는 상황이 되었다. 일부 범죄자들은 10년간 연금 당한 경우도 있었다. 일부 지역에서 살인자는 공동체에서 추방되지 않고 마을 책임자의 감시 하에 집에서 대기하고 있어야 한다. 다게스탄의 사무르 지역에서는 관습에 따라 러시아인이 이러한 역할을 맡았다. 살인자는 6개월 이상 공동체의 책임자에 의해 감금되며, 이후에 피살자 가족들과의 화해가 시도되고 실제적으로 화해가 이루어졌다.

그렇다면 살인자가 배상, 혹은 보상으로 자신의 행위를 면제받는 이러한 상황에서 배상의 의미는 어떤 것일까? 배상은 피해자의 권리로 간주되는 것이 아니라, 반드시 행해야 할 의무적인 성격이었다. 중재를 거부하는 피해자는 일반적으로 공동체로부터 외면과 적의를 받아야했다. 당연히 심각한 범죄를 예외로 하고, 각 공동체가 가동하고 있던 법률적 시스템으로 판단해보건대, 중재에 선뜻 동의하지 않는 범죄자에게는 불이익을 받을 가능성이 높았다. 통치자 그룹이 범죄에 연루되었다면, 피해자 측에서 형사 소추에 타협하거나 연대 거부의 가능성이 높았다. 중재자들은 범죄자의 형벌을 감소하기 위한 노력으로 관습법 과정에 참여하였다. 관습법인 아다트의 특성 중의 하나는 계획적인 살인의 경우인데, 피해자 가족은 법정에 정식 심리를 요청하고 가장 엄격한 형벌을 요구하였다. 특히 이런 경우 피의 복수가 필연적으로 따를 수 있었다. 이러한 범죄에는 가족 책임도 수반되었다.[8]

3. 북카프카스 사회의 아다트-샤리아 관계 및 아다트 기록

아다트의 정의와 아다트 기록

3절을 시작하기 이전 먼저 아다트의 정의에 대해서 알아보자. 이슬람이 전파되기 이전 법적이고 시민권으로 오랜 기간 동안 정립된 원칙이 아다트이다. 즉 특정 민족에게 존재하는 관습법을 의미한다.[9] 아다트는 '지방 거주민의 법률 총합 체계' 혹은 넓은 의미로는 '일반 관습법'으로 해석되었다. 아다트는 가족, 씨족, 종족, 사회 계층을 규정하는 역할을 가졌으며, 광범위한 법률적 체계였다. 북카프카스 아다트는 거주민이 무슬림이 되고 난 이후에도 전통 관습법으로 오랫동안 사회적 역할을 맡아왔다.[10] 아다트는 일상생활의 각종 사건에 대한 기본적인 법을 규정하였는데, 특정한 씨족, 친족 간의 일상생활 이외에도 폭력 상황을 분석하는 풍부한 자료를 제공했다. 북동 카프카스인 체첸, 다게스

카프카스 민족의 아다트 사료
출처:
https://jordanrussiacenter.org/

탄에서도 아다트는 존재하였으며, 북오세티아, 체르케시아 등 북서 카프카스에서도 다양한 형태로 존재했다.

    18세기 중엽-19세기 중엽, 러시아가 북카프카스를 본격 정복하기 이전까지 피의 복수에 관한 기록은 간접적인 자료로 전해졌다. 이에는 피의 복수를 방지하기 위한 예방 차원의 방법 기록 등이 문헌으로 남겨져 있고 기록물로써 보존된 경우도 있었다. 피의 복수에 관해서는 역사적 기록물로 남겨진 부분도 있지만, 관습적으로 전승되어 왔다고 보는 것이 타당하다. 17세기부터 19세기까지 피의 복수는 대부분 아랍어로 기술되었다. 원시적 방식이지만, 구전으로 전승된 경우가 많았다. 19세기 초까지 피의 복수에 관한 기록은 부분적으로 재구성되어 전승된 경우가 많았다. 그러나 방법적 측면에서 피의 복수에 관한 아다트 원칙이 구전으로 전승된다면, 이는 여러 문제를 야기할 수 있었다. 자료의 신빙성에 문제가 있기 때문이다.

    어떠한 규정이나 원칙이 구전으로 전승되면, 곧이곧대로 받아들이기는 어렵다. 역사의 기억을 기록물 이외의 것에 의존하는 것은 무리이다. 그러나 19세기 중반 제정러시아의 대개혁 시기에 피의 복수와 관련된 아다트 기록은 대체적으로 믿을만한 자료가 많았다. 북카프카스의 핵심 지역인 다게스탄을 예로 든다면, 산악 지역의 피의 복수에 관해 기술한 문집이 단일한 논집으로 남겨져 있었다. 다게스탄 다르긴 지역의 2개 공동체에서는 17세기부터 1860년대

까지 거의 200년 동안이나 피의 복수와 같은 적대 관계가 이어져 왔다는 기록이 있다.[11]

　대개혁 시기 아다트에 관한 기술에 근간해본다면, 피의 복수는 어떠한 영역을 포함하고 있을까? 피의 복수는 여성에 대한 모욕, 토지의 점유, 의도된 상해 혹은 살인에 대한 반대급부로써의 행위이며, 언어와 행위에 의한 명예훼손 등도 그 대상에 광범위하게 포함되었다. 예를 들면, 말과 개를 탈취하여 소유주에게 피해를 주는 일도 피의 복수에 해당되었다. 젊은 남자가 처녀와 결혼하기로 약속하고 나서, 그 다음에 어떤 이유인지 자신의 결혼 계획을 거부하는 일이 발생하기도 했는데, 처녀의 형제와 다른 친족들은 그 남성이 자신들에게 모욕을 주었다고 판단하고 복수를 결행할 수 있다. 이 경우 모욕을 준 자를 추적, 살해하는 경우가 있었다. 피의 복수로 분쟁 발생의 가능성도 상존하였다. 한 명의 처녀를 2명의 남자가 관심을 보이다가 한 명의 남자가 연적에게 그 여인을 포기하라고 요청하였지만, 거절되는 경우가 있었다. 이러한 경우 남자 사이에 적의가 생성되고 살인에 이르기도 했다. 이에도 피의 복수가 적용되었다. 피의 복수의 범위는 다양하였는데, 피해를 입은 개인, 혹은 친족이 피의 복수를 결행할 수 있었다. 피해자의 명예는 살인자, 상해자의 친족, 사촌 등의 피로 씻어야 한다는 것이 피의 복수의 관례이다. 피의 보복은 만료일이 없는 행위였다. 피의 복수에서는 가해자가 지속적으로 등장할 수 있었다.[12]

　북카프카스 중에서도 북동카프카스는 체첸, 다게스탄 민족이 포함되는데, 19세기에 러시아에 저항한 소위 '산악 민족'이 중심이 된 지역이다. 약 250만 명의 인구가 살고 있는 다게스탄을 포함, 북동카프카스는 북서카프카스보다도 피의 복수의 전통이 더 강했다. 20세기 말 러시아와 체첸의 전쟁 기간 피의 복수 전통은 체첸인의 저항의 모티프로 작용한 측면도 있다. 피는 피로 갚는다는 피의 복수의 전통은 체첸인의 저항 의식에도 하나의 작용을 하였다. 체첸과 더불어 그 전통이 강한 곳이 다게스탄 산악지역이었다. 다게스탄은 카스피해의 북동 카프카스 지역에 속한다. 특별히 고지대 산악의 거주민들에게 이런 전통이 더 강하게 남아있다.

다게스탄 사회에서는 명예의 관례에 따라 살아가는 전통이 있다. 독신 여성의 미덕은 정절이었으며, 미혼 여성의 미덕은 남편과 그 공동체에 대한 헌신이었다. 명예를 더럽힌 자들에 대한 복수는 남성의 미덕이었다. 이를 통해 자신의 가족과 부족민을 보호하는 것이 고결한 삶의 형태이다.[13] 전통적인 명예는 체첸과 다게스탄의 남성과 여성의 관계를 규정하는 토대였다. 남성의 명예가 특별히 여성보다 더 중시되어야 한다는 의미는 아니었다. 명예는 전체적으로 다른 경향들, 즉 용기, 환대, 고결과 연관되어 있었다. 남성의 명예는 여성의 명예를 지키고 친족과 씨족을 보호하는 능력과 일맥상통하였다. 그리고 이들을 경제적으로 지원하고 보호하는 능력에 달려있었다.[14]

아다트와 샤리아의 차이점

아다트는 이슬람이 전파되기 이전 관습법인데, 북카프카스 사회가 점진적으로 이슬람을 사회 정체성으로 수용하면서 점진적인 변화가 일어났다. 아다트는 부족의 전통마다 조금씩 차이가 있었으며, 여러 종류의 버전이 있었다. 샤리아는 이슬람 역사의 초기 몇 세기에 걸쳐 공적 및 사적 무슬림의 삶의 모든 면을 규제하는 원칙에서 발전된 종교적 교훈과 지침이었다.[15] 샤리아의 핵심은 형사 문제에 있는데, 이슬람 학자들이 법적 판결을 내렸다. 샤리아를 해석하고 판결을 내리기 위해서는 수년간의 경험이 필요하다. 아다트는 행위 관련자와 중재자의 의결이나 결정이 따랐던 반면에 샤리아는 특별한 자격을 갖춘 학자와 숙련된 이맘만이 내릴 수 있었다. 양형에 약간의 융통성이 있지만, 물질적 보상이 가능할지라도 거의 모든 형사 범죄에 대해 처벌이 규정되어 있다. 샤리아의 또 다른 범주에는 무슬림의 일반 생활과 관련되는데, 아다트 법률 체계의 법적, 시민적 판결과는 그 의미가 확연히 달랐다.[16]

샤리아는 이슬람 법률 체계이므로 아다트와 여러 면에서 법률적 적용에 있어 상충되는 부분이 있었다. 북카프카스에서 샤리아와 아다트의 차이점이 분명히 있었다. 공통성으로는 사회적 법률 체계이다. 북카프카스 거주민이 무슬림교도가 되었을 때 수용한 종파는 주로 순니파의 '하나피 마드하브Hanafi Madhhab'인데, 오스만 제국이 이슬람을 전파했다. 이론적으로 샤리아는 아다트보다 상위 위치였고, 무슬림 법정에서는 아다트가 샤리아에 대치되지 않는다는 조건 하에 아다트 규정도 동시에 심리되었다.[17] 그런데 무슬림이라도 이슬람의 원칙과 반드시 부합하는 관습을 유지한 것은 아니었다. 그리고 지방 사회에서는 아다트의 기능이 매우 강력해 샤리아의 규범 자체가 아다트와 분리되지 않았다. 샤리아는 관습법이 일정한 범위에서 수용되는 경우에만 현실화되었다. 지역 관습 및 전통은 이슬람이 전파되기 이전 북카프카스 사회에서 이미 정착이 되어 있었기 때문이다. 아다트는 다신교적 양태와 혼합되던 관계로 샤리아와 배치된 측면이 강했다. 샤리아 관점에서 본다면, 아다트는 종교적 원칙과는 거리가 있었다.[18]

샤리아와 아다트는 이론적으로는 공존이 가능하였다. 그러나 북카프카스에서 이 2가지 시스템은 반대적 패턴으로 기능하였으며, 아다트를 부인하지 않는 샤리아 법률만이 성공적으로 수용되었다. 즉 이슬람이 완전히 정착하기 이전까지 샤리아는 사소한 역할 만을 가졌다. 일정한 시간이 지나고 샤리아와 아다트 간의 차이는 엷어져갔으며, 혼합 시스템이 작동하였다. 그러나 여전히 알코올 소비, 조상 숭배 등과 같은 前 이슬람 전통을 포함한 여러 관습 등이 광범위하게 포함되었다.[19]

다게스탄과 체첸의 이슬람 개혁자들, 특히 이맘 샤밀은 아다트에 대한 의존을 감소함으로써 이러한 상황에서 벗어나고자 하였으나 일부 제한된 성공에 그쳤다. 샤리아 입장에서 아다트를 제한하는 여러 시도들이 있었다. 제정러시아 정부는 샤리아 법정의 합법적인 설립에 대해서는 비 간섭주의 입장을 취했다.[20] 1807년부터 러시아는 러시아인에 대한 심리 이외에는 정부의 공식적인 법정과 더불어 샤리아와 아다트 법정이 나란히 기능할 수 있도록 허용했다. 러시아는 1860년대에 사법개혁을 적극 추진했는데, 이 시기 아다트 등의 다양한 법적 심리는 다루어지지 않았다. 북카프카스 사법 제도는 20세기 소련 권력이 강력히 발동하기 전까지는 제대로 기능하지 못했다.

이맘 샤밀, 아다트보다 샤리아 법률 적용

19세기 전반기 정치권, 사법권, 군사권, 종교권을 장악하고 북카프카스를 통치한 전설적 인물인 이맘 샤밀은 피의 복수 관습을 근절하기 위한 노력을 기울였다. 그는 신정국가를 통치하면서 이슬람을 중시하는 통치 방식을 가동하였고, 다양하고 개혁적인 일들을 많이 도입하였다.[21] 그는 샤리아 법률만을 적용하고자 하였으며, 아다트 는 러시아에 맞서 군사적으로 저항하고자 했던 소수 민족의 단결을 저해하는 요소라고 간주했다.[22] 샤밀은 대 러시아 저항을 효과적으로 이끌기 위해 의도적으로 아다트의 영향력을 봉쇄하고자 했다. 이러한 과정에서 피의 복수 관습 자체를 올바른 전통으로 여기지 않았다. 그러므로 19세기 전반기 이맘의 권력 하에 공동체가 종속되어 있는 경우, 범죄자가 마을에 은신한다는 것은 단순하고 쉬운 일이 아니었다. 심지어 긴급한 소식이나 이맘의 명령을 전달하고자 할 때는 체계 있는 행동 규칙이 있었으며, "날아가는 우편물"이라는 시스템을 가동하여 문제를 해결하였다. 이러한 시스템에는 기마병, 특별한 전언들, 망루의 모닥불 등이 포함되었다. 심지어는 비둘기를 이용한 소식 전언 등이 있었다.[23]

피의 복수는 천년 이상이나 산악 지대에서 존재해 온 관습이었다. 그러나 피살된 자의 가족 혹은 친족에 의한 피의 복수는 완전히 근절되지 못했다. 샤밀은 범죄자가 저지른 범죄 행위로 살인자의 친족이 연쇄 책임을 질 수 없다고 생각하였다. 그는 자신의 관할 하에 있는 거주민의 보호와 인구 증가에도 신경을 썼다. 당시 러시아와 투쟁한 제 3대 이맘이던 샤밀 이전에 이미 1대 이맘인 가지-무하메드는 피의 복수 관습을 반대했는데, "더 좋은 방법을 강구하자. 자신의 삶을 위해 자신이 하는 행동과 말에 대해 책임을 지자"는 식으로 그를 따르는 사람들에게 강조했다.[24]

4. 피의 복수 사건과 아다트 기능

형사 사건과 관련된 아다트 기능

피의 복수와 관련, 아다트의 기능을 분석해본다면, 형사범죄를 포함해 아다트의 근간은 화해의 원칙이었다. 아다트는 개인 및 공동체의 관용을 중시 여겼다. 북카프카스에서 샤리아에 의거한 법적 처벌은 일정한 공통성이 없는 것으로 알려졌다. 북카프카스는 전통적인 이슬람 지역이었으며, 이슬람 법적체계인 샤리아도 점진적으로 중요성을 가졌지만, 아다트는 전통사회의 핵심적인 사회적 요소로 정착된 법률이었다. 아다트는 물질적 피해 등 범죄 사항 관련, 일관성을 유지한 측면이 있었다. 아다트는 오랜 시기 형성된 전형적인 법의 형태였다. 그런데 명예를 매우 중요시 여기는 전통이 있었기 때문에 아다트 적용 관련, 물질적 피해보다는 정신적 고통에 대해 더 강한 징벌을 부과하는 경향이 있었다. 성범죄 행위의 경우 가해자에게 피해자와 결혼을 해야 한다는 규정도 있었다. 이 경우 여성이 피해자인데, 결혼을 가해자와 한다는 사실이 현대적 의미에서는 그릇된 것으로 보이지만, 당시에는 일종의 보상의 개념으로 남성이 여성을 책임진다는 의미로 수용되었다.

아다트는 씨족 공동체의 보호라는 원칙으로 해석될 수 있으며, 북카프카스 사회의 지역적 특색과도 연관이 있었다. 아다트는 공동체성과 매우 긴밀히 연결된 관습법이다. 카프카스 공동체에 규정된 아다트의 내용에는 상호 서약의 관습이 있다. 범죄자로 의심을 받지 않기 위해 공동체의 일원은 상호 서약을 하는 경우가 있다. 서약을 의미하는 법률적 용어를 '투세프тусев'라고 불렀다. 범죄자로 의심을 받을 경우, 서약자는 무죄를 증명해야 한다. 공동체 내부에서 서약이 거짓으로 판명되는 경우에 남자는 자신의 아내와 이혼해야하고 토지를 와크프에 양도해야 하는 불이익을 받아야했다. 무슬림 사회에서 공익이나 자선 목적으로 재산을 기탁하는 행위, 혹은 그렇게 하여 세워진 기관이 와크프이다.

서약을 필요로 하는 규모는 범죄의 경중에 따라 차이가 있었다. 불륜 행위는 아주 심각한 범죄였다. 이 경우 다게스탄의 아바르인은 약 26명 정도의 집단 서약을 필요로 하였다. 체쿠프스 공동체에는 15명 정도의 가까운 친족들의 서약을 필요로 하였다. 범죄자는 서약, 즉 집단 맹세를 통해 용서를 받을 수 있었다. 일부 지역에서 말 도둑은 15명의 남성으로부터 서약을 얻어야했다. 암소의 경우 5명, 양의 경우 1명의 남성으로부터 서약을 받아야 했다. 방화범이 자신을 유죄자로 인정하지 않는 경우 해당자는 공동체에서 15명의 서약자를 확보해야 한다.[25]

일부 농민들이 압박을 견디지 못하고 지주를 살해하거나 그런 음모를 꾸미는 경우, 살인자는 배상을 지불하든지, 혹은 피의 복수에 처해질 수 있었다. 그런데 칸, 귀족 등이 폭정을 진압하거나 폭동 주도자를 죽이는 경우 아다트는 살인자를 보호하도록 되어 있고 피의 복수는 같은 신분을 가진 사람끼리만 가능하도록 규정되어 있었다.[26] 그러나 이에 반해 귀족이 평민을 살해하면 피살자의 친족은 그 귀족에게 복수할 수 없었다. 귀족이 칸의 친족에 속하거나 형제인 경우 거주지에서 추방되지 않아도 되고, 피살자의 가족으로부터도 피의 복수를 당하지 않아도 되었다. 그런데 백작을 살해한 평민은 라크 공동체의 아다트에 따르면, 그 즉시 6명의 가장 가까운 친족들과 함께 마을 공동체를 떠나야만 한다.[27]

공동체성에 관련된 아다트 규정

공동체성과 관련, 아다트의 기능은 어떤 모습을 취하고 있을까? 아다트는 폭력적 현상에 대해서는 정교한 법률적 분류를 가지고 있는데,[28] 오랜 시기 북카프카스는 공통적, 공동적인 삶의 기반이 매우 강한 지역이고, 공동의 의무와 관습을 중요시여기는 전형적인 사회로 폭력에 관한 엄격한 법률 체계를 가지고 있었다. 체첸의 관습인 '바이탈 바크하르'(평등)에 따르면, 구성원이 소유한 가축이 공동체가 정한 일반적인 규범보다도 초과하는 경우 마을의 촌장이 특정한 날, 그 가축을 임의로 빼앗아서 분배할 수 있었다. 이를 가난하고 불행한 이들에게 나누어주었다.[29] 이런 경우 특정 개인의 사적 재산을 일방적으로 빼앗고 물질적 손해를 가한다는 점에서 공동체의 모순된 행위로 해석될 수 있다. 이는 각 공동체마다 아다트는 개별적으로 적용된다는 사실을 의미한다. 다른 형태로의 폭력의 확장을 초래할 수 있다. 공동체 구성원의 물질적 부가 축적되고 증가됨에 따라 개인의 경제 권력도 점진적으로 강화되었으며, 그러한 현상은 폭력과 동등시되기도 한다. 이러한 관점에서 개인 권력이 공동체에 반대되고 공동체 권력을 지배하기 시작할 때, 이는 폭력적 상황으로 분류된다.[30]

북카프카스 아다트는 폭력으로부터 구성원을 보호하고 손해 배상을 청구하는 사회적인 합의가 있다는 것으로 해석될 수 있다. 공공의 이익, 공동의 선, 공동체의 유익을 위해 상호 간에 일정한 규정이 정립되어 있었다. 누군가 경작지와 집을 다른 공동체의 거주민에게 판매하고, 다른 마을로부터 땅을 임차하거나 양을 훔치는 경우에도 자신의 소속 공동체에 악이 되었다. 그런데 이러한 행위도 광범위한 폭력의 현상으로 규정될 가능성이 있었다.[31] 마을공동체에는 일정한 규칙이 있으며, 이 때문에 공동체의 허락 없이 임의적이고 돌출적인 행동은 용납될 수 없었다. 그런 일이 일어날 경우 피의 복수가 적용되며, 이런 상황이 아다트로 규정되어 있었다.

살인자와 관련된 아다트 규정

아다트는 범죄 발생 시 화해 등 중재의 기능을 명확하게 가지고 있었다. 즉 배상법규 중에, 피해자의 숫자만큼 가해자도 동일한 숫자로 배상을 하는 경우도 있었지만, 배상 이외에 당연히 복수를 당할 수도 있었다.[32] 아다트는 살인자에 대한 추방 규정도 있는데, 그는 안전을 위해 다른 지역에 숨어있어야 했다. 살인자는 빠른 시간 내 고향이나 원래의 거주지로 돌아갈 수 없었으며, 피살자 친족의 거주지에서는 살 수가 없었다. 다게스탄의 틀레이세루흐에서 살인자가 3년간 추방 판결 받은 경우, 1년에 3차례 집을 방문할 수 있도록 허락이 되었다. 그러나 집에 올 때마다 10일 밤 이상 머물 수 없었다. 피살자의 가족이나 친족은 그를 추적할 권한을 가지고 있지 않으며, 혹 추적의 경우 법을 어기는 자로 간주되었다. 그런데 추방이 되더라도 살인자는 피살된 자의 친족을 만날 시에는 어디에서든지 살해될 가능성이 없었던 것은 아니었다.

고의 없이 어린이나 광인을 죽인 경우는 벌금만 지불하고 피의 복수에서 면할 수 있었다. 다게스탄의 아바리야와 운크라틀레 지역에서는 유아 살해의 경우, 부모의 고소가 없다면, 피의 복수를 적용하지 않고 벌금으로 대신하였다. 노예를 죽인 범죄자는 주인에게 높은 보상금을 지불하면 된다. 이 경우 보상금은 그 노예의 값어치 정도의 액수였다. 상해 이외 토지와 관련된 아다트 예를 본다면, 지역 공동체 간에 소작농 토지에 관련된 토지 분쟁도 피의 복수로 이어질 수 있었다. 이와 관련된 다툼은 목장과 용수 사용 권한에 관한 것이 대부분이었다. 토지 분쟁이나 충돌은 살인이나 상해 사건으로 끝나는 경우가 있었다. 아다트는 이에 대해 피의 복수를 언급한다. 모든 분쟁은 개인의 불명예로 종료되는 것은 아니고, 모든 친족, 그리고 더 나아가서 마을 공동체와 밀접하게 관련되었기 때문이다.

그런데 간과될 수 없는 점은 아다트의 규정으로 피의 복수가 금지되고 화해로 종결되지만, 아다트 자체가 피의 복수를 전면적으로 금지하지 않았다는 사실에 유의해야 한다. 각 민족에 따라 동일하지 않지만, 아다트는 직접적인 피의 복수가 가능한 규정도 있다. 아래의 부분은 이와 관련된 내용인데, 피의 복수가 가능한 영역이다.

첫째, 가족이나 친척을 죽인 살인자에게 피의 복수가 가능하다.

둘째, 각 민족 공동체와 관련, 피의 복수가 적용되는 경우가 많은데, 특히 강도짓을 일삼아서 공동체로부터 공동체의 적으로 선포된 자이다.

셋째, 가족 구성원 중 여성에게 죄를 범한 자이다. 예를 들면, 아내, 딸, 모친, 자매를 강간하는 사람들이 이에 속하는데, 심지어 이런 경우 범죄자를 살해하는 경우 무죄로 간주되기도 했다.

넷째, 성性에 관련된 것인데, 남색을 범하는 이들은 친척에 의해 죽임을 당할 수 있다.

다섯째, 유아, 정신지체아, 말과 강아지 등 가축 소유자를 죽이는 이들도 피의 복수를 당할 수 있었다. 쿠믹 민족의 경우 광인이나 정신지체아에 의해 살인이 이루어진 경우는 후견인이나 감독자에게 피의 복수가 부과되기도 했다. 이런 원칙은 누군가에게 상해를 입히거나 죽인 가축의 소유자에게도 적용되었다.

아다트는 이슬람 성전聖殿에서의 피의 복수를 허락하지 않았다. 그리고 매수를 통한 살인 행위는 허락되지 않는다. 살인자는 피살자 친척들에 의해 피의 복수의 대상이 언제나 될 수 있었다. 같이 살고 있는 사람끼리 살해 사건이 발생하고 집 주인이 살인자를 숨겨주는 경우 범죄자로 간주되며, 만약 살해에 관여되어 있다면, 피의 복수 대상이 되었다. 주인에게는 벌금이 부과되었다. 체첸 민족의 경우 피의 복수는 매우 엄중하게 이루어졌다. 피의 복수는 살인과 같은 중범죄가 아니더라도 범죄자를 처단하는 경우도 있었다. 15-17세기 기다틀 지역 아다트에 따르면, 살인, 상해, 모욕적 행위에 대해서는 피의 복수가 허용되었다.

다게스탄 내 각 민족 공동체를 의미하는 '투훔тухум'은 매우 중요한 의미를 지닌다. 투훔은 초기에는 큰 집에 경작지와 목장지가 다 포함되어 있던 구조였으며, 농업에 종사하였다.[33] 가족 공동체였다. 19세기까지 공동체 내에서 혈족 관계의 원칙이 이루어졌으며, 가장에 관련된 공통성이 있었다. 투훔 내에서 갈등이 일어나는 경우, 아다트의 규정에 피의 복수가 행해지면서 피살자의 숫자가 원래의 피살자의 숫자와 동수가 되는 경우에는 피의 복수가 청산되었다고 간주되었다. 피살자의 숫자가 더 많은 공동체에서는 그 차이만큼 보상을 요구할 수 있었다.[34]

5. 아다트 예시와 법정 심리

개인 범죄와 아다트 규정

모든 '아울ayл(마을)'에는 나름의 독특한 관습법이 있었다. 공동체의 원로들은 공동체 간의 평화와 화해를 위해 직접적인 노력을 기울였다. 그들은 화해가 잘 안될 시에는 극단적인 방법을 채택, 중재 재판소로 양 당사자들을 이끄는 역할을 맡았다. 심의는 재판관에게 넘어가고 원로들 앞에서 양 측은 재판관의 결정에 절대적으로 복종하겠다는 서약을 한다. 범죄 혐의자가 유죄를 인정하지 않는 경우 판결 심의는 배심원 및 재판관의 결정으로 종결되었다. 범죄자의 친족은 재판 결과에 따라 피해자 친족에게 배상해야 한다. 죄의 경중에 따라 차이는 있지만, 범죄에 상응하는 배상금을 지불해야 하는 의무가 범죄자의 친족에게 주어졌다. 배상금 지불은 재판관의 결정에 따라 여러 기간으로 나누어 지불하도록 되어있었다. 피고인에게는 소와 배상금, 일정한 땅을 고소인에 양도해야 한다는 통지문이 전달되었다.

먹을 것이 없어 거의 죽게 된 사람이 닭고기를 훔친 경우 그는 징벌 수단으로 성체 숫양으로 갚아야했다. 만약에 양을 훔쳤다면 황소를 배상 수단으로 갚아야 한다. 황소를 훔친 사람이 갚아야 할 가축은 말이었다. 피살자 친족을 만나는 경우는 어떠한 형벌이라도 각오해야 했다. 모든 피해 보상금이 다 지불되는 경우 양측의 평화를 위해 피해자 측에서 상당한 기간 가해자 측을 위한 연회를 통상적으로 베풀어야 했으며, 연회에는 양 요리와 소고기, 보드카 등이 제공되었다. 연회에 여러 축하 행사들이 동원되었다. 연회 형식은 매우 단순하였다. 가해자 측에서 피해자나 그 친족들에게 용서를 구하며, 이 행동은 피해자의 용서로 수용되었다. 이후 매우 강한 주연이 베풀어졌다. 식사, 음주 가무가 뒤따르며, 연회가 끝날 때쯤이면 양 당사자가 매우 만족한 상태가 되어 집으로 돌아갔다. 또 다른 살해 사건이 일어나지 않는다면, 용서 받은 자는 피를 나눈 형제가 되며, 피살자의 친족이 되었다. 그리고 그는 피살자와 그 가족의 무덤에 자주 찾아가며, 매장지에 음식과 술을 가져가서 예의를 드려야 한다. 그럼에도 불구하고 오세티야 지역에서는 봉건적인 분쟁이 지속되었다. 이를 종식하기 위해 1830년 북오세티야의 수도인 블라디카프카스에 특별 위원회가 가동되었다.

특정 지역의 아다트 예시와 법정 심리

다음은 특정 지역의 아다트 예시와 법정 심리에 관한 내용이다.
첫째, 오세티야 아다트에 따르면, 살해의 경우 최대 324 마리의 소를 배상금으로 지불하도록 규정되었다. 만약에 피고인이 기한 내에 배상금 지불을 제대로 하지 못할 시 피의 복수가 시작되어도 무방하였다. 흥미로운 것은 피의 복수가 시작된다면, 그때까지 피해자 측에 지불된 배상금은 돌려주어야만 했다. 그러나 이런 상황까지 가는 경우는 드물다. 기한 내에 배상금이 지불 되지 않는다면, 기한을 연장해서라도 피해자 측은 배상금 지불을 기다리는 경우가 대부분이기 때문이다.[35] 오세티야에서는 오랜 기간 아다트에 따른 법집행은 일반적으로 이루어지지 않았다. 수백 년 동안 공동체 내에서는 평화스럽게 살아온 측면이 있었다. 그러나 모든 지역이 다 그런 것은 아니었다. 가장 경미한 법률적 분쟁을 포함하여 법을 어기는 경우, 피의 복수가 행해지더라도 법으로 심판하지 않는 경우도 있었다. 모욕을 당했다고 생각한다면, 일정한 보복을 가했으며, 언쟁은 살인을 유발할 정도의 심각한 분쟁으로 변하기도 했다. 경미한 일에도 피의 복수로 이어지는 경우가 있었다. 수백 명의 인명이 살해당한 일들이 있었다. 피의 복수는 자유인들의 의무처럼 받아들여졌다.
둘째, 현재 조지아 공화국에 속하는 아브하지아 지역에서는 피살자의 친족이 별로 영향력이 없거나 살인자를 징벌할 상황이 아닌 경우, 살인자를 법정에서 심의하였다. 혹은 피의 복수가 끝없이 이어지는 경우에도 법정에서 사건을 결정할 수 있었다. 법정에서는 피해자의 청원에 따라 가해자에게 벌금을 부과하는데, 이는 피해자 측의 청원을 수용한다는 의미이며, 청원에 따라 힘의 균형이 균등하게 이루어진다는 사실을 뜻했다. 피의 복수는 피해자 측에서 희망한다면, 벌금을 받는 선에서 용서해주었다. 샤리아에 따르면, 모든 무슬림은 코란 앞에서 평등하며, 각자의 피는 귀족과 평민에 관계없이 동일한 가치를 지녔다. 아다트는 다양한 신분 차이를 인정하며, 대 귀족은 일반 귀족보다도, 일반 귀족은 평민보다도 더 높은 신분을 차지하고 있었다. 이런 이유로 신분이 높은 이들은 아다트 재판정에서 심의를 원하지만, 일반 평민들이나 낮은 신분의 사람들은 샤리아 법정에서 심의가 이루어지기를 희망하였다.[36]

셋째, 북카프카스 유대인에 관한 내용이다. 산악 유대인들의 삶은 아다트로 규정되어있었다. 그들의 일반적 삶, 관습, 행동 등은 규정을 준수하도록 되어 있었다. 유대인의 복수의 의무는 가까운 친족에게서 다른 사람에게로 옮겨졌는데, 피살자의 친척이 복수를 할 수 있었다. 그러나 도시와 마을에서 경찰 등의 감시가 강화되면서 아다트에 규정된 일정한 벌금을 물고 살인자는 피의 복수로부터 벗어날 수 있었다.

넷째, 다게스탄의 특정 지역인 기다틀 지역의 아다트 예시이다. 화해를 위해 적의敵意 있는 가계의 주요 지도자들이 모여서 다음과 같은 행동을 하는 경우가 있었다. 주요 6개 가계의 지도자들 가운데, 중립적 가계의 촌장들이 서서 기도문을 외우며, 그 이후에 이슬람 연설을 하게 되는데, 그들은 영원한 적의를 종식해 달라는 기도를 하고 그들 앞에서 평화가 선포된다. 이후 지도자들은 상대방에게 음식 등으로 접대하면서 용서의 의식을 치룰 수 있었다.[37] 가해자의 가족은 피해자 측 가족과의 화해에 도달하기 위해 중재자의 도움을 통해 특별한 해결 방법을 모색해야 한다. 사건 자체가 계획범죄인 경우에는 공동체가 관심을 가지고 법정 심의에 들어가므로 중재자가 화해의 역할을 맡아야 한다. 사건 심리가 공동체 법정에서 심의되는 상황에서, 사건과 관련이 없는 마을 거주민들도 법정 심의에 포괄적으로 참여하였다.

다게스탄의 호도타 지역과 힌트 지역에 아다트에 규정된 피의 복수에 관한 내용이 있다. "누군가가 피의 대가를 지불하지 않는다면 매일 2개의 외투를 보상으로 갚아야 할 것이다."[38] 이 아다트에는 산악 관습에 따라, 살인자가 누군가에 가서 도움을 청하고 보호자 아래 있는 동안에 살인자에게 손을 댈 수 없었다. 피의 복수에 관해 아다트에 명문화된 조항 등은 다게스탄의 오랜 역사 동안 축적된 결과물이다. 모든 친척, 모든 공동체가 피의 복수에 참여하는 경우가 있었고, 복수의 형태가 개인에게만 주어질 때는 단지 아주 가까운 친족들 선에서 복수가 이루어지는 경우도 있었다.

살해, 부상 등의 사건이 벌어졌을 때, 물질적 보상을 피해자들에게 해주는 경우가 규정되어 있는데, 피해자에게 '알름Алым(Алум)'과 '디야트Дият'를 보상으로 지불해야 했다.[39] 알름은 피살자의 친족에게 제공해야 하는 물질적 지불을 의미했다. 디야트는 피의 복수에 관한 권리를 가지고 있는 개인에게 제공하는 보상인데, 이는 살인자를 용서해주도록 합의된 경우였다.[40] 알름은 투르크 언어인데, 살해 사건이 일어날 때 살인자와 그의 가족으로부터 알름을 분배받아 지불된다는 의미이다. 서부 및 중부 다게스탄의 각 공동체에서는 알름이 종종 행해졌다.

알름에 대한 몇 가지의 예이다.[41] 다게스탄 쿠믹 민족의 거주지인 테미르-한-수린스키 지역에서는 살인자의 가족으로부터 황소, 혹은 10루블, 살인자의 형제들에는 각각 3루블씩, 삼촌에게는 3루블, 조카에게는 2루블, 삼촌의 손자들에게는 1루블, 증손자들에게는 50 코페이카가 할당되었다. 다르긴 민족의 거주지인 휴라킨스키 공동체는 황소 2마리와 8루블이 지불되어야 한다. 미카긴스키 공동체에서는 황소 2마리를 지불해야 한다. 살인자의 가족은 1루블, 14명의 친척은 각각 50 코페이카의 금액이 지불되었다. 다게스탄의 구니브 지역과 아바르 지역에서는 황소 1마리와 200루블까지 지불이 가능하였다. 루그자, 고노다, 쿨라, 그리고 바짜다 지역은 100루블까지 부과되었다. 김르와 카하브 지역에서는 20루블까지 지불되어야 하는 것으로 규정되었다. 하파쿠니, 리후니 마을에서는 40루블이 필요했다. 17세기 다게스탄 안다달 지역의 거주민들을 위한 "결정의무규약"에는 다음과 같은 조항이 나온다. "만약에 우리의 대형 마을이 소규모 마을을 점령했다면, 매년 100마리의 양을 벌금으로 내야한다. 그리고 더 큰 마을이 작은 마을에 폭력을 행한다면, 그 지역에 속하는 모든 마을은 폭력적 상황이 극복될 수 있도록 작은 마을을 도와주어야 한다."[42]

땅을 임차하면서 과도한 세금을 받는다면, 그것도 일반적인 폭력으로 간주되었다. 개인의 일상적 삶을 제거하는 살인과는 대조적이지만, 그러한 행위도 무력 사용에 속했다. 상기의 규약에서 해석상의 문제가 제기될 수 있는데, 코발레프스키는 "점령했다capture"는 단어는 살인의 의미로 사용된 것으로 해석하였다.[43] 아다트는 노예에 관한 규정도 있었는데, 성별에 관계없이 노예들은 모든 가축처럼 소유자들에 속해있었다. 소유주가 각 노예의 운명을 결정할 권리가 있었다. 제3자에 의해 노예가 죽거나 부상을 당하는 경우 소유자의 재산에 피해를 끼친 것으로 간주되었으며, 그에 따른 보상이 제기되었다. 그리고 다른 규정에서는 "만약 노예가 자유민을 살해하고, 그 노예가 주인과 동거하거나 함께 전쟁에 참여하는 경우에 그 주인은 그 살해에 책임을 져야하며, 그의 모든 재산은 상실되었다. 그리고 주인의 농장 등은 개간되지 못하며, 건초 밭과 목초지들과 같이 공동체 소유가 되었다"는 규정도 있었다.[44]

오세티야 디고르 지역의 아다트 예시

다음은 피의 복수에 관한 1866년 오세티야 디고르 지역에서의 아다트의 예시이다.

1) 뼈가 부상당하지 않았지만, 상대방에게 상해를 입힌 경우에는 부상자에게 300 루블 지불. 2) 채찍으로 상대방을 가격한 경우에는 300 루블 지불. 3) 막대기 종류로 상해를 입힌 경우에는 말로 갚아야 함. 4) 누군가 상대방을 죽이거나 상해 의도로 매복할 경우, 범죄자는 120루블 지불. 5) 낮은 신분의 사람을 죽일 경우에는 1,400 루블 지불. 살인자는 피해자의 친족들에게 음식을 대접하고 10루블에 해당하는 비단직물을 지불. 6) 사소한 상해를 입힌 경우에는 10루블 지불. 상해를 당한 자를 치료하는 의사에게도 13 루블 지불. 7) 상해로 상대방의 눈을 다치게 하는 경우에는 700루블 지불. 8) 막대기로 상해 입힌 경우에는 3루블 지불. 9) 손으로 상대방의 뺨을 가격하는 경우에는 황소 한 마리 지불.

오세티야의 타가오로-쿠르타틴 지역 아다트 예시

아래 내용은 1866년 오세티야의 타가우로-쿠르타틴 지역의 아다트의 예시이다.

1) 타가우르의 알다르 지구에서 피살자에 대한 완전한 보상은 황소 240마리이다. 황소 한 마리에 10루블의 가격이므로 이는 총 2,400루블에 해당되었다. 지불은 다양한 소유물로 처리되는데, 가축, 땅, 그리고 무기 등이다. 황소 240마리에 상응하는 가격인 2,400루블이라야 한다. 2) 머리의 두개골 부분에 상해를 입히거나 손과 발에 상해를 입힌 경우는 1,000루블의 보상금이 필요하다. 이는 말, 소총 등으로 지불이 가능하다. 3) 눈에 상해를 입힌 경우는 살해당한 자에 대한 완전한 보상의 절반 정도가 필요하다. 4) 경미한 상해인 경우에 중재자에 의해 보상이 결정된다. 5) 채찍이나 나무 막대기로 인한 상해의 경우 중재자가 그 보상을 결정한다. 이외에도 상해를 끼친 이는 피해자에게 말 한 마리, 즉 50루블을 보상해야 한다. 6) 자신의 노예를 살인한 주인은 노예를 보상해야 한다. 7) 파르살라코와 카브다사르드 사람들에게 피의 복수에 대한 완전한 대가는 암소 320 마리인데, 암소 한 마리 가격은 5루블로 계상된다. 지불은 다양한 소유물 – 가축, 무기, 땅 등으로 지불되는데 암소 320마리에 상응하는 가격에 해당된다. 즉 1600 루블 정도이다. 8) 눈에 상해를 입힌 자는 200 루블의 보상금이 필요하다. 9) 머리의 두개골 부분에 상해를 입힌 자는 암소 18마리이다. 이는 9마리 정도의 황소에 해당한다. 황소 1마리는 10 루블 정도이다. 그리고 말로 보상이 가능한데, 말 한 마리는 30루블 정도의 가격으로 계상된다. 10) 가벼운 상해인 경우는 중재자가 결정한다. 11) 손과 발에 상해를 입힌 경우에는 800루블의 보상금이 필요하다. 12) 손가락이 잘리는 상해의 경우는 암소 7마리이며 약손가락의 경우는 암소 12마리의 보상금이 필요하다. 13) 귀 상해의 경우 하루 동안의 노동력을 제공하고 25마리의 암소 가격에 해당하는 보상이 필요하다. 그리고 60루블에 상당하는 무기, 30루블의 말, 10루블에 해당하는 기병대 검, 90 루블에 해당하는 금전이나 그에 상응하는 소유물을 보상해야 한다.

6. 결론

이 글은 북카프카스 지역의 아다트와 관련된 피의 복수에 관한 내용이다. 피의 복수는 '복수' 그 자체의 관점보다는 아다트에 다양한 배상의 형태가 적시되어 있어 피의 복수는 20세기 이전 북카프카스 사회의 일반적인 삶의 관습을 이해하는 바로미터가 된다는 점이 강조되었다. 이 글에서 가장 중점적인 부분은 아다트에서 규정하는 피의 복수는 무엇보다도 공동체성과 매우 밀접한 관련이 있다는 점이다. 몇 세기 동안 산악 공동체 사이에 충돌이 일어나는 경우 피의 복수가 종종 발생하였다. 피의 복수에는 어떤 전형성이 있다기보다는, 비전형적인 형태가 더 많은 편이었다. 살인 등의 범죄에 대해 아다트는 일정한 규정을 통해 공동체의 통치 질서를 유지하는 기능을 가지고 있었다. 살인, 상해 등 피해를 입은 공동체는 피의 복수를 감행하였다. 피의 복수는 살인자 등 피해를 입힌 직접적인 당사자에게 행해졌다. 그러나 살인자에게 징벌을 부과하지 못할 경우, 그의 가족, 친족 혹은 그 가해자가 속한 공동체가 피의 복수의 대상이 되었다. 가해자가 전적으로 개인이고, 구체적인 해당자를 직접 처벌하지 못하는 경우, 가족이나 친족이 그 대상이 되었다는 의미이다. 직접적인 당사자가 아닌 친족에게 가하는 복수는 수용하기 어려운 행위가 되었다.

이러한 차원에서 아다트는 자신이 속한 공동체를 보호하는 기능을 가지고 있다. 각 공동체는 이러한 민족의 관습과 철학으로 외부의 가능한 공격에서 각각의 마을을 경계하고 보호하였다. 아다트가 공동체성을 가지고 있다는 것은 아다트에 재산과 관련된 여러 규정이 있다는 것을 의미한다. 나름대로 아다트는 융통성 있는 시스템이며, 궁극적인 목적은 공동체의 안정성을 유지하기 위한 것이었다. 아다트를 통해 소송에 관여된 이들의 민족 배경이 다른 점이 있다고 하더라도, 아다트 기능은 비교적 잘 수행되었다. 북카프카스를 점령한 러시아인조차도 중재자에게 특정한 사건을 의뢰하기도 했다. 아다트의 궁극적 목표는 공동체의 안정성 유지에 있다고 하겠다. 민족 배경이 다른 경우에도 민족들 사이의 분쟁이 나름대로 해결될 수 있도록 보완해주는 체계가 아다트이다.

전통적인 사회에서는 중重 범죄자를 살해함으로써 분쟁 문제는 종식될 수 있다고 간주되었다.

  이 글은 이에 덧붙여 피의 복수는 배상과 보상으로 종결되도록 아다트에 규정되어있다는 사실을 강조하였다. 살인자, 혹은 상해자의 가족은 피해자 가족과의 화해를 위해 중재자를 통해 배상 등의 구체적인 조치를 취해야한다. 중재자는 살인 행위나 상해 등의 사건이 발생할 시에는 가해자와 피해자 측을 중재하는 역할을 맡았다. 법정 심리가 정식으로 청구된다면, 사건과 직접적인 관련이 없는 마을 주민들이 심리에 관여될 수 있다. 아다트는 상속 문제에도 관여하는데, 경쟁자 사이의 분쟁을 해결하는 기능을 가지고 있었다. 대부분의 법률적 심리에 있어 아다트는 광범위한 법적 체계를 가지고 있었다. 피의 복수는 배상이나 화해로 사건을 일단락 시킬 수 있지만, 피해자 측을 충분히 충족시킬 수는 없었다. 그러나 피의 복수는 또 다른 피의 복수를 유발할 수 있기 때문에 아다트를 통해 배상과 보상 규정을 적시해놓았다.

  4장에서는 18세기 이후 19세기까지 북카프카스 사회에 광범위하게 법률적, 비법률적 관습법으로 기능한 아다트를 통해 피의 복수가 어떤 식으로 공동체 내에서 징벌의 수단으로 활용되거나 혹은 배상의 수단을 통해 개인 및 공동체가 보호될 수 있는지를 전체적으로 일별해보았다. 어떤 사회라도 완벽하게 살인, 혹은 상해, 그리고 다양한 법적 분쟁을 피할 수가 없을 것이다. 이 글은 전통적 사회에서 법적 체계가 어떤 식으로 발현되는 지를 파악하는 것은 매우 흥미로운 주제가 될 것이다. 피의 복수는 개인, 친족 및 공동체 내에서 특정한 법적 규정과 체계, 즉 아다트를 통해 형벌 혹은 화해의 기능을 가지고 있다는 점을 명시하였다.

러시아와 시베리아 공간:
역사와 민족

05

1. 서론

5장의 기본적인 주제는 러시아와 시베리아의 관계와 시베리아 민족에 관한 내용이다. 유럽 근대사의 제국주의 통치의 '아시아적' 함의는 일반적으로 피지배 민족, 주변부, 역사 없는 민족 등의 개념으로 해석되어왔다. 에드워드 사이드의 '오리엔탈리즘'의 관점과 틀에서 해석적 원형은 발견된다. 자기 정의는 어느 특정한 민족의 역사나 관습, 문명에서 매우 중요한 인식적 토대이다. 민족이나 개인도 자신의 존재 가치에 대한 부단한 성찰을 하게 된다.

러시아는 어떠한 민족적, 국가적 정체성을 소유하면서 역사적 운동 방향을 이끌어갈 수 있었을까? 러시아적 문제, 즉 러시아가 동양인가, 서양인가라는 논점에서 고전적 유라시아주의, 현대의 아틀란티스주의 및 신유라시아주의, 현대 민족주의 및 정교 지정학, 세계화 시대의 러시아의 이데올로기까지 '사상思想의 러시아'로서 러시아는 어떠한 역사 발전 경로를 밟아왔는지는 여전한 러시아의 내부적, 철학적, 역사적, 정치적 과제이다. 하나의 역사적 단위, 지역적 단위를 축소하여 사고할 때에도 동일한 자기 정체성의 의미가 도출될 것이다.

러시아의 정체성에 대한 담론의 방향이 다양하게 발전되었던 것처럼, 이는 서유럽 등 발전된 선진 사회에서도 더 자주 제기된 존재론적 질문이었다. 이러한 정의는 러시아의 사상가들, 문학가들, 통치자를 포괄하는 러시아 인텔리겐치아에게 지속적으로 부과되었던 핵심 주제였다. 혹은 러시아가 유럽이나 아시아의 일부인가? 혹은 그 두 지역에 다 포함되는가? 서방 문명에서 러시아의 특별한 역사적 위치는 무엇이고 어떠한 국가 관념이 '유럽'이라는 제국의 범위와 관련되어있는가? 등이 러시아라는 집합적 국가를 생각할 때 제기되는 질문이다.

제국Empire은 매우 까다로운 연구 주제이다. 이 단어에는 다양한 의미론적 질문과 실제적 적용이 존재한다. 일부 학자들은 군사와 경제적 분야에서의 제국주의 팽창의 근본을 추적하기도 하며,[1] 일부는 다민족성을 중심으로 제국의 내부 구조에 대해 연구한다.[2] 그렇다면 제국에 포함된 지역적 단위를 상정하지 아니할 수 없다. 그것은 제국이 정복하고 통치해 나간 지역을 포괄적으로 설정하는 단위이다.

5장은 러시아와 시베리아를 하나의 단위로 설정한다. 시베리아는 러시아연방의 영토이며, 주권국가의 세력권에 포함된 지역이다. 시베리아는 역사적이고 구체적인 피정복 공간이었다. 또한 이곳은 경제적 착취 등 제국주의의 합목적성에 적합한 공간이었다. 시베리아는 역사적 단위인 동시에 지역적 단위이다. 역사적이라는 말은 통시적인 정복 대상으로 시베리아가 점진적으로 러시아에 합병되었다는 의미이고, 지역적 단위의 함의는 원래 '그 때 그 자리'에 존재하던 이 지역이 '지금 현재'는 러시아연방에 포함되어 있다는 현실적인 지리적 개념으로 설정된다. 시베리아는 과거 러시아 제국의 식민지대地帶이고, 제국 문화의 접변 지역이었다.

이 글은 러시아와 시베리아, 그리고 제국의 의미를 재再 반추하는 내용으로 기술되었다. 이를 통해 오늘날 유라시아 대륙에서 시베리아의 역사적, 정치적 의미가 무엇인지 기본적으로 규명될 것이다.

2. 제국 러시아와 시베리아 공간

시베리아는 12세기 중엽부터 15세기까지 몽골족의 지배를 받았다. 13세기에 시베리아는 몽골제국에 정복되었다. 몽골제국의 시베리아 점령은 시베리아의 역사적 의미로 본다면, 첫 번째 정복사에 포함된다. 몽골의 분열 이후 '킵차크 칸국'으로부터 '시비리 칸국'이 하나의 갈래로 형성되었지만, 이 칸국도 16세기 후반 러시아의 카자키 원정대에 의해 멸망 당했다. 카자키 등 러시아 농민의 시베리아 대 이동이 시작된 시점은 16세기 말이었다. 시베리아 탐험을 통한 시베리아 지역 조사는 17세기에 시작되었다. 19세기 이후 강제적인 이주가 실시되었다. 17세기 러시아의 군주 안나의 통치 시기 처음으로 시베리아 유형이 단행되었고, 많은 사상범을 시베리아로 유형 보낸 시기는 19세기였다. 19

세기 러시아의 시인, 작가들은 시베리아를 부정적 형상으로 묘사한 측면이 강하다. 시베리아는 가혹한 형벌 시스템으로, 매서운 기후로, 황량한 전경으로 표현되었다. 시베리아는 정치적 유형지였고, 유형자가 러시아인이든, 폴란드인이든 관계없이 인권 탄압의 이미지로 그려졌다.[3]

러시아의 시베리아 정복에는 경제적 이유가 가장 컸었다. 16세기 이래로 러시아는 시베리아를 정복하기 시작했는데, 모스크바국은 당시 북방의 강국인 스웨덴과의 전쟁 비용을 마련하기 위한 재정적 지원을 시베리아 개발과 그 자원을 이용, 충당하였다.[4] 17세기말 1년에 약 16만개의 시베리아산 모피가 우랄산맥을 통해 수출되었다. 이 규모는 당시로는 매우 큰 규모의 수출품이고 국가 총수입의 10 퍼센트였다.[5] 이를 통해 러시아는 유럽 강국의 위치로 오를 수 있는 기반을 마련하였다. 표트르 대제는 서구화 정책을 적극 추진함으로써 공식

시베리아 irbit 지역에서의 모피 무역 출처: Irbit - Fur market - Siberian fur trade

적인 제국러시아의 길을 걸었다. 18세기 이후 시베리아는 러시아가 제국의 형태를 갖추는 데 필요한 부를 제공하였다.

제정러시아가 시베리아를 정복했다는 것은 '제국 요소'의 특징 중 하나인 피압박 민족의 지리적 공간을 러시아가 확보하였다는 사실을 함의한다. 그러나 19세기 전반 모피류 동물이 거의 멸종하는 상황이 시베리아에서 벌어지면서, 시베리아의 지경학적 가치가 하락하는 상황도 발생하였다.

러시아는 시베리아를 제국주의 통치의 변경 지역으로 간주했다. 그리고 경제적 수탈 지역으로 모피 제공의 공간으로 인식했다.[6] 시베리아로 처음 들어와 서쪽에서 동쪽으로 지리적 경계를 옮겨갔던 카자키는 16세기에 약탈과 침탈 행위를 벌였다. 모피는 시베리아 최고의 특산품이었다. 본격적인 시베리아 진출은 1581년 카자크인이던 예르마크가 시비리 칸국의 수도를 점령한 것으로 시작되었다. 그 전에도 러시아의 진출 노력이 없었던 것은 아니지만, 구체적 영토 확장의 개념은 없었다. 모피 징발이 카자키의 목적이었다.[7] 러시아인이 탐험과 동시에 영토를 점령하였고, 시베리아 원주민들은 러시아인에게 모피를 공급하는 일을 하게 되었다.

러시아에서 시베리아를 보는 관점은 무엇이었을까? 가장 기본적인 시각은 시베리아를 러시아의 '다른 것other'으로 바라보는 관점이다.[8] 전형적인 러시아의 정체성에서 본다면 시베리아는 반대의 개념, 혹은 선택적 개념이다. 시베리아는 아시아적 광활함 내지는 동양적 미개함으로 해석되었다. 이런 모습은 러시아의 민족 정체성에 기초한다. 시베리아를 러시아와 다르게 응시하는 시각은 민족 문화와 전통성에 있어 러시아가 더 유럽화되어 있다는 사고를 강하게 연상시킨다. 이는 러시아가 시베리아를 식민지로 간주하고 있다는 개념으로 이해된다. 러시아와 아시아라는 주제를 가지고 설명한다면, 시베리아는 가장 전형적인 아시아적 특성을 가진 공간이다.

시베리아는 어떠한 범주로 해석되어야 하는가?

첫째, 지리학적 측면이다. 러시아는 북방의 나라이며 모스크바는 추운 지역이다. 시베리아는 동토의 땅이다. 러시아를 대국이라 한다면, 시베리아도 거대한 영토를 소유하고 있다. 러시아를 숲의 나라라고 한다면, 시베리아는 '타이가' 삼림 지대이다. 러시아에는 많은 강이 있다. 시베리아에도 많은 강이 있고, 세계 최고인 강도 있다.[9]

둘째, 인종·민족적 특성이다. 러시아는 다민족 국가이다. 16세기 이후 러시아가 대외 팽창에 성공, 남부 지역인 카프카스, 중앙아시아, 그리고 유럽과 아시아의 경계인 우랄 산맥을 지나 시베리아를 지배함으로써 러시아에 다민족 정체성이 형성되었다. 이 점이 '러시아와 아시아'라는 주제를 심화하는 근거가 되는데, 시베리아는 지리학적 특성 뿐 만이 아니라, 소수 민족의 역사적 삶, 샤머니즘을 대표로 하는 종교적 담론 등 다양성과 풍요성이 그 특징이다. 모스크바국이 러시아 남부의 카잔 칸국을 1552년에 점령, 러시아는 몽골의 후계 국가인 타타르 세력과 역사적 연계성을 가지게 되었고, 이는 러시아의 아시아 지배를 의미하였다. 타타르족인 예르마크가 시베리아 원정을 시작함으로써 러시아는 이슬람권과는 다른 또 다른 하나의 아시아를 지배하였다. 시베리아는 러시아 제국의 거대성을 덧입힌 역사적 공간이 되었다.

셋째, 러시아의 제국주의적 특성이다. 강대한 국가가 약소국, 혹은 민족을 지배하는 경우, 이는 정치적, 경제적 지배 뿐 만이 아니라 문화적 지배를 의미한다. 제국주의는 일종의 권력기호이다. 현대 시베리아의 역사적 현실은 러시아의 전형적인 중앙집권적 특성이 시베리아에서 어떤 방식으로 발전할 수 있을지, 혹은 시베리아 지역주의가 연방 정부와의 관련 속에서 어떤 특성으로 전개될 것인지가 주요한 정치적, 경제적 담론의 핵심이다. 뽀따닌과 야드린체프의 시베리아 지역주의 운동은 매우 심대한 역사적 기원을 가지고 있고,[10] 지역주의가 발생한 근원적 뿌리는 러시아 제국주의의 대외 팽창과 중앙집권적 제국의 완성을 위한 피지배 공간이 시베리아였기 때문이다.

러시아는 시베리아를 정치적 유형의 도시로서, 그리고 경제적 필요성을 채워주는 제국주의 공간으로 인식한 측면이 강하였다. 시베리아의 신화, 샤머니즘, 혹은 정치, 경제 상황 연구를 통해 시베리아가 여전히 경제적 가치로서의 특성이 있다는 것을 발견할 수 있다. 예를 들면, 사하공화국의 경우, 러시아 중앙정부와 이 지역 지도자들의 갈등은 주로 경제적 분야에 있다. 사하공화국은 다이아몬드와 금 산지이며, 이에 따라 산출되는 수입과 세금 자산에 대해 어떤 비율로 소득을 분배할 것인가 하는 부분에서는 중앙정부와 지방 정부 간에 경제적 갈등이 상존한다.[11] 이런 형태로 시베리아는 제국 러시아의 정체성에 영향을 미쳤다. 제국의 핵심 공간으로 시베리아가 부각 되었다. 시베리아는 19세기 러시아의 정치적 민주주의자들에게는 유형지였다. 1840년대 러시아의 관념론자들과 사상가들은 러시아 차르와 제국의 이익보다도 민중들을 위한 가치를 더 중요시하였고, 그 결과로 시베리아 유형의 고통을 당하였다. 시베리아는 자유를 위한 희망과 고통의 동의어였고 그들은 러시아 민중의 대표자적 성격을 지녔다.

3. 러시아와 시베리아의 역사적 관계[12]

러시아는 메시아주의를 가진 민족이었다. 이는 러시아정교의 종교적 특징이었으며 러시아 철학사의 메마르지 않은 사상적 분출구였다. 러시아인은 슬라브 민족은 매우 위대한 민족이고, 세계를 이끌어가는 선도 역할을 담당하고 있다고 믿었다. 그런데 메시아니즘은 이웃 슬라브 국가들로 그 범위를 단순히 제한하지는 않았다. 서방과의 역사적 단절, 무엇보다도 그리스·로마 문화의 풍성한 역사적 유산을 누리지 못했다는 단층 지대에 속한 점이 러시아사의 특성이었다. 서구의 정통 문화를 향유하지 못한 사실이 러시아를 위축하게 만들었고, 러시아 엘리트들이나 철학자들은 러시아가 세계 정신사를 이끌어가지 못했다는 생각에 사로잡혔다. 서구주의자들은 그러한 입장을 명백히 가졌다.

서방과의 단절로 러시아는 동쪽 지역, 즉 아시아로 눈길을 돌렸다. 러시아의 역사적, 문화적, 지역적 특성은 아시아와 면밀하게 연계된 측면이 있었다. 러시아 민족주의자들은 러시아를 세계의 동등한 국가 중에서 가장 뛰어난 국가로 보았다. 즉 문화와 계몽을 가진 선민사상으로 신이 러시아를 선택했다는 의식을 발전시켰다. 러시아의 임무는 아시아를 계몽시키는 것이며, 이는 중차대한 국가적 책무로서 받아들여졌다. 아시아는 부패에 침몰한 둔감한 사회로 규정되었다.[13] 동방이라는, 시베리아라는 거대한 지대地帶가 러시아의 눈앞에 존재했으며, 러시아는 동방으로 나아가기 위한 활동에 적극 나섰으며, 아시아는 매우 광범위한 함의를 지닌 공간이었다. 러시아가 영토 확장을 추진하는 대상이 아시아였다. 러시아에 있어 아시아는 볼가와 우랄 사이의 땅, 우랄 그 자체, 모든 시베리아, 카자흐 스텝을 포함한 중앙아시아, 중국, 페르시아, 터키, 그리고 아프가니스탄을 의미하였다. 마르크 바신은 제국 러시아는 19세기 후반기 극동, 중국 등지로 제국의 팽창을 추진하였고, 그곳에서 지역학 탐사를 실행하였으며 시베리아는 러시아 정복의 핵심 대상지가 되었다고 언급하였다.[14]

국가 엘리트들은 동방으로의 관심을 이끌기 위해 국가 및 민족정체성을 스스로 부과했다. 동방에 대한 그들의 인식은 러시아의 전통적인 민족적, 종교적 특색으로 표현되었는데, 국가 이익이라는 단순한 전략적 목적을 가지고 동방을 바라보았다.[15] 러시아 국가 정체성과 관련, 바신은 러시아의 지리적 특성과 연결된 흥미로운 주장을 시베리아의 예를 들어 설명하였다. 러시아의 지리적 경계에 관한 담론에서, 그는 서방과 동방의 경계를 어떻게 규정해야 할 것인가에 대한 답을 나름대로 제시하였다. 바신은 북방전쟁 때 제정러시아에 포로로 잡힌 스웨덴인 본 스트라흐렌베르그가 주장한 내용을 그 예로 들고 있다. 스트라흐렌베르그는 13년간 서부 시베리아에서 포로로 유형 생활을 경험한 스웨덴의 관리였는데, 시베리아와 스웨덴에서 컨설턴트 역할을 하면서 우랄을 유럽과 아시아의 가장 핵심적인 경계점으로 구분하였다. 그는 유럽과 아시아의 남쪽 경계를 사마라와 볼가강이 흐르는 볼고그라드로 상정했다. 볼고그라드는 볼가가 돈으로 접근하는 지역에 위치한다.

우랄산맥은 시베리아 경계를 구분하는 논리적인 선택이 된다. 바신은 러시아와 시베리아 사이의 선을 나누는 데 있어 오랫동안 일반인들에게 알려지고 인식된 시베리아의 유수한 강들보다도 우랄산맥이 더욱 더 실제적이고 지리학적인 기준점이라는 견해를 제시했다. 그의 관점에 따르면, 러시아의 17세기 지도는 우랄산맥이 대체적으로 조각으로 분할되어 있었고, 원시적 형태로 되어 있었다. 18세기 러시아의 지도에는 우랄산맥이 특별히 더 정교하게 묘사되어 있다. 유럽과 아시아의 경계를 가로지르는 선으로 우랄 지역은 분기점이며, 동양과 서양의 경계점이다. 지리적인 경계 설정은 곧 심리적인 경계이다. 그리고 이는 민족적 경계가 존재한다는 것을 함의한다. 경계는 변방의 지리적, 심리적 함의로 존재하였다. 시베리아는 모피 공급처라는 경제적 가치를 가지고 있었지만, 중심지인 모스크바로부터 변경에 위치해 있었다.[16] 시베리아는 제국의 지리적 정체성에 있어서 아시아이다. 아시아의 경계이다.

그렇다면 러시아는 왜 아시아로 팽창을 적극 추진하게 되었을까? 러시아의 농노화가 진행됨으로써, 역설적으로 러시아는 새로운 변방 지대를 추구하게 되었다. 제정러시아가 시베리아로 영토 확장을 추진한 것도 농민들에게 토양을 제공하고, 농촌 경작을 하는 기회가 충분한 새로운 땅으로 나아가게 하는 원인이 되었다.[17] 이반 뇌제가 시베리아의 경제적 중요성을 인식하였다고 하더라도, 시베리아산 풍부한 모피는 내외적으로 국가 경제에 필수적인 품목이었다.[18] 그러나 무엇보다도 몽골의 침입으로 국가적 손상을 오랜 시기 받았다고 간주한 러시아는 동방으로 나아감으로써 국가적 위신을 회복하고자 했다. 그리고 몽골의 후계 칸국이 여전히 존재하고 있던 16세기에도 변방 유목민족의 공격으로 러시아는 국경 지대에서 방어적 공세를 선택했다. 그러나 이반 뇌제가 방어 작전에서 이민족을 향한 공격적 자세로 전면적으로 전환하기까지는 오랜 시간이 걸린 것은 아니었다. 러시아는 이 시기 시베리아를 경략하기 시작했다. 러시아 식민주의자들은 아시아의 광활한 공간으로 나아가는 전략을 선택했고, 이는 국가적 안전을 보증하였다.[19] 이반 뇌제는 카자키인 예르마크를 보내 시베리아를 경략토록 했는데, 이는 종국적으로 시베리아를 정복하게 된 사건이 되었다. 실제적으로 카자키가 시베리아 정복에 큰 역할을 담당했다. 이들은 용병처럼 활약하였으며, 캄차트카, 베링해, 태평양까지 러시아의 국경을 확대하였다.[20]

시베리아라는 새로운 식민지가 창출되면서, 러시아의 중앙부 농민들은 점진적으로, 개별적으로 국가와 지주의 권위와 통제에서 벗어나기 위해 시베리아로 과감히 이주하거나 탈출하는 상황이 발생했다. 이들을 의미하는 "방황하는 사람들wandering people"은 세금과 봉직의 원천으로 모스크바국의 통치 때에 유용하게 활용되었는데, 그들이 시베리아로 떠남으로써 자원이 상실되었다. 시베리아 군대 총독들은 이주하거나 탈출 농민들을 수비대로 재편성하거나 농업 활동에 종사시켰다.[21] 소련 학자들은 이들이 러시아 정체성을 유지하면서 삶을 영위했는지에 대해 오랫동안 논쟁해 왔다.[22]

17세기 차르 알렉세이에 의해 제정된 '울로제니예uложение' 법령으로 농민 이주가 금지되었고 행정책임자들이 이주를 막을 합법적인 수단을 가지게 되었다 하더라도, 우랄을 넘어 시베리아로 탈주하는 경우가 여전히 있었다. 17세기 초 시베리아에 도착한 러시아 농민들의 수는 매우 적었으며, 이에 따라 행정관리들은 시베리아 원주민의 전통적인 유목 생활방식을 청산하고 이들을 농업에 종사하거나 수비대로 활용하고자 하였다.[23] 원주민은 농노화를 원치 않았다. 1601년 러시아 정부는 12개의 농업 거주지를 시베리아 지역에 설치하였다. 17세기 정부는 곡물과 다른 식량을 유럽 러시아로부터 수입하여 태평양 연안 등 먼 지역으로 수송할 수밖에 없었다.[24] 니콜라이 야드린체프(1842~1894)는 농민이주사를 연구한 유명한 학자이다. 그는 시베리아 유형수 출신으로 시베리아 지역주의의 주창자였으며, 시베리아 이주민(이노로드찌)을 연구하였다.[25] 야드린체프는 이주 러시아인들과 원주민들의 혼성문화가 형성된 것은 시베리아의 러시화를 의미한다고 언급했다. 이는 러시아인이 원주민들인 부랴트, 퉁구스, 야쿠트의 전통과 관습을 수용했다는 것을 함의한다.[26]

제정러시아는 19세기 이전까지 통치 시스템, 식민주의 정책 등 국가 플랜을 가지고 시베리아를 침탈하지 않았다. 러시아는 경제적으로 빈약한 모스크바국과 그 이후 제정러시아인 로마노프 왕조 시기 재정 충당을 위해 시베리아로 카자키 연대를 보냈다. 제정러시아 엘리트들도 그러한 역할을 하였다. 부족한 땅을 개간하기 위한 농업 발전을 위해 시베리아로 이주민을 보냈다. 이는 19세기에 본격적으로 진행되었다. 18세기 이전 시베리아 이주 농민들은 카자키의 경우처럼 중앙부 러시아의 지주들을 피해서 시베리아로 이주하였다.

제정러시아 시기 시베리아 이주민 중에는 특이하게 종교적 자유를 찾아 이주하는 경우가 있었다. 러시아의 구교도들이었다. 이들은 시베리아 초기 정착민 중의 하나였으며, 구교도 공동체를 본토보다도 될 수 있으면 더 먼 지역에 세우기를 원했던 사람들이었다. 이들은 자신의 종교 신념에 헌신한 자들이다. 러시아 당국자들이 구교도들의 공동체나 은신처를 발견했을 때, 그들은 자신들이 일군 밭을 버리고 타이가 지대로 숨어버리는 행동을 일삼았다. 16세기와 17세기, 더 이상 몸을 숨기는 것이 어렵게 되었을 때 구교도들은 극단적으로 거주지에 불을 질러 집단 자살을 감행하였다. 이에 비해 러시아정교회 사제들은 시베리아에서 자발적 종교 활동을 강력히 원하지 않았다.

종교 행동주의자들, 금욕주의자들, 그리고 교양 있는 사제들은 시베리아처럼 멀리 떨어져있고 매우 추운 지역에서 자신의 삶을 영위하려고 하지 않았으며, 유럽 러시아에서 종교 활동을 하고 싶어 했다. 이는 매우 당연한 일이었다. 공식적인 러시아정교회의 활동은 매우 약했다. 그래서 종교적 신념에 확신을 가진 이들의 활동이 상대적으로 강할 수밖에 없었다. 구교도의 활동이 이에 속한다. 성격은 다르지만, 비자발적인 이유로 시베리아로 이주한 유형수들이 있었다.

러시아가 아무르와 우수리 지역을 1850년대에 정복하게 된 사건은 개혁과정에서의 민족주의 운동과 결부되었다. 정부가 결성한 시베리아 지리협회는 미지의 땅인 남 시베리아를 탐험하면서, 탐험대로서의 완벽하고도 특수한 제국주의 역할을 하였다. 大 시베리아 조사는 정치적 상황과 필요를 가진 유일한 시도는 아니지만, 탐험의 패턴은 다른 지역에서 동일하게 이루어졌다.[27] 1911년 시베리아의 비 러시아인 원주민들은 공식 통계로 2,212,100명이었다. 원주민들은 사냥과 어업에 주로 종사하였다. 공식적으로 민족 언어가 없으면서 1천명도 안 되는 극소수 민족으로부터 야쿠트, 부리야트 민족처럼 다수 인구를 가진 민족들이 있었으며, 파생된 하부 민족도 있었다.[28]

4. 피지배 공간, 시베리아의 소수 민족

시베리아 소수 민족의 형성

현대 시베리아 지역에서 자치공화국이나 자치주에 있어 소수 민족은 러시아인과 갈등보다는 안정적이다. 그러나 권력 균점과 자산 재분배를 놓고 러시아 민족과 소수 민족 간의 갈등은 상존해있다. 이러한 갈등은 자치공화국의 명목 민족의 정치 지도자에 의해, 또 다른 주체로는 인종적 러시아인에 의해 발생한다.[29] 러시아의 시베리아 점령 과정에 시베리아 소수 민족, 원주민은 러시아 남부의 이슬람권 카프카스 민족과 투르크계 민족이 반러시아 항쟁을 치열하게 전개한 행동과는 대비되는 모습을 보여주었다. 러시아 제국주의 영역에 있어 슬라브, 투르크 민족은 유라시아의 이질적인 성향을 보여준다. 종교 정체성이 확연히 다르다. 슬라브 민족의 대외 영토 팽창에 투르크계는 강력한 저항 의식을 보여주었다. 러시아와 투르크계 민족은 역사적 관점에서 대립적 모습을 보여준 민족에 속했다.

시베리아의 소수 민족에 대한 다양한 삶의 형태는 시베리아 지역학의 중심적 과제이다. 시베리아 소수 민족은 우랄알타이어계가 대부분이다. 알타이어족은 전통적으로 3개어 계통으로 구분된다. 몽골어계, 투르크어계, 만주퉁구스어계이다. 알타이 어족은 유라시아 대륙의 비단길을 따라 중앙아시아의 동서 지역과 그 주변에 분포되어 있다. 역사상에서 알타이어족은 위대한 정복자, 제국의 건국자들이었다. 훈족, 아틸라, 불가르 민족, 셀주크 투르크, 오스만 투르크, 칭기스칸, 티무르, 몽골 호르드 등은 유목민족 제국사의 큰 페이지를 장식한 민족이었다. 알타이족은 역사의 양피지palimpsest에 선명히 기록되어있다.[30] 언어의 유사성, 그리고 신체적인 외면의 양태가 공통성을 지닌다. 알타이를 중심으로 하는 투르크족은 6세기이후 유라시아 초원의 유목제국국가로 성장하였다. 강인욱은 유라시아 초원의 투르크 민족의 역사적 기원을 흉노시기로 보고 있으며, 시베리아 투르크 문화는 광범위하게 형성되어 있었다고 설명

한다.³¹

시베리아 소수 민족에 대한 언급을 통해 하나의 논지를 제기한다. 러시아가 16세기 이후 남부의 이슬람권인 카잔 칸국, 아스트라한 칸국을 1552년, 1556년에 정복하면서 카프카스 지배권을 확립하고 난 이후 19세기 중반 러시아는 중앙아시아를 정복했다. 러시아가 아시아를 정복하면서 부닥친 민족은 카프카스에서는 '카프카스 인종계'이다. 그러나 카프카스 인종계 이외 쿠믹족처럼 투르크어계도 포함되어 있었다. 그리고 중앙아시아 민족은 타지크 민족을 제외하고는 일반적으로 투르크계, 즉 우랄알타이어계이다. 알타이어계 민족들은 카프카스, 중앙아시아에서 상당한 기간 러시아에 저항했다.

그러나 피지배 공간으로서의 시베리아 투르크계 민족들의 삶의 형태는 러시아 남부의 투르크계 민족들과는 이질적인 모습을 보여준다. 시베리아 투르크 민족의 신앙은 러시아정교, 라마불교, 혹은 샤머니즘의 형태이다. 시베리아에서는 투르크계가 상당할 정도로 거주하고 있지만, 이들 중에서 이슬람을 수용한 민족군이 없고, 거의 비무슬림 알타이어계이다. 투르크계 이외에 몽골계의 종교 정체성은 샤머니즘이다. 그러므로 러시아가 이 지역을 정복하고 있었을 때, 종교 정체성으로 인한 저항 의식은 일부 샤먼들의 저항적 태도를 제외하고는 매우 희박하였다. 이는 남부의 카프카스, 중앙아시아와 비교하여 매우 특이한 현상이었다. 라들로프는 동시베리아에 거주하는 '비무슬림 투르크계 немусульманские тюркские племена'를 언급할 때에 '비무슬림'이라고 부른다면, 이 용어는 적절치 못하다고 언급한다. 그는 이러한 용어보다는 시베리아 투르크 민족의 종교 정체성은 러시아정교도라고 언급하는 것이 더 적절할 것이라고 주장했다.³²

유라시아 이슬람의 역사적 의미는 무엇일까? 이슬람은 7세기에 태동했다. 7세기 이후부터 압바스 제국이 멸망하는 1258년까지 아랍인에 의한 아랍문화가 이슬람세계를 주도했다면, 13세기 이후로 주도한 민족은 셀주크 투르크, 오스만 투르크였다. 즉 20세기 초반까지 근대 세계의 이슬람의 중심 세력은 우랄알타이어계 중에서 투르크계였다.³³ 역사적으로 이슬람의 지하드 정신은 적극적이고 진취적인 투르크 민족의 정복 정신에 부합되었기 때문에 투르크 민족이 이슬람을 수용하는 데에는 그다지 어려움이 없었다.[34]

시베리아 투르크계는 볼가 지역, 카프카스의 투르크계 민족처럼 이슬람을 수용하지 않았고 이에 따라 대 러시아 저항 정신을 가질만한 정신적 일체감을 가질 수 없었다. 이들은 샤머니즘 영향이 강한 민족들이었으므로, 다른 중앙아시아와 소아시아의 투르크족이 러시아 세력에 저항한 역사적 사실과는 일정한 차이점이 있었다. 시베리아 소수민족 중 다수를 차지하는 야쿠트족과 알타이족의 종교적 성향은 샤머니즘이 지배적이었다. 시베리아 투르크 민족 연구는 제국주의의 역사적 상황을 잘 분석해야한다. 이는 러시아와 투르크 민족의 상호 관계를 이해하는 매우 중요한 시사점이 될 것이다.

러시아와 시베리아의 투르크 민족에 대한 역사적 관계는 18세기가 매우 중요했다. 17세기 이후 알타이 주민은 텔렌기트를 중심으로 이루어지고 있었다. 거주민이 많았던 텔렌기트를 일반적으로 남 알타이인이라 명명했는데, 텔렌기트 명칭은 고대 투르크의 민족 이름에서 태동되었다. 이때의 알타이 정치 통합체들은 중가르 제국에 병합되는 과정을 거쳤다. 그 핵심은 중가르제국과 청나라 사이에 18세기 초부터 전쟁이 빈번했다는 점이다. 중가르 제국과 러시아의 관계도 원활하지 않았다. 결국 알타이인과 청나라 간의 유혈 전쟁으로 매우 복잡하게 정치적으로 충돌하였다. 중가르 제국의 자이산 주민 대다수의 청원으로 알타이는 러시아로 편입되었고, 청나라의 공격을 지속적으로 받았다.[35]

시베리아의 알타이어족 범주

알타이어족은 세 분류로 나누어진다. 퉁구스어군, 몽골어군, 투르크어군 이다. 알타이어족의 기원은 알타이산맥에서 유래한다. 알타이어족은 시베리아 남부, 중앙아시아, 몽골, 러시아 남부의 볼가강 유역, 중국 북부 지방, 튀르키예, 중동 등 유라시아 대륙에 분포되어 있다. 시베리아의 퉁구스어군은 에벤크족, 에벤족, 만주족 등이다. 몽골어군은 몽골을 중심으로 내몽고 자치구, 東으로는 북만주와 西로는 볼가 강 하류의 넓은 지역에 분포해 있다. 시베리아 몽골계는 몽골족, 부리야트족, 칼미크족 등이 대표적이다.

투르크계 민족은 튀르키예, 중앙아시아, 중국 서부 지역에 분포한다. 투르크계 민족의 가장 큰 범주는 서부와 동부 집단이다. 전자는 유럽의 투르크계 민족들인 튀르키예, 서아시아의 투르크계 민족들로 구성된다. 동부 집단은 소련 지배하의 중앙아시아가 해당된다. 중국 신장 자치구의 투르크 민족도 매우 큰 범위의 투르크계에 포함된다. 현대 사회의 투르크 민족의 다수는 튀르키예 공화국이 차지한다. 튀르키예 민족 다음으로 우즈베키스탄에 거주하는 우즈베크 족이 있다. 중앙아시아의 카자흐족과 러시아연방의 자치공화국에 속하는 바쉬키리아족, 카라차이족, 발카르족 등이 있다. 시베리아 투르크어계는 레나 강 중류에 속하는 동부의 야쿠트족, 남부의 알타이족, 하카스족, 쇼르족, 투비니아족, 토팔라르족 등이 대표적이다. 시베리아와 관련된 투르크계는 동북어파(시베리아 또는 알타이어파)로 분류된다.³⁶

1) 시베리아 동부의 투르크계 민족

① 야쿠트족

대표적인 시베리아의 투르크족이다. 야쿠트족이 집중 거주하는 사하공화국에서 인구의 1/3이 야쿠트인이다. 동시베리아에 인접해 있고, 남쪽으로 아무르주, 동쪽으로 마가단주와 접해있다. 사하공화국의 면적은 3,103,000㎢ 이다. 야쿠트족은 중세 시대 '만주에서 보스포러스 까지From Manchuria to Bosporus' 넓게 분포된 '카가나트kaganat'의 후예이다.³⁷ 동시베리아에서 부리야트족 다음으로 인구가 많은 종족이다. 종교 정체성은 슬라브인의 이주 이후 러시아 정교도로의 개종이 많이 이루어졌지만, 기본적 신앙의 형태는 샤머니즘이다. 사하공화국의 현재 상황은 경제 개발이 이루어지면, 그 잠재적 가능성이 매우 크다는 사실이다. 러시아인이 약 50%, 야쿠트인이 약 33% 거주한다.

야쿠트족은 투르크 어군에 포함되지만, 투르크족의 일반적 특징과 유사하지 않다. 외면적으로 야쿠트족을 투르크계 민족으로 규정한다는 것은 쉽지 않다. 야쿠트인은 거의 러시아 정교도, 혹은 정령숭배, 즉 샤머니즘을 수용한다. 야쿠트인과 제정러시아와의 역사적 관련성은 17세기였다. 그런데 야쿠트족의 이미지가 샤머니즘과 연관성이 있었는데, 러시아인의 탄압 대상이 되었다. 이후 19세기 후반 러시아정교는 야쿠트족의 정신적 체계 속으로 형성되고 일정한 역할을 하였다.[38]

② 투바족

러시아연방의 토착 민족은 대부분 자치공화국과 자치구에 분포되어 있는데, 러시아연방 자치공화국 중 토착 민족이 차지하는 비율이 과반수를 상회하는 경우는 잉기쉬족, 추바쉬족, 체첸족, 투바족 등이 있는데, 투바족은 투바공화국에서 전체 인구의 거의 2/3인 64% 정도 거주하고 있다.[39] 투바는 러시아연방 주체의 자민족 비율이 러시아인보다 많은 지역의 하나이다. 투바족은 소련 시기 러시아연방의 자치공화국으로 1944년에 편입되었다. 투바 공화국은 러시아연방에서 분리되어 탈퇴가 가능하도록 헌법에 명시된 유일한 주권체이다. 이러한 권리는 1944년 당시 소비에트사회주의연방공화국(USSR)에 편입될 때 필수조건으로 상정되어 있었다. 그러나 투바공화국의 정치적, 경제적 입지로 보아서는 가까운 미래에 연방탈퇴는 불가능해 보인다.[40]

투바족은 투르크계인데도, 불교와 샤머니즘을 신봉하고 있다. 투바족이 이슬람화化 되지 않고 몽골계의 종교인 불교를 수용했다는 점은 매우 특이한 사항이다. 투바의 종교 정체성은 러시아의 시베리아 정복에 강력한 저항을 하지 않았던 부분과 연관성이 있는 것으로 보인다. 이 지역에는 불교와 샤머니즘이 부활하고 있는 상황이다.[41] 샤머니즘은 지역별로 약간의 차이가 있다. 서부의 투바 샤머니즘은 알타이, 몽골, 야쿠트어를 사용하는 민족의 샤머니즘과 유사성을 가지고 있는데, 동부보다도 투르크계 문화와 더욱 밀접한 관계를 가지고 있다.[42]

2) 시베리아 남부

① 알타이족

남시베리아 투르크어군 계통의 주요 민족은 알타이, 소르티스Shortes, 하카스Khakasses 등이 있다. 또 많이 알려져 있지 않지만, 토팔라Tofalars, 투비니안Tuvinians 등이 있다. 1922년 알타이 자치구, 1923년에 하카스 자치구가 소련에 편입되었다. 알타이족은 시베리아 알타이 산맥을 주요 근거지로 하여 거주한다. 대부분의 알타이인은 남시베리아의 고르노-알타이 지역에 거주한다. 거의 산지로 이루어진 '고르노-알타이' 공화국의 수도인 고르노-알타이스크 Gorno-Altaysk를 중심으로 살고 있다. 알타이족은 자신을 '알타이 키쥐Алтай кижи'라고 명명한다.[43] 흔하게 부르는 명칭은 아니지만, 알타이인은 '오이로트ойрет'이라고 한다. 이렇게 명명하는 이유는 알타이인의 과거 국가가 '오이로트' 이기 때문이다. 알타이족이 집중 거주하는 이 공화국의 인구는 약 20만 명이며, 이 중 알타이인은 약 30%이다. 알타이족은 중국의 시베리아 침략 이후 몽골 중가리아인의 지배를 받았다.

② 하카스족

남시베리아의 작은 자치공화국인 하카스 공화국에 거주하는 하카스족은 혁명 이전 '미누신스크 타타르'로 공식적으로 명명됐으며, 종교 정체성은 투르크족인데도 이슬람화 되지 않고 정교도인도 아니며, 자연신이나 샤머니즘을 신봉한다.[44] 하카스인이 제정러시아에 지배당한 시기는 18세기였다. 당시 이 지역으로 유입된 인구는 2개 그룹이다. 러시아 정부의 정치적 핍박을 받아 도망친 구교도 그룹이 있다. 그리고 '국가 농민' 즉 카자키가 있다. 이들은 나중에 정부 관리들이나 농노가 되었다. 구교도의 특징은 하카스 투르크족이나 시베리아 원주민들에게 러시아정교를 믿도록 강요하지 않았다는 점이다. 카자키는 거주지에서 가장 좋은 땅을 차지하고, 하카스인에게 세금을 부과하고 그들을 정교도로 강제적으로 개종시키는 일을 했다. 하카스인에게 러시아정교는 그들의 경험상 일종의 폭력성과 러시아화russification 요소였다. 이들에 대한 대규모의 강제적 세례 행위가 1876년 7월에 있었다. 세례식에는 군대와 경찰들이 동원되었다. 모든 하카스족이 자신들이 정교도라고 선언하였다. 그러나 대부분 자연신과 샤머니즘 신앙을 유지하였다.

5. 결론

제정러시아의 시베리아 지역 탐구는 러시아 학회를 중심으로 이루어졌다. '제국 러시아 지리협회Imperial Russian Geographical Society'와 '페테르부르크 과학원St. Petersburg Academy of Science'이 적극적으로 시베리아 개발을 촉진시켰다. 시베리아 소수 민족의 관습이 연구되었고, 이는 정부 통치 방식의 근거가 되었다. 18세기와 19세기 전반 러시아는 유럽 제국주의 국가들의 식민지 경영 방식보다도 결코 뒤지지 않게 아시아 민족들, 그리고 시베리아에 대한 제국주의식 국가 경영 방식을 채택하였고, 포괄적 프로그램을 통해 지속적으로 이루어졌다.

제국, 러시아, 시베리아, 그리고 이에 연관된 역사적 함의를 도출하는 연구 작업은 제정러시아의 다양한 역사적 관점과 러시아의 유라시아 정체성을 통해 지속적으로 이루어져야할 것이다. 1889년 파리 세계 박람회는 이에 관한 하나의 시사점을 준다. 러시아가 공식적으로 이 박람회에 참여한 것은 아니었고, 정부의 프리젠테이션도 준비되지 않았다. 러시아는 비공식적으로 약 500개 정도의 품목을 제출하였는데, 박람회장에는 러시아 섹션 코너가 있었다. 이 박람회에 참석한 로렌스 아우바인은 러시아에 대한 이미지를 4가지 정도로 구분하였는데, 대체적으로 서방에서 바라보는 러시아제국의 아시아 점령에 대한 인식을 보여주고 있다.[45]

1) 건축물에 포함된 야만적이고 원시적인 취향의 품목들은 반군사적이고 반종교적 요소를 내포하면서, 동양적 신비성과 동시에 거대한 제국의 야만

성을 상징한다.
2) 동양적 분위기의 품목들은 신 비잔틴제국의 이미지로, 러시아가 비잔틴을 계승하는 하나의 역할을 부여해주고 있다.
3) 우랄, 알타이, 카프카스로부터 출토된 거대한 보석류로 '불멸의 러시아' 이미지를 표현하며, 이는 제국 팽창의 웅장함을 연상케 한다.
4) 오리엔트와의 상징적 커넥션을 창출하는 '장미'와 '비단' 품목의 출품은 제국러시아와의 경계를 짓는 풍부한 이국적 성격을 연출한다.

'러시아와 아시아' 라는 이러한 이미지는 정복의 의미를 가지며, 시베리아는 하나의 피정복 공간으로 러시아 유산의 풍부성과 웅장함을 연결해준 공간으로 인식되었다. 러시아의 시베리아 점령과 아시아 복속은 피지배 민족의 저항을 불러일으키기도 하였지만, 피정복 민족의 유산을 탈취하는 제국의 부富를 규정해주는 다양한 이미지, 다성악적 목소리를 현대 세계에 전수하고 있는 것으로 해석될 것이다.

19세기 시베리아횡단철도 건설의 과정과 목적:
경제적, 산업적 가치를 중심으로

1. 서론

러시아는 유럽 국가이다. 동시에 몽골이 러시아에 미친 역사적 유산이 매우 광범위한 관계로 러시아는 아시아적 특성을 많이 가지고 있는 국가이다. 러시아의 시베리아로의 확장은 유럽제국의 영토 확장과는 그 성격이 맞지 않았다. 시베리아는 전형적인 식민지대 공간이었다. 러시아는 시베리아로 영토를 넓힘으로써 제국 확장의 결정적인 토대를 마련할 수 있었다.

모든 제국이 식민지를 만들고 영토를 확장하는 데에는 나름의 이유가 있다. 러시아는 어떤 국가적 필요성으로 시베리아로 나아갔을까? 시베리아 정벌에 나선 16세기부터 모피는 경제 발전의 결정적 견인차가 되었다. 이는 모스크바국과 그 이후 로마노프 왕조가 설정한 시베리아에 대한 국가적 가치였다. 많은 논자들은 러시아가 국가재정을 확충하기 위해 당시 값비싼 금액으로 판매되던 모피를 획득할 수 있는 곳으로 시베리아를 상정하고 실제적으로 엄청난 모피를 획득하였다고 주장한다. 이들은 러시아가 국가재정에 막대한 이득을 가져다준 모피 무역의 원활한 공급처인 시베리아를 의도적으로 지배했다는 관점을 피력하였다.

이에 따르면 러시아의 시베리아 정복은 전형적인 제국의 확장 논리였다. 물론 러시아가 시베리아 정복 계획을 구체적으로 준비하지 않았다는 주장에도 설득력이 있다. 러시아가 모피의 경제적 가치를 얻기 위해 시베리아를 정복한 일은 러시아가 제국의 가치를 추구했다는 해석으로 자연스럽게 귀결된다. 러시아는 모피를 얻기 위해 태평양까지 변경을 확대해 나갔으며, 제국의 확장과 경제 이익은 합치되었다.

러시아는 16세기 이반뇌제 시기부터 시베리아 경략에 나섰고, 이후 태평양 연안까지 나아갔지만, 19세기 이후 시베리아에 대한 국가적 가치는 조금씩 변화되었다. 러시아는 경제적 가치 이외 군사적 목적으로 시베리아를 인식하기 시작했다. 경제적 가치와 군사 전략적 가치가 등장함으로써 시베리아는 또 다른 차원의 전략적 공간으로 부상했다. 대부분의 연구자들은 19세기 말 '시베리아횡단철도'(이하 횡단철도)의 전략적 가치에 주목하였는데, 특히 극동과 한반도에서 일본과 국가경쟁을 펼치고 있던 러시아 입장에서 횡단철도 건설은 군사 전략적으로 매우 중요하였다. 철도 건설도 이러한 배경에서 등장하였다. 러일 전쟁을 앞둔 러시아는 횡단철도를 통해 군사적 목적을 달성하고자 했다.

이 글에서 무엇보다 주목하는 내용은 횡단철도 건설을 전후해 러시아 경제와 산업의 비약적 발전이 이루어졌다는 점이다. 러시아의 재정부 장관이면서 이후에 총리를 역임한 비테는 횡단철도 건설을 경제적, 산업적 가치를 중심으로 진행시켰다. 이 글은 주로 경제, 산업적 가치를 중심으로 횡단철도 건설 목적을 중점적으로 다루는 내용으로 전개되었다. 횡단철도 건설로 첫째, 국내 산업 발전이 일어났고 이에 따라 무역 확대가 이루어졌다. 둘째, 산업 분야 중 특히 광업 분야가 발전하였다. 셋째, 철도건설로 농산품 수송이 급증했으며, 농업 발전에 이바지 하였다. 넷째, 유통 및 여행업이 발전하였다. 다섯째, 교통 발전이 혁신적으로 일어나는 계기가 되었다.

횡단철도의 건설을 둘러싼 경제적 담론은 매우 중요한 관점을 제시해준다. 러시아는 19세기 후반에 이르러서야 후발 산업국가로서 늦은 시기 자본주의 발전을 서두르고 있었다. 러시아는 시베리아 산 농업 및 철강공업 분야에서 해외 국가들과 활발히 무역 교류를 하였다. 러시아는 1882년부터 1차 세계 대전까지 약 30년 동안에 32,000 마일에 걸쳐서 매우 넓은 거리의 철도를 완공하였다. 횡단철도 건설로 시베리아 지역 경제는 비약적인 발전을 이루었고, 이는 러시아 경제발전에 지대한 영향을 미쳤다. 역사적으로 분석하더라도 경제 발전에 철도가 기여하는 측면은 중차대하며, 횡단철도도 그렇게 부합된다.

국내에서 횡단철도에 대한 기존 연구는 정치적, 군사적 부분에 대한 상황을 주로 다루었다. 그러나 이 글에서는 러시아가 전통적으로 모피 획득이라는 경제적 가치를 내세우면서 시베리아를 경략하고 식민지화했듯이 철도 건설의 경제적 가치가 무엇인지 다룸으로써 시베리아의 경제적, 산업적 가치를 중점적으로 고찰했다. 횡단철도 건설로 발생한 시베리아의 경제적, 산업적 가치와 그 상황이 서술되었다.

2. 시베리아 횡단철도 건설의 배경과 그 과정

횡단철도 건설 이전 시베리아의 형상

    횡단철도가 건설되기 이전 대다수의 러시아인에게 시베리아는 어떤 형상이었을까? 거대한 토지가 황량하고 빈 채로 존재하였고 이 광대한 땅이 원시 그대로 쓸모없는 상태로 있다는 것은 안타까운 일이었다. 거칠고 황량한 환경은 외형적으로 거주와 생산적인 개발을 불가능하게 만들었다. 시베리아는 고립되었고, 높은 산으로 둘러싸여 있었다. 동으로 태평양의 바다에 접근하기도 어려웠다. 시베리아 강들은 장대하며 세계적으로 유명한 큰 강과 비교해서도 결코 그 위용이 적지 않지만, 여객 수송 등 상업적 측면에서 본다면, 생산성이 높은 지역이 결코 될 수 없었다. 강들은 북극 해안을 따라 어둡고 얼어붙은 만으로 흘렀다.[1]

    제정러시아는 아무르, 프리모르, 우수리 지역을 정복하면서, 태평양 연안에 한 발을 내딛었으며, 국가 권력을 공고히 하는 발판을 마련했다. 유럽러시아에서 시베리아까지의 거리는 매우 멀었다. 거리의 장벽을 해결하는 유일한 방법이 시베리아 전 지역을 관통하는 철도 건설이었다. 이러한 계획 및 아이디어가 실행으로 옮기기까지는 많은 시간이 걸렸다. 초기에는 횡단건설이 필요한지 그렇지 않은지를 놓고 여러 의견이 충돌하였다. 정부는 이 프로젝트를 실행하는 데 오랫동안 주저해왔다. 가장 큰 이유는 철도 건설에 엄청난 경비가 발생할 것이라는 우려 때문이었다.[2]

    주지하듯, 제정러시아 시기 경제 발전은 늦게 진행되었다. 그런데 시베리아에서 19세기 중반기 혁명적 변화가 발생하기 시작했다. 정치적 관심도 증대되었지만, 점진적으로 경제적 상황이 호전되기 시작했다. 1861년 정부는 아무르와 프리모르 지역에 거주민 증가 정책을 추진하였다. 횡단철도 건설 이전인 1862년에 벌써 다양한 전신 통신망이 개설되었다. 정치범이 많이 수용된 예카테린부르그와 옴스크까지의 통신망이 연결되었고, 1863년 예카테린부르그와

톰스크, 1864년 수도인 페테르스부르그와 이르쿠츠크 사이에 전신망이 개통되었다.

통신 수단의 발달, 교통과 무역, 산업 발전 등으로 주요한 사회경제적, 구조적, 문화적 성취가 뒤따랐다. 이와 아울러 러시아 내에서 점차적으로 자본주의 발전이 뒤따랐고 프롤레타리아 및 부르주아 계급이 형성되어 발전하기 시작했다. 1880년대부터 경제 발전이 빠르게 진행되고 있었다. 여러 상황적인 변화도 경제 발전에 영향력을 미쳤다. 새로운 경제 발전 지구가 등장하면서 더 광범위한 러시아 경제 발전 구역으로 포함되었다.[3] 1890년대 말엽, 수공업자의 수는 약 10만 명, 공업노동자는 약 12만 명, 고용 노동자는 약 20만 명이 되었다. 이는 근본적으로 새로운 형태의 국가 조직이 이루어졌다는 점을 반증하는데, 횡단철도가 이러한 역할을 주도했다.

전 러시아 뿐 만 아니라 시베리아에서도 강력한 부르주아 계급이 발생했는데, 약 1,200여 가문이 이에 속했다. 이들은 지역 발전에 공헌하였다. 시베리아 도시 미화에도 참여하였으며, 시베리아가 문화의 온상으로 발전할 수 있도록 역할을 수행했다.[4] 지역 당국자들은 횡단철도가 내수 및 국제 시장에 진출할 수 있는 매개체가 될 것이라고 판단했다. 점차로 무역 및 상업 진흥이 일어나기 시작했다. 물론 횡단철도를 경제적 가치로서만 상정하기는 어려울 것이다. 군사 전략적 의미가 없었다는 것은 아니다. 그러나 무엇보다도 철도를 따라 석탄, 광석 금속 등의 물품 수송이 원활하게 이루어졌다. 야금공, 자동차산업 및 일반 공업도 급속하게 발전하는 계기가 되었으며, 여객 운송 분야에서도 국내 및 해외 지역과의 교류가 가능하게 되었다.

시베리아횡단철도 건설 과정

알렉산더 3세는 1891년 5월 블라디보스토크에서 역사적인 횡단철도 착공을 선언하였다. 시베리아 유형수, 자원자, 병사, 그리고 고용된 중국 노동자들이 철도 공사에 투입되었다.[5] 철도 건설은 1891년부터 1904년까지 진행되었

시베리아횡단철도 건설 출처: https://www.tutu.ru/

다. 그러나 실제적으로 완료된 시점은 1904년과 1916년으로 구분하였다. 1904년의 완공은 모스크바와 블라디보스토크까지의 철도선이 연결되었다는 의미이다. 러시아는 동청철도 건설을 1916년에 마무리하는데, 이 시점을 강조한다면, 횡단철도는 1916년에 완결된 셈이 된다. 동청철도는 아무르 강(흑룡강)과 우수리 강을 지나서 블라디보스토크까지 잇는 구간이다.[6] 횡단철도는 세계에서 가장 긴 철도선이며, 모스크바와 블라디보스토크 간 총 연장 9,466km에 달했다.

1892년에서 1903년까지 재정부 장관으로 봉직한 '세르게이 비테Сергей Юльевич Витте'는 정부가 오랫동안 주저하던 횡단철도 건설을 주도하였는데, 건설이 가능할 만큼의 재정이 확보될 것이라고 확신했다. 비테는 매우 적극적으로 이를 추진했다.[7] 그는 1889년 재무부 철도국장, 1892년 2월 교통통신부 장관이 되면서 철도 건설을 위해 재빠르게 철도선에 관련된 조사를 실시했다. 그가 재정부 장관이 되기 이전부터 철도 건설은 시작되었지만, 1892년 8월 재정부 장관으로 임명되면서 적극적으로 철도 건설에 나섰다.[8] 비테는 1903년 8월 총리에 임명되었으며, 공직생활 기간 정부의 대내외 정책에 강력한 영향력을 끼쳤고 러시아 자본주의 발전에 공헌하였다. 그는 국유철도 부설을 지원하고 중공업 발전을 육성하였다.[9] 횡단철도는 시베리아 산업 혁명의 가장 강력한 사건이었다. 동시에 세계 경제의 공업화 과정에 있어서도 특별한 일에 속한다. 철도 건설로 시베리아의 주요 도시와 산업중심지가 러시아 및 세계 시장과 연결되었으며, 시베리아의 경제가 러시아 전체 경제로 급속히 합류하는 계기가 되었다.[10]

횡단철도 건설을 위해 정부 고위 인사가 참여하는 행정 기관인 시베리아 철도위원회가 출범하였다. 이 위원회는 1892년 12월 10일 비테 장관의 주도 하에 세워졌으며, 초기에 재정부와 내무부 장관이 참여하는 조직체였다. 국방부, 이르쿠츠크, 프리 아무르, 시베리아 주의 총독 및 지사 등이 참여하였다.[11] 비테가 추천하여 당시 황태자였던 니콜라이 2세가 위원장이 되었다. 비테가 매우 강력한 인물을 위원장으로 내세운 목적은 이 위원회가 향후 정

세르게이 비테
출처: Витте, Сергей Юльевич — Википедия

부의 재정지원을 받겠다는 의도만은 아니었다. 비테는 미래의 황제를 내세움으로써 황제가 철도 건설의 책임자이며, 황제를 통해 건설을 완결 짓겠다는 전략을 가지고 있었다. 실제적으로 니콜라이 2세는 권좌에 오른 이후에도 위원회의 대표 직함을 유지하였다. 첫 번째 공식 회의는 1893년 2월 10일 상트 페테르부르그의 마린스키 극장 내 위원회 회의실에서 개최되었다. 그러나 황태자가 대표직을 맡는 관계로 회합을 자주 소집하지는 않았다. 위원회 성립 이후 2년 반 동안에 19번의 회의가 있었지만, 이후 10년 동안, 총 23번의 회합만 열렸

다. 그러나 회의 참석 인원은 급증하였다.[12]

횡단철도는 당시 약 1억 달러 정도의 예산이 소요되었다. 횡단철도 건설은 동시에 여러 선이 건설되는 방식으로 입안되었다.

시베리아횡단철도의 방향

횡단철도의 방향은 다음과 같았다.

첫째, 첼랴빈스크에서 옴스크 구간인 서부시베리아 철도(총 1,415km)이다. 이 철도선은 첼랴빈스크에서 노보-니콜라예프스크 구간까지 연결되었다. 첼랴빈스크는 2개의 선인데, 하나는 당시 수도인 페테르부르크에서 예카테린부르크와 페름까지, 다른 선은 모스크바에서 사마라까지였다. 이 구간은 1896년 10월에 개통되었는데, 교통량이 대폭 늘어나 1912년 새로운 철도선이 옴스크에서 튜멘Tiumen까지 연결되었다. 이는 제 2 트랙, 즉 복선으로 이용되었고 동시에 예카테린부르크까지 90마일을 단축시킨 결과를 가져다주었다.[13]

둘째, 옴스크에서 이르쿠츠크 구간인 중앙 시베리아 철도(총 1,828km)이다. 노보-니콜라예프스크에서 이르쿠츠크까지 연결되었다.

셋째, 이르쿠츠크에서 미소야가 구간으로 바이칼 철도(총 318km)이다. 이 선은 이르쿠츠크에서 쿠엔가Kuenga까지 연결되었다. 처음에 바이칼 철도선은 바이칼 호수를 페리 여객선으로 운송하거나 바이칼 호수의 얼음 위를 가로지르는 철도선의 형태였다. 그러나 이후에는 철도가 바이칼 호수의 남쪽 해안가에 개통되었다.

넷째, 미소야가에서 스트레텐스크 구간으로 트랜스바이칼 철도(1076km)이다. 이 철도선은 트랜스바이칼인 카림스카야역에서 지선이 만초울리 역까지 이어졌다. 이 역에서 중국의 동부 지역인 하얼빈, 그리고 블라디보스토크로 갈라졌다.

다섯째, 스트레텐스크에서 하바로프스크역 까지의 아무르 철도(2132km)이다.

여섯째, 하바로프스크-블라디보스토크 구간인 우수리 철도(764km)이다.

구간 건설은 첫째부터 여섯째, 순차적으로 진행된 것이 아니라 동시다발적으로 시작되었다. 1891년 우수리 철도선에 대한 시공이 시작되었다. 1892년 서부 시베리아 철도선이 건설되기 시작했다. 이 2개의 횡단철도는 1897, 1896년에 각각 완공되었다. 중앙 시베리아 철도선은 오브 강에서 이르쿠츠크까지 연결되는데, 1893년에 건설이 시작되어 1899년에 완공되었다. 이르쿠츠크에서 바이클 호수 서쪽까지의 철도선은 1901년에 완료되었다. 바이칼 호수의 동쪽에서 스트레텐스크 지역을 연결하는 철도선의 경우는 러시아 정부가 중국으로부터 동철철도 부설권을 허가받고 1903년에 우랄과 태평양 사이에 교통망이 가능하게 되었다. 그러나 이 교통 구간은 바이칼 호수를 통과하는 페리호 운항이 포함되어 있으며, 만주를 거쳐 치타 근처의 카이달로보 동쪽까지 포함했다. 바이칼 호수 근처와 하바로프스크에서 스레텐스크까지 가장 어려운 구간이었다. 이 지역은 평평하지도 않고, 기후 자체가 아주 나빴기 때문이다.[14]

우수리와 중국 동부의 철도선은 니콜스크-우수리스크에서 만난다. 동철철도는 블라디보스토크, 바이칼 호수 그리고 서쪽으로 560마일 더 확장된 경우 아무르 지선과 비교해 노선이 더 짧다. 철도 지선이 중국을 통과하였다. 아무르 철도에는 아무르강이 지류로부터 10-80마일까지 흐른다. 주된 철도선으로부터 짧은 지선은 아무르강의 항구까지 이어졌다. 옴스크에서 카림스카야 역까지, 니콜스크-우수르릴리스크에서 블라디보스토크까지 복선으로 개설되었다. 아무르 철도선, 그리고 동청철도에서 횡단철도까지는 처음부터 끝까지 복선으로 개통되었다.[15] 주요 지선은 타이가-톰스크와 서부 지역의 트로파블로스크-콕체타브 선이다. 동청철도선은 매우 중요한데, 하얼빈-창춘 선이 핵심 라인이었다. 동시베리아의 우수리 철도선의 리골나야-수찬 선도 주요한 선이었다.

횡단철도의 지선 건설

횡단철도 노선 중에는 개인 자본이 투입된 지선 건설이 있었다.

첫째, 알타이 선인데, 노보-니콜라예프스크에서 세미팔라틴스크 역까지이다. 이 선은 토양이 비옥하고 인구가 밀집되어 있는 구간이다.

둘째, 유르가 역에서 쿠즈네츠크 역까지의 콜추기노 철도선이다. 이 구간에는 유명한 쿠즈네츠크 탄전이 있다. 이 철도선은 텔베스 철광상鐵鑛床까지 연결되었다. 전체 길이는 약 350마일이었다.

셋째, 타타르스카야역에서 슬라브고로드역까지 이어지는 쿨룬딘스카야 철도선인데, 거의 200마일 정도이다.

넷째, 아친스크-미누신스크 철도선은 300 마일이었다. 셋째와 넷째 철도선은 풍부한 농업 및 광업 지구를 포함하였다.

1903년에는 우랄과 태평양까지의 철도선이 가능하게 되었다. 횡단철도 중에서 바이칼 호수 근처의 철도선과 하바로프스크에서 스레텐스크(치타 동쪽)까지의 철도선이 건설되기에 가장 까다로운 부분이었다. 지형이 평평하지 않았고, 기후가 아주 나빴기 때문이었다. 현재의 루트는 1916년에 가서야 완공되었다. 이 철도선은 매우 중요하였는데, 소련 동부의 군사 방어선으로 가장 중요한 핵심 지역이었다. 태평양 항구를 통해 해외 국가들과 무역을 관장하는 교통 요지였다. 동시베리아와 극동에 인구가 존재하는 한에는 이 철도선은 길 위의 교통망이었다. 서시베리아(쿠즈네크 석탄 지역과 공업 지구)의 발전은 우랄과 노보시비르스크 사이의 철도선에 달려있었다. 1905년 횡단철도는 주요한 3개 철도선으로 구분되었다. 횡단철도 그 자체는 서부, 중부 시베리아 지역으로 나누어졌는데, 첼랴빈스크, 사마라-즐라토우스트와 서쪽의 페름-튜멘 지역, 동으로는 바이칼과 이르쿠츠크를 연결하는 선이었다. 트랜스-바이칼 선은 바이칼 동쪽 해안 지역인 '미소프스크Mysovsk'에서 중국 국경지역을 연결한 철도이다.[16]

3. 시베리아횡단철도 건설의 목적: 경제적, 산업적 가치를 중심으로

횡단철도 건설의 역사적 특성 및 함의

3절은 횡단철도 건설의 목적과 과정을 다루는데, 주로 경제적, 산업적 함의를 중점적으로 규명하고자 한다.

에드워드 아메스는 철도를 단일한 경제적인 분류로 가정하기는 쉽지 않다면서 복합적인 이유와 상황이 존재한다는 관점을 피력했다. 철도 건설도 그런 측면이 있는데, 여러 가지 방식이 동원되었다. 횡단철도는 극동의 소련 군대에 물자를 공급하는 역할을 하였다. 군사적 목적으로 활용되었다. 경제적 측면에서 횡단철도는 제정러시아, 그리고 이후 소련 시기까지 러시아 산업중심지와 극동 시베리아를 연결, 경제적 가치를 창출했다. 우랄과 카자흐스탄의 북쪽인 시베리아 지역 경제 활동에도 기여했다

아래는 횡단철도의 가장 중요한 특성을 기술한 내용인데, 1, 2번은 횡단철도가 전략적, 군사적으로 중요하다는 점을 강조한 것이며, 3번 이후로는 횡단철도의 경제적, 산업적 가치와 효과를 대비함으로써 횡단철도가 어떠한 측면에서 더 중요한 함의를 가지고 있는 지를 서술한 내용이다.

1) 횡단철도는 제정러시아의 통치와 관련이 있었으며, 정부는 횡단철도의 전략적 중요성에 대해 주목했다. 1905년 러시아혁명 시기 제국의 변경지역에서 정치적 갈등은 매우 심하게 나타났다. 러시아 지방에서는 중앙정부에서 벌어지던 혁명과도 같은 파업 등 여러 사태와 사건에 매우 민감하게 반응하고 그 추이를 지켜보고 있었다. 변경지역에서는 이미 군사력을 갖춘 통치 집단과 지방 민중들과의 충돌이 잦았다. 시베리아의 경우에도 정치적 불안정성이 심화되었으며, 여러 도시에서 혁명가들에 의한 군사 반란이 발생하였다. 횡단철도는 그 영향력과 효과적인 측면에서 노동자 반란에도 일정한 영향력을 미쳤다.[17]

2) 횡단철도는 군사적 목적을 지니고 있었는데, "미국을 연결하는 개척지

American frontier"라고 역사학자들에 의해 언급되었다. 횡단철도는 프런티어의 발전을 도모하였으며, 미국 역사가들이 과거 미국의 서부지역을 개척할 때 그 지역을 "미국의 프런티어"라고 표현했던 것처럼, 변방 지대 발전에 기여했다.[18] 이 해석에 따른다면, 횡단철도도 러시아 최전방의 핵심 역할을 지원해주었다. 횡단철도는 유라시아 대륙의 북쪽에서 이루어지는 운송망의 형성이라기보다는 동북아시아에 분포한 제국 간의 지정학, 지경학적 갈등과 충돌을 유발한 의미가 더 강하게 나타났다.[19] 횡단철도는 극동으로 군인들을 수송하는 목적으로 건설된 측면도 있었으며, 1904~1905년 러일 전쟁이 일어나기 직전에 러시아 군대 지원을 위한 군사적 목적으로 활용되었다. 2차 세계 대전 시기 극동에서 소련 군대의 활동을 지원하는 데 매우 긴요하게 활용되었다. 소련 시기에 동부 방어선을 위한 주요한 교통지대로 작용하였다.

3) 횡단철도는 극동과 러시아의 주요한 산업중심지를 연결하였다. 우랄을 비롯한 시베리아 경제 발전에 횡단철도가 끼친 영향력은 막대하였다. 철도선은 태평양 항구를 통한 대외 무역을 관장하는 이점이 있었다.[20] 동시베리아와 극동에 영속적으로 거주민이 있다는 전제하에서 산업과 무역에서 유리한 측면이 있었다. 동시베리아와 극동에서 점진적으로 철도선을 따라 산업 발전이 일어났다. 철도선의 본선으로부터 상대적으로 작은 규모이지만 지선이 형성, 시베리아 여러 도시에서 경제 발전의 촉매제가 되었다. 서부 시베리아의 공업지대는 우랄과 노보시비르스크 사이의 철도선에 달려있다고 해도 과언이 아니었다. 횡단철도 건설이 끝난 시점에 극동에서 러시아는 정치적, 군사적 강화보다는 평화와 평안을 추구하는 데에도 무척 신경을 썼다. 그러한 차원에서 시베리아는 실제적이고 생생한 경제적 동맥을 가지고 지역 발전을 추구해 나갔다.[21]

러시아 철도의 범주와 시베리아 경제 지역

에드워드 아메스는 러시아 철도를 광범위하게 6가지의 범주로 분류하였다. 첫째, 군사적 중요성이다.

둘째, 수출 무역을 증진시키기 위한 목적.

셋째, 단일한 산업 단지 창출을 위한 철도.

넷째, 이미 존재하고 있는 산업 단지를 연결하는 것.

다섯째, 미개발된 지역의 제한 완화를 위한 목적.

여섯째, 주요한 수송 루트를 따라 지역을 연결하는 목적으로서의 철도 등이다.[22] 이러한 분류에 따르면, 러시아 철도 건설의 핵심 내용은 경제였다.

미하일로프는 횡단철도가 건설되던 시점에 시베리아 경제 지역을 분류하여 다음과 같이 제시한 바 있다.

첫째, 광범위한 농업지대이다. 이는 우랄에서 바이칼 호수까지의 철도선을 따라 형성되었다. 이 지역의 주산품은 곡물이었으며, 러시아를 통해 동시베리아와 투르키스탄 지역까지 수송되었다. 투르키스탄까지의 지선 건설 프로젝트는 행정부에 의해 논의되었고, 그 이후에 진척되었다. 시베리아 곡물은 투르키스탄까지 수송되며, 투르키스탄거주민은 면화 플랜트 산업 발전에 전력을 다하였다.

둘째, 바이칼 이남지역과 곡물 지대의 남쪽인 서부 시베리아의 스텝 지역이다. 이곳은 가축 목양지대이다.

셋째, 북쪽 지역에 분포되어 있는 거대한 산림지대이다.

넷째, 태평양을 지나고 거대한 강의 입구 근처 지역인데, 해양 지대에 속한다.

다섯째, 광업 지대로 이는 아무르 분지와 일치하는 지역이다. 이곳은 산악 성격을 띠고 있고 농업 생산 목적에 적합하지 않는 지역이어서 중앙 및 서부 시베리아, 만주, 한국, 일본, 중국, 인도, 그리고 미국처럼 곡류 곡물이 대량 생산되지 못했다.[23] 석탄, 철 등 광물이 많이 보급됨으로써 대량 생산 산업이 발전할 가능성을 지니고 있었다. 아무르 지역은 공업 발전이 촉진되어 만주, 한국 등과 면화 산업을 발전시킬 가능성을 지녔다. 이 지역의 공장은 투르키스탄, 중국, 한국, 인도, 북아메리카 지역에서 원자재를 들여와서 생산하며, 중국과 일본처럼 양 가축이 행해지지 않는 곳에서 모직 물건을 수입한다. 이를 바탕으로 아무르 지역에서는 면화 생산이 대량으로 이루어질 수 있었다. 즉 값싼 양모를 바이칼 이남과 몽골로부터 조달받았다. 아무르의 기후와 토양은 사탕무, 담배, 아마, 대마 등을 생산하는 데 도움이 되었으며, 이러한 상품을 대량 생산했다. 이는 시베리아 산업 발전에 매우 유용하였다.[24]

첫째부터 다섯째의 분류에 따르면 횡단철도가 경제 발전과 매우 밀접한 관계가 있다는 것을 알 수 있다. 철도 건설에 주도적인 역할을 담당한 비테는 횡단철도 자체가 러시아와 전 세계의 무역 확대를 위한 새로운 지평선을 여는 동력이 될 것으로 확신했다. 그는 특히 횡단철도가 청의 차茶무역이 발전하는 데 공헌할 것으로 생각했다. 즉 해상 운송보다는 육상 운송을 통해 차가 유럽으로 수출된다면 러시아에도 큰 경제 이익이 될 것으로 판단하였다.[25] 비테는 매우 중요한 보고서를 상신하게 되는데, 1892년 11월18일 자 보고서의 제목은 '시베리아횡단철도 부설에 필요한 조치들'이었다. 비테는 인도와 아삼 지역의 차 생산이 청나라의 차 무역에 타격을 주기 때문에 청나라의 차 무역은 조만간 붕괴될 것으로 예상하였다. 그래서 횡단철도가 완공된다면 청나라 차를 신속하게 유럽으로 운송할 수 있고 청나라에도 차를 수출할 새로운 기회가 될 것이며, 러시아는 청나라에서 면화·모직물·금속제품 분야에서 영국과 대외 경쟁을 펼칠 수 있을 것이라는 그의 주장이었다.[26]

비테는 횡단철도의 경제적 중요성을 가리켜 '경제적 침투'라는 표현을 선호하여 자주 언급하였다. 물론 비테는 철도의 중요성은 경제적 가치와 군사적 중요성을 동시에 지니고 있다는 것을 부인하지 않았다.[27] 그러나 비테에게 횡단철도는 경제 정책 입안에 결정적인 역할을 할 것으로 보았고, 그는 대부분 횡단철도의 경제적인 부분에 주의를 기울였다. 특히 건설을 통해서 공학-기술적인 발전을 꾀하고 산업 발전에 초석이 다져질 것이라고 확신했다.[28] 비테는 중국, 일본, 그리고 조선 등 동아시아 국가의 이해관계가 침해되지 않는 선에서 철도 부설을 주장했는데, 동청철도 개설을 적극 추진한 것도 경제적 가치가 있었기 때문이지 군사적 이해관계가 가장 중요했던 것은 아니었다.

블라디보스토크 철도역 출처: https://vladivostok-city.com/

횡단철도 건설의 경제적, 산업적 가치

그렇다면 횡단철도 건설로 발생한 경제적, 산업적 가치와 그 효과는 어떠한 것이 있을까?

첫째, 철도 건설로 국내 산업 발전이 일어났고 이에 따라 무역의 확대가 이루어지기 시작했다. 횡단철도 건설이 경제적으로 중요했던 이유 중의 하나는 19세기 후반 러시아 노동 시장이 발전 추세에 있었기 때문이다. 당시 자본주의 생산방식이 확산되었다. 국내 시장은 확대되었고, 세계 시장으로 무역을 촉진할 필요성도 증대되고 있었다. 공업 생산의 급속한 발전이 일어났으며, 철도 건설 분야에서 발전이 촉진되었다. 철도 부설은 경제성장의 지표였다. 재취산업, 금속산업, 제철산업, 기계산업의 발전이 촉진되었다.[29] 철도 개통 이전에는 인구가 많이 부족하거나 주요 경제 중심지로부터 소외된 곳이 많았다. 이런 지역을 크게 3군데로 구분해 본다면, 첫째, 시베리아와 극동, 둘째, 카자흐스탄과 중앙아시아, 셋째, 유럽러시아의 북부 지역 등이다. 횡단철도 건설로 경제 발전을 이루어야 할 필요성이 매우 높았다.[30]

둘째, 산업 분야 중 특히 광업 분야가 발전하였다. 당시 금 생산 산업 정도만 존재했는데, 철도 개설로 다른 광업이 발전하였다. 즉 석탄, 철, 주석 산업이 활기를 띠게 되었는데 철도 자체가 광업의 생산을 필요로 하였고, 철도가 광업 시장을 더 확대하는 결과를 낳게 되었는데, 현존하던 광산 기업의 조직과 발전에 영향력을 미쳤다. 시베리아에서는 시장 상황이 전환되었고 경제 통합이 빠른 속도로 진전되었지만, 이러한 성과는 국내 장비와 철도 설비의 보호에 의거, 철강 수입품에 대해 엄격한 관세를 적용한 덕분에 이루어진 것이다.

철도에 의해 야기된 시장 개방으로 생산업자들은 거대한 산업 붐을 경험하였다. 남러시아의 생산업체인 야금 회사가 철도 회사의 설비 공급 등을 초기에 맡았다. 이 회사들은 보조금을 받는 체계를 갖추고 있어 매우 유리하였다.[31] 철도와 관련된 모든 필요한 서비스가 상당한 발전을 보였다. 기차역은 확대되었고 기관차와 철도차량 정비공장이 세워졌으며, 연료창고, 변전소, 용수공급 시설 등이 설치되었다. 설비 시스템이 준비되면서, 기존보다 업무 효율성이 증대되었으며 더 많은 일들이 진행될 수 있었다.

셋째, 특히 농산품 수송에 따라 농업 발전에 이바지했다. 농산품은 횡단철도 통과 지역에서 방대한 양으로 보관되었다. 1898년 옥수수를 저장하는 화물 객차가 6,500개에 달했다. 동물 기름, 가죽, 양모, 그리고 냉동 고기가 그해에 엄청나게 증가했다. 이런 이유로 철도 통과 지역에서는 가축 목양산업이 발전했다. 특별히 토볼스크 지역에서는 버터 생산 산업이 발전하였다. 이는 해외로의 수출이 가능한 거대한 시장을 형성하였고 시베리아 산 버터는 1896년에 260만 킬로그램이 수출되었다. 농업 분야와 가축 목양, 그리고 생산 및 무역 분야에서 횡단철도는 시베리아식 경제생활이 가능하도록 했다.[32]

넷째, 횡단철도 건설로 유통 및 여행업이 발전하였다. 이전에 시베리아 산업은 독점주의에 의해 지배되었지만, 상황이 변화되었다. 각 지역에는 지역 자본주의자가 형성되어 있었고, 상품수요자의 수단에 따라 책정된 농산물 가격이 있었으며, 경쟁은 존재하지 않았다. 자본이나 신용을 갖추고 있지 않던 기업인들은 독점 자본가들과 경쟁할 능력을 갖추고 있지 못했다. 통신 수단을 가지고 있지 못했기 때문이다. 그런데 횡단철도 개통으로 이러한 비정상적인 국가 경제 상황이 개선되기 시작했다. 시베리아를 러시아 경제의 중심지와 연결한 철도는 여행을 더 싸고 빠르게 가능하게 했으며, 자본 축적을 원활하게 하였다. 이제 적은 자본이나 수단을 가진 이들도 가축 구입을 위해 긴 여행을 할 수 있었고, 다양한 생산 중심 지역에서 생산자들, 도매상인들과도 직접적으로 상품 교류를 할 수 있었다. 점차 상품 교류는 민주적 방식으로 이루어지기 시작했으며, 경쟁도 증대되었으며, 상업과 무역의 성격도 전환되었다.[33]

다섯째, 횡단철도로 인해 러시아 내 교통 발전이 혁신적으로 일어나는 계기가 되었다. 횡단철도의 "교통" 측면은 매우 특이하였다. 당시 경제적 중요성이라는 차원에서 본다면, 시베리아는 저성장 경제 발전 공간이며, 어떤 특별한 경제적 필요성을 공급하는 지역은 아니었다. 넘쳐나는 생산을 흡수하는 성장 동력이 풍부한 지역도 아니었다. 어떤 측면에서 본다면, 시베리아는 지구의 중심으로부터 떨어져 있으며, 주요 산업 중심지와 교통의 중심지에서 벗어난 공간이며, 쉽게 접근할 수 없는 지역이었다.[34]

시베리아를 연상하면, 거대한 영토가 떠오르는데, 러시아는 기본적으로 광활한 국가였다. 남부 및 중부 시베리아는 해안지대로부터 3천마일 떨어져 있었다. 거대 도시로부터 1천마일 떨어져 있는 지역이 연이어 펼쳐져 있는 곳이 시베리아이다. 비용 측면에서 횡단철도 건설은 민감한 부분이었다. 시베리아가 비록 해안 지대를 길게 끼고 있다고 하더라도, 역설적으로 이는 교통 접근이 용이하지 않다는 것을 의미하였다. 북쪽 해안가는 일 년 동안 얼어있는 지역이며, 내륙 지역 발전은 북쪽 해안가의 지리적 위치에도 영향을 받고 있다. 오랜 세월 북극해는 주요 무역 루트가 아니었다. 시베리아의 남쪽으로 높은 산과 사막이 있다. 우랄의 서부 지역은 시베리아를 유럽러시아로부터 분리시키는 지점에 위치해 있다. 접근이 가장 가능한 교통 채널은 동쪽 지역이었다. 아무르 강의 계곡은 태평양으로 이어진다. 이러한 입지 조건은 시베리아 발전의 장애물이었다.

횡단철도 건설의 변화상과 무역 상황

그러나 횡단철도 건설을 전후해 변화가 일어나기 시작했다. 1900년에서 1909년까지 시베리아 인구는 약 6백만 명에서 약 9백만 명으로 증가되었다. 화물 교통은 70만 톤에서 300만 톤으로 늘어났다. 석탄 광업 및 낙농업이 발전하였고 도시들이 재빠르게 형성되고 원주민의 생산품에 대한 수출이 급증하였다. 지역 사람들의 구매력이 증진되었다. 이에 따라 수입도 증가되는 추세였다. 실상 횡단철도가 건설되었지만, 자본이 빈약해 횡단철도 건설 자체가 거대한 국가를 적절하게 커버해 주기가 어려웠다. 그러나 철도 건설로 철도 화물의 수송 거리가 늘어남에 따라 품질 좋은 생산품, 즉 버터, 모피, 가죽 등의 물품 가치가 높았다. 시베리아의 주요 수출품인 곡물, 미네랄, 수목 등은 높은 화물세를 감당할 수 없는 상황이었다. 철도 건설은 시베리아 해안 지대와 연결해야 한다는 당위성이 매우 컸다. 차량 교통을 위한 길은 지역적으로 중요하였다. 서부 시베리아의 평원, 특히 스텝은 특별한 도로 건설 없이도 자동차 길로는 나름 적당한 지역이었다.[35] 곡물을 철도로 운송하는 시베리아 화물기차는 미국 서부지역의 철도를 연상케 했다.

시베리아와 해외 시장과의 무역은 횡단철도의 첫 번째 선이 건설됨으로써 시작되었다. 철도가 건설된 이유 중의 하나로는 교통을 위한 시베리아 해안의 불안정성도 한 몫을 담당했다. 즉 일 년 중 항해가 가능할 수 있는 시간이 매우 짧고, 수로의 채널이 다양하게 발전되어 있지 못했다. 그리고 만(灣)과 만(灣)을 연결하는 지점도 매우 부족한 상황이라 철도 건설을 서두르게 한 측면이 있었다. 화물차가 지나가는 길들은 원시적인 조건에 있었다. 서부 시베리아를 여행하는 데 가장 큰 방해물은 봄이나 가을에 나타난다. 이 시기는 강과 호수의 눈이 녹는 때이다. 이 길의 대다수 지역에서는 자동차로 통행이 가능하다.[36]

여섯째, 철도가 건설되면 동아시아에 거대한 경제 시장이 형성될 가능성이 상존했다. 비테는 철도 완공 이전부터 철도 건설로 러시아 경제에 큰 이득이 될 것이라는 주장을 펼쳤다. 즉 청, 일, 조선 인구는 당시 4억6천만 명이었고 이들

국가와의 교역 규모가 연간 7억 5천만 루블에 이르렀으며, 이 동북아 국가들이 러시아의 거대한 소비시장이 될 것으로 예측했다. 즉 모스크바가 러시아 내 산업 물류의 중심지이지만, 횡단철도가 건설된다면 이제 모스크바는 세계 물류 시장의 핵심 지역으로 부상할 것이라는 강력한 신념을 가지고 있었다.[37]

    러시아 경제사학자들은 철도가 러시아 경제 발전에 핵심 역할을 담당하였다고 인정하고 있다. 이 시기는 알렉산더 거센크론의 용어에 의하면, 러시아 산업화와 경제 현대화의 "거대한 스퍼트"의 시대였다. 러시아 경제 발전의 성장 과정에 철도가 기여한 바는 매우 크며, 철도가 경제에 미친 역할은 다양한 분야에서 광범위하게 나타났다. 철도는 경제 발전 강화에 주요 요소가 되었으며, 10월 혁명 이전에 주요한 구조적 변화를 이끌어낸 상업적 요인으로 작용하였다. 특히 상업과 농업, 그리고 국가 시장의 발전뿐만 아니라 자원 할당을 개선하고 산업 생산의 요구를 산출하는 데에 있어서도 철도의 역할은 컸다. 시베리아 철도선이 복선이 된 가장 큰 이유 중의 하나는 러일 전쟁 때 러시아의 패배가 큰 영향을 준 요소이다. 교통 수송망의 비효율성으로 인해 러시아는 복선 건설에 착수했다. 기후 문제로 복선 건설의 어려움이 가중되었다. 횡단철도가 지나가는 길에는 끝없는 얼음으로 덮인 경우가 있었다.[38]

4. 결론

    모스크바는 러시아 철도의 핵심적인 네트워크의 중심지로 각광받았다. 그러나 러시아 철도 시스템 자체는 프랑스처럼, 혁명적 네트워크가 되지 못했다. 프랑스는 철도선이 파리로부터 펼쳐지는 시스템으로 건설되었다. 러시아 철도 시스템은 독일처럼 다절성 시스템이 아니라 모스크바, 레닌그라드에서 마디 시스템으로 이루어져 있다. 주요한 철도는 남동쪽에서 북서쪽으로 이어졌는데, 단순히 미국 서부의 철도선을 닮은 대륙을 가로지르는 단선의 형태로 이루어져 있지는 않다. 간단히 말해 러시아 철도는 네트워크로 복잡하게 펼쳐져 있다. 러시아 철도의 각각의 네트워크는 하나 혹은 더 이상의 특별한 목적으로 설계되어 있다. 러시아와 시베리아 사이를 가로막았던 장벽은 거리였다. 러시아 정부는 어려운 결정 끝에 시베리아 횡단철도를 건설하였다.

러시아는 본토로부터 멀리 떨어져있던 시베리아, 그리고 태평양 연안까지 제국의 확장에 성공했지만, 시베리아는 너무나 먼 거리에 있었고, 이것이 후기 산업발전 도상에 있었던 러시아로 하여금 횡단철도 건설에 과감히 나서게 된 사건이 되었다. 시베리아의 동쪽 끝은 태평양 지역이며, 러시아는 점차적으로 19세기 이후 본토와 시베리아의 관계를 정립해야하는 시기를 맞이했다. 러시아와 시베리아의 관계를 지체하게 만들었던 거리상의 장벽이 있었으며, 러시아는 이를 딛고 나아가야 했다. 러시아는 16세기 이래로 시베리아에 대한 경제적 가치를 횡단철도를 통해 보상받고자 하는 의도가 무척 강했다.

러시아는 모피를 획득하기 위해 태평양까지 나아갔다. 러시아의 시베리아 경략의 핵심적인 이유는 경제적 가치에 있었다. 즉 러시아가 시베리아를 통해 얻고자 했던 전략적 관심은 군사적 가치도 중요했지만, 경제적 가치는 그 이상의 중요성이 있었다. 횡단철도 건설은 시베리아의 사회적, 경제적 삶에 혁명적 전환을 가져왔으며, 지역 통합에 큰 역할을 했다. 시베리아를 유럽, 아시아, 미국과 연결하는 역할을 담당했다. 횡단철도는 세계에서 가장 긴 철도이다. 철도 건설은 당시의 학문-기술 및 엔지니어의 기술력의 한계를 보여주었다. 러시아, 미국, 미국, 중국 등 다른 나라의 기술진도 참여했다. 당시에 건설된 기차역 건물 등은 오늘날까지도 보존되어 있는 곳이 있다.

이 글에서 러시아 철도는 수출 무역을 증진하고 산업단지가 창출되면서 산업단지가 연결되는 효과를 누렸다는 점이 강조되었다. 동시에 횡단철도도 다양한 목적으로 건설되었다는 점을 제시하였다. 결과적으로 횡단철도의 가치는 경제 부분에 가장 큰 영향을 미쳤다. 당시 산업자본주의의 발전 과정에 있었던 러시아는 횡단철도 건설을 통해 급속한 산업 발전을 이룰 수 있었다.

중앙아시아 공간:
중앙아시아 문화의
민족별 동질성과 이질성

1. 서론

어떤 민족에게나 역사의 기억은 매우 중요하다. 그것이 민족이 내세울 만한 자랑이 되든지, 아니면 전쟁의 패배 등 치욕적인 역사의 기억이 되든지, 특정 민족에게 역사의 기억과 더불어 현재의 총체적인 정치적, 경제적, 문화적 상황은 그 민족을 이해하는 데 있어 매우 중요한 요소들이다. 중앙아시아는 과거 투르크 문화권, 페르시아 문화권, 아리안 문화권, 유목민족제국사, 근대 이후 제정러시아의 역사적 영향력, 이슬람과 정주문화, 유목문화의 문화적 요소를 가지고 있는 공간이다.

여러 가지 질문을 제기할 수 있다. 과거의 페르시아 문화, 투르크 문화 등의 요소가 1991년 독립 이후 중앙아시아 공간에 어떠한 영향력을 지속적으로 유지하고 있는가? 러시아와 소비에트 체제의 역사적 유산과 정치적 전통은 1991년 독립 이후 중앙아시아 국가건설에 지금도 영향력을 발휘하고 있는 것인가? 그리고 투르크 문화권으로 대표되는 우즈베키스탄, 카자흐스탄 등과 페르시아 문화권으로 대표되는 타지키스탄과의 국가건설의 향방성은 동일하게 나타나고 있는 것인가? 이 글은 이러한 기본적인 문제 제기에 대한 해답을 찾으면서, 중앙아시아 문화의 공통성과 변별성을 분석하고자 한다.

2. 중앙아시아 역사-문화: 공통의 동질성

러시아의 중앙아시아 정복과 지배

중앙아시아는 전통적으로 동질성 문화를 지니고 있다. 중앙아시아는 투르크와 페르시아 문화의 영향력을 기본적으로 가지고 있는 공간이다. 7세기 이후 이슬람이 전파되어 종교적으로 이슬람 정체성을 지니고 있다. 중앙아시아에는 정주문화와 유목문화의 특성이 있다. 정주문화권 국가는 우즈베키스탄,

투르크메니스탄, 타지키스탄 등이다. 유목문화의 역사적 전통성을 가지고 있는 국가는 카자흐스탄, 키르기스스탄이다. 많은 유목 민족들이 역사적으로 중앙아시아를 지배하거나 혹은 멸망의 길을 걸어갔다. 이 지역은 유라시아제국사가 펼쳐진 공간이다. 근대 제국으로 중앙아시아를 강력히 지배한 국가도 존재한다. 제정러시아가 대표적이다.

러시아는 18세기 중반 이미 카자흐스탄 지역을 점령했으며, 본격적으로 19세기 중엽부터 중앙아시아 전 지역에 대한 지배에 성공했다. 1917년 러시아혁명 이후 소연방에 중앙아시아가 포함되었다. 1991년 소련 해체 이후 중앙아시아는 즉각 독립을 선포하고 신생 공화국으로 등장하였다. 러시아는 전통적인 제국이었으며, 북카프카스를 정복한 19세기 중엽 이후 중앙아시아를 침탈하기 위해 군사력을 사용하고 이 지역을 복속시켰다.

러시아의 엘리트들에게 중앙아시아는 어떻게 수용되었을까? 1881년 러시아의 문인 도스토예프스키는 그가 생각하는 아시아적 관점에 대해 아래와 같이 말했다.[1]

> 왜 무슨 목적으로? 미래는 무엇인가? 미래의 아시아 점령에 무엇이 필요한가? 그곳에서의 우리의 임무는 무엇인가? 이러한 화두 제기는 러시아가 유럽에 속할 뿐만 아니라 아시아의 지리적 경계에 존재하기 때문에 가능하다. 러시아인은 유럽인일 뿐만 아니라 아시아인이다. 유럽에서 우리는 노예였지만, 아시아에서 우리는 주인으로 행세했다. 유럽에서 우리는 아시아인이었다. 그러나 아시아에서 우리는 유럽인이었다. 러시아 문명의 세계사적 미션은 우리의 정신을 매수하여 멀리 떨어진 알려지지 않은 미지의 땅으로 우리를 인도할 것이다.

도스토예프스키는 청년 시기 혹독한 시베리아 유형을 경험한 작가이다. 그는 매우 강력한 슬라브주의자요, 러시아 민족의 메시아사상에 충실한 사람이다. 그는 극단적인 러시아 민족주의자로 알려져 있다. 19세기 중엽 이후 러시아 지식인들은 제국의 확장을 매우 강력히 원했다. 도스토예프스키에 있어 러시아는 유럽이며 아시아였다. 러시아 지식인들은 도스토예프스키의 민족주의 의식처럼, 러시아는 서유럽과 비교해 동양에 속한다고 생각했고, 아시아 국가에 대비해서는 유럽으로 인식돼 아시아를 유럽보다 더 낮은 위치에 두었다.[2] 19세기의 대표적인 러시아 인텔리겐차의 눈에는 아시아는 정복되어야 할 대상이었다.

러시아는 제국주의 논리를 가지고 주변부에 있는 유라시아 민족을 지배하고 통치했다. 러시아는 19세기 중반 이슬람 지역이던 북카프카스를 정복하고, 이 시기쯤 아제르바이잔, 아르메니아, 조지아 등 남카프카스 지역을 복속했다. 이후 러시아는 중앙아시아로 제국의 확장을 추진했다. 제국의 확장은 영토 확장이며, 문화 미션 정책도 수반되었다. 러시아가 남부로 영토를 팽창해 나가면서 정복한 중앙아시아는 러시아가 유럽제국으로 편입하기 위해 반드시 정치적 지배권을 확보해야 하는 공간이었다. 많은 부분에서 중앙아시아는 제국의 침략 지대地帶였다.

러시아는 18세기 카자흐 민족 스텝 지대로 군사력을 사용하여 중앙아시아를 점령했다. 그러나 이때만 해도 러시아는 중앙아시아 전 지역에 대한 지배권을 가지지 못했다. 중앙아시아의 주요 칸국인 코칸드, 부하라와 히바 점령에 성공하지 못했다. 당시 히바와 부하라는 러시아 황제를 명목적인 대군주로 받아들였다.[3] 러시아가 중앙아시아를 본격적으로 정복하게 된 계기는 크림전쟁 (1853~1856)에서 러시아가 오스만 투르크에 실질적으로 패하면서 본격화되었다.

러시아의 중앙아시아 점령 이후 러시아와 중앙아시아는 단일한 국가 시스템으로 작동되었다. 1860년대부터 볼셰비키 혁명 이후인 1920년까지 중앙아시아 정복 과정은 16세기 중반부터 러시아가 제국의 변경을 지속적으로 확장해온 결과물이었다.[4] 1860년대 이후로 중앙아시아 도시들과 칸국들은 제국 러시아에 복속되기 시작했다. 1917년 10월 혁명 이후 새로운 소비에트 시스템이 경제적으로 낙후된 이 지역에 적용되었으며,[5] 러시아는 제국 정책을 이 지역에 가동하기 시작했다.

중앙아시아에서 러시아제국의 함의

　러시아와 중앙아시아의 관계를 이해하기 위해서는 제국이 어떤 의미를 가지고 있는 것인가를 알아야 할 것이다. 유럽 국가들은 제국이라는 단어를 환영하고 수용하였다. 제국 용어는 강대국을 상징하고 번영과 발전의 중심에 있다는 것을 의미한다. 제국의 동의어는 높은 문화, 부, 그리고 자유라는 고상하고 선도적인 인류 발전의 의미와 관련이 깊었다. 이는 자연스럽게 문명의 위대성을 상징하였다. 이러한 문화, 문명의 탁월성은 제국의 정치적 상황에 전체적으로 투영 되었다. 오늘날, 이 용어는 부정적인 의미를 주는 경우가 많다.

　제국의 통치, 제국 관점에서 18세기 이후로 러시아의 엘리트들은 서구화되었고 유럽에 속해있었던 지식인들이었다. 18세기 표트르 대제 이후 러시아는 제국으로 변신하기 시작했으며, 서유럽의 강력한 제국들에 편입되기를 희망하였다. 러시아는 제국의 확장을 서둘렀으며, 제국의 영토는 확장되었다. 러시아는 유럽화의 유산으로 유럽 시민 의식을 가지게 되었으며, 의식적으로 그런 정책을 가동하였다.

　그렇다면 중앙아시아가 동질적인 문화적 지대라는 것을 염두에 두고 근대적 의미에서 중앙아시아와 러시아는 어떻게 해석되어야 할까? 이를 파악하기 위해 먼저 러시아가 속한 유럽과 중앙아시아라는 근대 역사를 이해해야 할 것이다. 유럽 근대주의는 점진적으로 전통 속에서 출현하였다. 서유럽 근대화가 출현하면서, 서유럽 근대화와 문명화는 미개한 지역에 정착되어야 한다는 제국주의 발상이 등장했다. 이러한 관점에서 서유럽 근대화와 중앙아시아의 전통성 사이에 정치적, 문화적 갈등이 일어날 수밖에 없다. 이러한 갈등은 중앙아시아와 같은 주변부에서 폭력적으로, 불평등하게 전개되었다. 제정러시아라는 제국의 중심부의 정치적 역학이 주변부인 중앙아시아에 강력히 작동하기 시작했다. 중앙아시아의 지식인들과 이슬람 사제들의 영향력은 급속히 줄어들었다.

　러시아는 헤게모니를 가지고 중앙아시아를 정복하였다. 중앙아시아 거주민의 입장에서 그들은 새로운 정복자였다. 1865년과 1881년 사이에 러시아는 중앙아시아를 정복했다. 이는 러시아가 당시 나름의 권력을 향유하고 있던 3개의 칸국과 투르키스탄의 새 이름이 된 투르크메니스탄을 점령하였다는 의미였다.[6] 중앙아시아는 과거 러시아의 식민지 통치를 경험한 공간이었다. 중앙아시아에는 러시아 문화, 소비에트 문화, 전통적인 중앙아시아 문화가 혼재하고 있는 지역이다. 오랜 시간 정착되어 온 문화적 집적지대가 중앙아시아였다. 이는 무엇을 의미하는가? 중앙아시아는 문화의 복합 지대로서, 과거의 전통성과 관습이 존재하며, 동시에 제국의 대상이며, 정복공간이었다. 즉 과거의 전통적 유산, 그리고 제국의 유산이 존재하는 지역으로 피지배 민족의 문화적 지대였다.

중앙아시아 지역 공통성

중앙아시아는 역사적으로 어떠한 공통성이 있을까?

첫째, 중앙아시아는 침략과 침탈을 당한 지역이며, 중앙아시아 거주민도 그러한 영향권 아래 놓여있었다는 점을 인식하고 있다. 중앙아시아는 제국 공간이었으며, 지배 체제의 역사적 희생물로 작용한 곳이었다. 중앙아시아의 엘리트들도 강력한 제국의 침략을 받으면서, 약소민족의 한계를 절감하고 자민족의 거주민에게 제정러시아의 제국 정책을 받아들여야 한다는 주장을 피력하기도 했다. 이런 관점은 러시아 지배자들에 의해 지지받았다. 18세기 중엽 이후 우즈베크 칸국, 카자흐 칸국, 히바 칸국의 지배층은 뒤떨어진 산업화를 발전시키기 위해 러시아의 숙련된 기술자들에 의존했다. 19세기말 국민들의 대다수는 문맹이었고, 근대화 과정의 소외자로 남아있었다. 이러한 생각이 그들로 하여금, 제정러시아의 정책을 일정하게 준수해야 한다는 의식을 심어주었다. 러시아는 제국주의 정책을 가동하였다.

19세기 말 볼가 타타르가 러시아에 실제적으로 통합되고 러시아와의 문화적 동화가 진행되면서 무슬림들과 러시아 제국의 비러시아계 민족그룹에서 민족 각성이 일어났다. 이를 통해 타타르 지식인들에 의해 자디즘(혁신)으로 알려진 이슬람 모더니즘 운동이 일어났다. 자디즘은 타타르 이슬람 민족주의의 독특한 형태이다. 그러나 자디즘 주창자와 리더는 러시아의 정치적 콘텍스트 안에서 이루어지는 민족 발전을 주시했다. 타타르 민족 지도자의 정치적 목표는 많은 부분, 러시아의 전제정치를 반대하는 자유주의 입장과 일맥상통한다. 타타르 자디드주의자는 중앙아시아도 민주적, 의회적, 다민족 현대 국가가 되어 무슬림이 동등한 정치적, 법률적 권리를 향유할 수 있도록 추구했다.[7] 중앙아시아는 이슬람을 수용한 사회였으며, 이슬람 문화 유형을 보여준 과거의 전통적 시스템은 꽤 오랜 시간 이 지역에서 유지되었다. 그러므로 자디드주의자는 이러한 전통을 현대적으로 개혁하기를 원했다.

러시아가 중앙아시아를 복속하고 제국주의 정책을 가동시킨 예를 유목문화권인 카자흐 민족에 대해 적용해보면 다음과 같다. 유목문화권으로 카자흐 민족은 소련의 집산화 정책으로 큰 고통을 겪었다. 러시아는 18세기 중반 이후부터 카자흐 민족을 군사력으로 정복했다. 당시 카자흐 민족의 명칭은 키르기스 민족이었다. 카자흐 민족의 저항은 1850년경에 진압되었다. 이후 러시아제국의 자연스러운 지배 의식이 발동되었으며, 식민지화가 전개되었다. 카자흐 스텝의 식민지화는 1890년대에 급속히 증가하였고, 1905년 제 1차 러시아 혁명 이후에 더욱 더 가속화되었다. 카자흐 민족은 주로 스텝 생활권을 가지고 있는 대표적인 민족 그룹이다. 유럽식 제국을 추구한 러시아는 이러한 스텝 지대의 유목 민족에 대해 급진적인 식민지화를 추진했다.[8] 즉 이 지역으로 인구를 새로이 유입하는 정책을 발동하였다.

1905년부터 1914년까지 약 300만 명의 슬라브 민족 이주민이 이 스텝지대로 이주했다. 러시아의 이러한 정책은 소위 '초원의 법령'으로 명명되었다. 1891년 제정된 행정 정책으로 대규모의 인구 이동이 이루어졌다. 카자흐는 러시아에 대항해 1916년에 봉기를 일으켰다. 직접적인 제국주의 통치에도 그 원인이 있었지만, 1차 세계 대전이 종반으로 돌입하던 시기 카자흐 사람들을 최전선의 노동병으로 징집하고자 했던 러시아의 정책도 하나의 원인이 되었다.

러시아는 카자흐인의 봉기를 무자비하게 진압했다. 그 과정에서 약 20만 명의 카자흐 사람들이 희생당했다. 많은 카자흐인이 동 투르키스탄으로 이주했다. 러시아의 근대화 시기 피정복지의 거주민들은 제국의 목적에 합당한 정책의 피해자가 되었다.

러시아혁명 이후 카자흐 민족의 운명은 제정러시아 시대보다 더 심각하였다. 카자흐 민족엘리트들이 볼셰비키 혁명 이후 내전 기간 다양한 그룹에서 독립을 선포하였다. 그러나 엘리트들이 통일된 전선을 구축하지 못하였기 때문에 볼셰비키는 중앙아시아를 재차 정복할 수 있었다. 소련 통치자들은 점령 지역에 대해 야만적 정책을 추진하였다. 1930년대에 강제집산으로 인해 카자크 민족이 엄청나게 아사한 것은 그 대표적인 예였다.[9] 카자흐 거주지에 거대한 기아가 발생하였으며, 이로 인해 1932~1933년에 이 지역 인구의 1/3이 희생당했다.

집산화 정책으로 노마드 민족 거주지에 비유목화 현상이 강하게 일어났다. 이는 카자흐 등 전통적인 유목사회의 민족 정체성을 매우 약화시켰다. 소련 정부와 주변부 민족 간 정치적 충돌이 일어났다. 공산주의 유물론 정책은 카자흐 민족의 의식 속에서 전통 붕괴의 행위로 여겨졌다.[10] 스탈린 사망 이후 카자흐 민족은 과거에 비해 민족 주권을 회복하기 시작했다. 소련 통치의 마지막 30년 정도 카자흐의 정치적 위상은 회복되었다. 현재 카자흐스탄은 매우 강력한 독립 국가를 영위하고 있다. 엄청난 에너지 자원으로 강국으로 부상하기 위해 노력중이다.[11]

전통성을 가진 역사적, 문화적 공간

둘째, 중앙아시아는 전통성을 가진 역사적, 문화적 지대地帶이며, 중앙아시아 전체 특징은 전통성에 있다는 점이다. 이는 내구적이고 장기간의 특성을 가진 문화의 공통성으로 이해된다. 소련 서기장인 스탈린은 중앙아시아의 전통적인 내구성을 억제하는 정책을 추진했다. 그의 통치 시기 항상 등장하는 유명한 용어인 '민족들의 감옥'처럼, 소련에 속해있던 민족들은 여러 가지 억압적 정책을 받을 수밖에 없었다. 소련 시기 민족 고유의 특성을 강력히 억압하는 정책으로 상당 부분 개별 민족의 주체성은 형성될 수 없었다. 소련 정부는 종교 억압 정책도 병행했다. 대부분의 이슬람 모스크는 폐쇄되었고, 수피주의자들은 억압받았다. 이슬람의 성스러운 장소들, 즉 유목 민족의 전형적인 생활문화인 부족장들의 성묘나 제사 의식을 행하던 무슬림 수피주의자들은 억압받았다.

그러나 세계 여러 국가의 경우를 본다면, 민족 주체성의 부재에도 불구하고, 의식 있는 엘리트들에 의한 민족국가의 형성은 어느 나라에서나 존재했다. 중앙아시아도 그러한 과정을 걸어갔다. 민족 인식의 가장 중요한 요소로는 '범-투르크이즘'과 '범-이슬람주의'였다. 이 2개의 요소로 중앙아시아가 양분되었을 때, 그리고 스텝 지역의 종족 분리주의자들이 출현할 때도 전통성은 견고하였다. 엘리트들은 제정러시아와 소련의 통치에도 불구하고, 중앙아시아 문화 지대의 핵심 요소인 전통적인 특성을 투르크 문화와 이슬람 문화로 설정하고, 이를 유지하고자 애썼다. 앤드류 필립스는 중앙아시아의 전통적인 정체성은 나름대로 견고하였다는 관점을 제시했다.[12]

소련 당국의 압박 정책에도 불구하고, 중앙아시아 사회에 내재된 부족적, 씨족적 충성심은 상당할 정도로 남아있었다. 특히 정주 민족의 대표인 우즈베크 민족 그룹은 강력히 단결된 문화의 정통성을 유지했다. 대표적인 것이 '마할라' 마을 공동체이다. 마할라는 전형적인 가족 네트워크로 기능하며, 계보 원칙으로 연결되어있었다. 이는 사회적 상호 행동의 중심적 역할을 했다. 즉 전통적 의미의 마을 네트워크였다. 마할라는 민족 정체성의 대표적인 특성을 지녔고, 부족의 연장자들에 대한 충성심을 유지했던 사회 제도이다. 이러한 사회적 기능은 구성원들을 연결해 주는 역할을 맡았다. 마할라는 우즈베크 이외에도 카자흐, 키르기스, 타지크 민족에게도 있는 마을 공동체이다. 즉 중앙아시아 사회의 기본 특성은 전통적이고 집합적인 공동체적 형태였다.

전통성은 수 세기 동안 지속된 과정이었으며, 역사적 전승을 통해 우즈베크 민족은 점진적으로 정주문화로, 카자흐 민족은 유목문화로 분화의 과정을 거쳤다. 우즈베크는 우즈베크 칸의 기원을 가지고 있는 민족이며, 카자흐 민족과 우즈베크 민족은 전통적으로 13세기 이후 중앙아시아에 세워진 몽골 왕조인 '차가타이Chagatay' 칸국이라는 징기스Ghenghis 칸의 후손들이었다. 이들은 16세기까지 민족의 분화 과정을 거쳐 오늘날의 카자흐스탄, 우즈베키스탄이라는 국가로 형성되었다. 중앙아시아 사회는 제정러시아와 소비에트의 공통적인 지배를 받았다. 이러한 측면에서 동질적인 특성을 문화 정체성으로 가지고 있다.

중앙아시아는 여전히 문화의 보수성이 존재하고 있다는 점이 중요하다. 사회가 전통성을 가지고 있기 때문이다. 특히 중앙아시아 사회가 공통적으로 직면하는 문제는 젠더이다. 닉 메고란은 페르가나 대학에서 연구한 젠더 관련 논문에서 현대 중앙아시아 사회도 여전히 전통성을 가지고 있다는 관점을 피력했다.[13] 닉 메고란은 페르가나 대학에서 실시한 US Peace Corps 프로그램으로 영어 교육이 증진되었다는 점을 설명한다. 매해 여름, 이 프로그램에서는 English Immersion Camp를 열어 학생들이 영어로만 대화하도록 프로그램을 진행했다. 그는 이 프로그램은 매우 흥미롭고, 특히 여학생들에게도 매우 가치 있다고 소개하고 있다. 여성들이 학문의 발전을 도모할 수 있고, 미래의 개인 발전도 이끌어낼 수 있다는 것이 그의 생각이었다. 그런데, 그의 학생들 중 한 명이 이 캠프에 참가하기를 원했지만, 그녀의 부모가 허락하지 않았다는 점을 상기시키면서, 여성의 교육 기회가 아직 광범위하게 열리지 않았다는 점을 강조했다. 그에 따르면, 이런 타입의 여학생은 우즈베키스탄에서 매우 많으며, 이는 부모의 영향을 벗어나는 공간에 여성은 갈 수 없다는 것을 의미한다. 즉 '여자의 신분으로 갈 수 있는 곳'만 부모들은 허락한다는 것이며, 이는 매우 전통적인 사고방식임을 지적하고 있다.

3. 1991년 독립 이후 중앙아시아의 공통성과 개별성의 변인 요소들

중앙아시아의 공통성과 이슬람 요소

중앙아시아 동질성은 문화적 전통성이다. 중앙아시아는 과거 러시아 제국 공간이라는 공간의 동질성, 제국의 대상지라는 공통성이 있다. 중앙아시아 사회의 동질성에 대한 탐색은 권역권 공통의 특성을 이해하는 바로미터이다. 또 다른 문화적 요소는 이슬람 공통성이다. 영적, 정신적, 이데올로기적으로 중앙아시아와 러시아는 근본적으로 다른 민족 정체성 요소를 가지고 있다. 중앙아시아 문화의 일반적 특성은 투르크 문화권이다. 알타이 계통의 투르크 문화는 전통적으로 아시아 문화이며, 러시아의 문화와는 변별적인 문화일 수밖에 없다. 중앙아시아 대부분의 민족은 투르크 문화권에 속하지만, 타지크 민족은 페르시아 문화권이다. 그런데 타지키스탄도 완전한 형태의 페르시아 문화권 국가는 아니다. 그 이유는 우즈베크 칸이라는 연합 공동체 안에서 우즈베크 민족과 타지크 민족은 동일한 거주지에서 살았기 때문이다.

3절에서 설명하는 공통성과 개별성의 여러 요소 중 이슬람은 공동의 특성을 지니고 있다. 그런데 독립 이후 중앙아시아 이슬람은 전통적 이슬람과 원리주의 이슬람으로 분류해서 설명할 필요가 있다. 그런데 전통적 이슬람은 부흥하고 있지만, 모든 국가에서 이슬람 원리주의가 강력하게 등장하지는 않았다. 우즈베키스탄, 타지키스탄에서는 이슬람 원리주의 세력이 아직 남아있어서 정권의 안정성을 위해 이슬람 원리주의자들에 대한 탄압이 여전히 진행 중이다. 이슬람 원리주의자에 대한 대응 방식에서 국가 간에 변별적인 특성이 나타나고 있다는 점을 주시해야 한다. 물론 우즈베키스탄이나 타지키스탄 이외 국가에서 이슬람 원리주의자들의 행동을 용인한다는 의미가 아니라 특히 이 2개 국가에서 이슬람 원리주의자의 군사적 행동이 독립 이후 강력히 출현했다는 점이 변별적 요소이다. 이런 차이점이 잘 인식되어야한다.

오늘날 포스트소비에트 공간에서 중앙아시아 이슬람은 우즈베키스탄을 중심으로 강력한 세력을 구축하고 있다. 현재는 외면적으로 이슬람 원리주의 세력은 매우 약화되었다. 그러나 독립 초기에 이슬람 원리주의는 강력한 세력권을 형성했다. 이슬람은 원래부터 전통적이었는데, 이를 '생활 이슬람Living Islam'이라고 명명하였다. 이슬람은 단순한 종교 정체성이라기보다는 정치, 경제, 문화 등이 하나로 통합된 무슬림 삶의 형태이다.[14] 이는 중앙아시아 사회의 전통성에 매우 큰 영향력을 미쳤다. 독립 이후 부흥한 중앙아시아 이슬람은 전통적인 이슬람 가치의 부활과 문화의 가치라는 민족 정체성과 강력하게 결부되어 있다.[15]

소련 해체 이후 이슬람 부흥은 주로 이슬람 사원이 개원되거나 이슬람 관습 강화, 즉 생활 이슬람이 매우 강력히 부활하였다는 사실로 대변된다. 이슬람 출판물, 메디나로의 성지 순례 재개 등이 이슬람 부흥의 전형적 양상으로 나타났다.[16] 독립 이후 이슬람 원리주의자가 우즈베키스탄과 타지키스탄을 중심으로 등장함으로써 사회의 불안정성이 심화되었다. 독립 초기 중앙아시아는 에너지 자원의 전략적 가치가 매우 높아 경제 부흥을 위해 지도자들이 서방과 러시아와의 협력과 공존을 추진하는 추세라 이슬람 원리주의의 극단적 세력은 그 힘을 상실해 나갔다.

중앙아시아 국가건설의 여러 측면

중앙아시아 국가 중에서 키르기스스탄의 개방 속도가 가장 빨리 진행되었다. 키르기스스탄은 유목문화권 국가로 문화적 유연성이 개방을 촉진시킨 원동력이었다. 카자흐스탄도 비교적 개방적인 국가 정책을 채택하였다. 그런데 독립 이후 해외 개신교 선교사들이 우즈베키스탄에서 기독교 선교 활동을 적극적으로 펼쳤는데, 우즈베키스탄 정부는 기독교 선교에 대해 여러 가지 제한 조치를 취했다.

중앙아시아는 국제사회 질서 측면에서 세계의 강대국에 둘러싸여 있고, 지정학 영향력을 강하게 받았다. 국가건설의 공통성이 존재하지만, 개별적인 특성도 있다. 국가건설의 공통성은 몇 가지 요소로 나타난다. 이 국가들은 소련의 정치적 유산에서 탈피하는 정책을 추진했다. 소련 공산주의의 위대한 영웅인 레닌의 신화는 점차로 사라졌다. 그 대신 과거 역사의 민족 영웅들이 부각되었다. 그리고 역사의 위대한 도시들이 재조명되었다. 4절에서 더 자세히 설명하겠지만, 각 국가는 고유한 역사적 사건에 대한 재정립에 나섰다. 일부 국가에 따라 자국의 역사와 민족에 대한 상반된 인식이 있는 경우도 있었다. 공통적으로 각 국가들은 에너지 자원을 중심으로 경제 발전에 매달렸다. 독립 이후 물리적 시간이 꽤 지난 상황에서 여전히 중앙아시아 사회는 험난한 과제를 안고 있다. 중앙아시아 국가 통합에 관한 논의가 있을 정도로 사회는 통합과 공통성을 모색하고자 노력하는 경향도 있었다.[17]

중앙아시아 사회의 이질성

그러나 독립 이후 중앙아시아 각 사회에는 그 이질성이 분명히 존재하고 있다. 그렇다면 어떤 점에서 중앙아시아 각 국가의 발전 경로의 변별성이 나타나고 있는가?

첫째, 각 국가별로 상이한 국가전략을 채택하고 있다는 점이다. 중앙아시아는 공통적인 역사적 유물과 이슬람 전통에 의해 서로 연결되어 있고 공식적으로 민주주의와 시장경제를 국가의 새로운 이념으로 채택하였다. 정치적으로 대부분의 국가에서는 권위주의와 독재가 성행하였으며, 정치적 반대파에 대한 정치적 억압과 인권침해를 자행해 왔다.

중앙아시아 국가들은 상이한 국가 발전 전략을 가동하였다. 예를 들면, 카자흐스탄과 키르기스스탄은 독립 이후 적극적으로 대외개방을 서둘러 비교적 유연성 있는 국가발전을 추진하였다. 매우 강력한 경제 개방을 실시하는 국가가 있는 반면, 그렇지 못한 국가가 있었다. 카자흐스탄은 중앙아시아의 맹주로 간주되던 우즈베키스탄을 제치고 가장 빠른 경제 성장을 보여주었다. 즉 해외자본 투자 분야에서 활발한 투자를 유치하는 등, 유연한 국가체제를 형성했으며,

이러한 체제적 유연성이 경제 발전에 매우 큰 역할을 했던 것으로 평가되었다.[18] 카자흐스탄과 키르기스스탄은 전통적 유목문화로서 개방적 성격을 보여주고 있다는 점에 주목할 필요가 있다. 양국은 매우 유연한 국가발전을 도모하였으며, 투르크-몽골의 전통성을 계승하고 있다. 집권 초기에 매우 유연한 경제발전 정책이나 국가전략을 시행했다. 카자흐스탄은 서방과 러시아와 융통성 있는 국제관계 정책을 추진했다. 역사적으로 중앙아시아의 다른 지역들이 Central Asia(중앙아시아)로 명명되었던 반면에 카자흐스탄은 Central Asia and Kazakhstan(중앙아시아와 카자흐스탄)으로 개별공간으로 분류되었다.

우즈베키스탄은 독립 이후 가동된 권위주의 체제로 해외 국가들에 유연한 개방 정책을 추진하지 못했다. 우즈베키스탄은 대통령 중심의 강력한 독재적 권위주의 정책을 시행하면서 국가 정책이 정권의 안보 수단으로 이용되는 경향을 보였다. 투르크메니스탄은 2006년에 사망한 니야조프가 대통령으로 재직하던 시기 대통령 우상화 등으로 은둔자 국가가 되었다. 니야조프 이후 대통령으로 집권한 베르디 무하메도프 대통령도 동일하게 우상화 작업을 벌였으며, 지금은 그의 아들이 대통령으로 집권하는 등 독재적 정치를 가동하고 있다. 국제관계에 있어서도 러시아의 영향력에서 벗어나지 못하고 있는 부분도 있지만, 독립 초기에는 탈 러시아, 친 미국 입장을 취한 국가들이 있었다. 러시아는 2000년대 이후 국제사회에서 과거의 지위를 되찾기 위해 노력하고 있으며, 유럽연합이나 나토의 공헌 없이도 국제무대에서 다시 중요한 역할을 수행해 나갈 수 있기를 여전히 기대하고 있다.[19]

둘째, 국가별로 채택하는 민족주의 강화 정책에도 이질적 요소가 많이 나타나고 있다. 우즈베키스탄은 중앙아시아의 대표적 국가라는 자존심을 지나치게 강조하는 면이 있다. 어느 민족이 주도권을 가지고 있는 것인가에 대한 물음에 답변하기는 쉽지 않다. 다만 민족학적 특성은 개별 국가에게 있어 매우 중요하다. 그들은 이를 토대로 자기 민족의 기원이 매우 훌륭하다고 강조하였다. 민족 정체성은 수 백 년 동안 형성된 문화 요소로 나타난다. 민족주의 강화는 대부분 혈연관계로 이루어지는 민족의 자기 정체성이다.[20] 개별 민족은 상상의 민족주의를 더 강화하는 측면이 있으며, 이러한 방식으로 고안된 민족주의는 확장되었다.[21] 민족주의는 역사적 형성을 통해 외부로 발현된다. 역사 인식에 대한 다양한 접근으로 말미암아 학문적 논쟁뿐만 아니라, 국가 간의 이익 관계도 상호 갈등을 일으키기도 한다.

  셋째, 이슬람 접근 방식도 국가별로 동일하지 않다. 1917년 볼셰비키 혁명 이후 러시아 내전 기간 중앙아시아의 다양한 민족들이 독립을 선포했다. 그러나 1920년대 소비에트는 내전을 승리로 이끌고 중앙아시아를 재차 정복하였다. 볼셰비키는 소련의 국가 이념인 '소비에트 시민 사회'의 이념을 충족하기 위해 무슬림을 재교육시켰다. 소련 지도자들은 이슬람의 전통적 생활방식을 진보라는 이름으로 금지시켰다. 여성의 지위도 향상시켰다. 여성은 강제로 베일을 벗고 학교에 나갔으며, 샤리아는 세속적 법으로 대체되었다. 성직자의 영향력은 격하되었다. 이에 대항하여 중앙아시아 무슬림 사회는 군사 무장 조직인 무자헤딘을 탄생시켰다. 1918년 2월 무슬림들은 반란을 일으켰다. 러시아혁명을 성공시킨 볼셰비키는 중앙아시아의 오래된 정치 체제를 허물어뜨리고 새로운 질서를 세우고자 했다. 그러나 당시 중앙아시아 칸국들은 러시아로부터 독립을 요구하고 있었다. 대부분의 페르가나 지역, 즉 동 부하라지역, 서 부하라, 호레즘 지역 무슬림 게릴라 단체들은 1929년까지 소련 정부와 전쟁을 지속하였다.[22] 이를 '바스마치Basmich' 운동이라고 불렀다. 많은 바스마치 지도자들은 아프가니스탄으로 도망쳤다. 그러나 소련 정부는 이슬람을 완벽하게 제거하지 못했다.[23]

중앙아시아 이슬람 원리주의 활동

  독립 이후 중앙아시아 이슬람의 정치적 상황을 본다면, 이슬람 원리주의의 활동은 3단계로 나누어진다.

  첫째, 1990~1993년 기간이다. '이슬람의 붐' 현상이 일어난 시기로 이슬람이 부흥하면서 점차적으로 정치적 세력을 얻던 시기이다.

둘째, 1993~1995년으로 무슬림 활동에 대해 중앙아시아 정부의 통제가 강화되면서 정치적 압박을 가하던 시기이다.

셋째, 1995년부터 2000년대 초반까지 반정부 형태의 이슬람 원리주의가 세력을 얻어가면서 대정부 투쟁을 지속하고 있는 시기이다.[24]

넷째, 2000년대 이후 이슬람 원리주의가 점차로 퇴조하고, 전통적 이슬람이 다시 새롭게 부각되고 있는 시기이다.

이슬람 국가 정책에 있어 우즈베키스탄은 정권안보 차원에서 이슬람 원리주의를 지나치게 강력히 억제하는 정책을 펼쳤다. 이에 반해 카자흐스탄, 키르기스스탄에서는 유연한 종교 정책을 가동하고 있다. 우즈베키스탄과 카자흐스탄의 상이점은 중앙아시아 전체 사회를 이해하는 바로미터가 된다.[25] 독립 이후 이슬람 원리주의가 정부 체제를 전복하는 이념으로 등장하자 각 국의 정치지도자들은 법령으로 이슬람 원리주의 단체 활동을 불법화시키면서 강력한 통제 정책을 추진했다. 우즈베키스탄은 1998년 5월 '신앙의 자유와 종교 조직에 관한 법', 투르크메니스탄은 '양심의 자유와 종교조직에 관한 법The law on Freedom of Conscience and Religious Organization', 카자흐스탄은 1997년에 개정한 '종교의 자유에 관한 법The law on the Freedom of Denomination and Religious Organization'을 시행하였다.

우즈베키스탄은 더욱 더 강력한 종교 통제를 실시했다. 이슬람 원리주의 억제가 정권의 안정과 직결되어 있었기 때문이다. 모든 종교단체는 내각에 부속된 '종교 위원회The Committee for Religious Affairs'의 관장 하에 있다. 100명 이하의 구성원을 가진 종교 단체의 활동을 금지하고 종교단체 등록에도 엄격한 법적 절차가 요구되었다.[26] '신앙의 자유와 종교 조직에 관한 법' 시행으로 종교단체의 정치 활동과 사회 활동은 금지되었다. 출판 권리와 종교문서의 수입과 분배를 위해서도 국가의 허가를 받아야한다. 이는 마치 미소 냉전기 철의 장막 속에서 살던 시절, 라디오, 인쇄물, 그리고 텔레비전이 검열 대상이 된 것과 유사하다.

지금은 많이 약화되었지만, 우즈베키스탄 내의 인터넷은 필터링 되고 검열

된 적이 있었다. 이러한 이유 때문에 '휴먼라이트워치'나 '국제 엠네스티' 같은 국제 인권 단체와 미국이 발간하는 인권과 종교 자유 보고서에서 우즈베키스탄은 출판 자유를 억압하는 대표 국가로 간주되었다. 그러나 인권단체들이 우즈베키스탄 정부를 강력히 비판한 반면 미국 정부는 자국 국가전략에 따라 우즈베키스탄 내의 인권이나 종교 권리의 침해에 대해 애매모호하게 반응한 측면이 있었던 것도 사실이다.[27]

우즈베키스탄 정치 지도자들은 중앙아시아 국가 중에서도 이슬람 원리주의자들을 가장 강력히 탄압했다.[28] 소련 해체 이후 2004년까지 우즈베키스탄 정부가 이슬람 원리주의자라고 의심하고 감옥에 수감시킨 인원이 약 7,000명에 달한 것으로 조사되었다.[29] 정부가 엄격한 종교 억압 정책을 시행한 또 다른 이유는 마약 유통을 막기 위해서라도 이슬람 원리주의를 강하게 억제할 필요성이 있었기 때문이다. 전 세계 양귀비 생산의 75~80%를 생산하고 있는 아프가니스탄의 마약 통로인 타지키스탄 이슬람 원리주의 단체가 우즈베키스탄 원리주의 단체와 긴밀한 관계를 맺고 있었다. 양귀비와 헤로인의 50% 이상이 아프가니스탄-타지키스탄 국경을 통해 러시아와 유럽으로 수출되었다. 이 마약 대금이 바로 이슬람 무장단체인 '우즈베크 이슬람 운동The Islamic Movement of Uzbekistan(IMU)'의 투쟁 자금과 연계되어 정부는 이슬람 원리주의 단체를 강하게 금지시키고 있다.[30]

중앙아시아 각 국가, 언어 사용에도 이질적 요소

넷째, 중앙아시아 각 국가는 자국 언어 사용에도 이질적인 요인을 보여준다. 언어가 한 민족을 다른 민족과 구별 짓고 민족의 통합과 일체성을 창출하는 가장 중요한 근거로 기능한다고 본다면,[31] 민족 정체성의 향방은 언어의 영향을 받는다. 예를 들면 언어를 공용어로 채택하는 부분도 민족별로 상이하게 나타난다. 카자흐스탄은 러시아어와 카자흐어를 공용어로 규정하였다. 지금도 이러한 정책은 지속되고 있다. 그러나 우즈베키스탄은 우즈베크어만을 현재 공용어로 사용하고 있다. 그런데 카자흐스탄 거주 러시아인은 "카자흐" 정체성에 적응하고자 노력하지 않았다. 카자흐스탄이 유연한 민족 정책을 가동한다고 하더라도, 러시아어에 적응된 이들은 새로운 민족 문화를 수용하지 않는 경향을 보였다. 러시아인은 카자흐어를 습득하는 것을 "우스꽝스러운 것"으로 치부하였다. 카자흐스탄 내 러시아 민족공동체는 카자흐 정체성에 동화되지 않고, 저항적인 형태를 보였다. 그러나 러시아인과 카자흐인의 갈등 관계는 러시아인과 우즈베크인 사이의 갈등의 폭보다는 적게 나타나는 편이다. 언어를 공용어로 사용하느냐, 그렇지 않느냐의 차이점이다.[32]

독립 이후 우즈베키스탄에서 공용어를 우즈베크어로 사용하면서, 우즈베키스탄 내에서는 민족주의 움직임이 매우 강하게 일어났다. 독립이후 1994년까지 우즈베키스탄에서 러시아로 이주한 러시아인은 364,000명에 달했다.[33] 어떤 측면에서 언어는 민족주의 강화에 도움이 되고 있다. 언어가 한 민족을 다른 민족과 구별 짓고 민족의 통합과 일체성을 창출하는 가장 중요한 근거로 기능한다고 본다면,[34] 중앙아시아의 민족 통합성 혹은 정체성의 중요 부분은 각 단위 국가의 언어가 될 것으로 보인다. 즉 언어를 통한 민족주의의 강화를 중앙아시아 지도자들은 채택하고 있다고 볼 수 있다. 비록 그것이 자신들의 정권을 공고히 하기 위한 시도라고 할지라도 소비에트 유산을 벗어나려고 하는 중앙아시아 각국의 민족주의 노력은 안쏘니 스미스가 지적하듯, 민족주의는 민족과 국가를 동등하게 하려는 운동[35]이며, 독립 이후 중앙아시아 정부는 민족주의를 강조하고 있다.

4. 중앙아시아 민족의 기원과 민족의 대립성

우즈베크-타지크 민족의 대립적 상황

4절에서는 역사의 해석, 민족 기원의 해석을 둘러싸고 중앙아시아 내 우즈베크 민족과 타지크 민족 엘리트들이 독립 이후 어떤 입장을 가진 것인가를 분석하는 내용이다.36 중앙아시아의 기본적 문화적 특성은 투르크 문화, 페르시아 문화 등으로 구분된다. 대부분은 투르크 문화권이지만, 타지키스탄은 페르시아 문화권에 속한다. 중앙아시아 각 국가들이 동일한 역사적 상황, 정치적 환경에 처해져 있는 것으로 이해한다면 곤란하다. 이를 논증하기 위해 분쟁의 요소가 가장 많이 남아있는 우즈베크 민족과 타지크 민족의 현재적 상황을 비교하고자 한다. 투르크 문화권의 대표적인 국가인 우즈베키스탄과 페르시아 문화를 대표하는 타지키스탄 간에 국가적 갈등이 존재하였다. 타지키스탄은 중세 국가이던 사만 왕조(816~999)가 붕괴한 이후 지금의 우즈베키스탄 지역에서 거주해 왔다. 타지크 민족은 우즈베크 칸국의 영향을 절대적으로 받아왔던 민족이다. 독립 이후 타지키스탄은 내전(1992~1997)을 경험하였으며, 국가 내부에 엄청난 갈등을 불러일으켰다. 우즈베키스탄 정부군이 타지키스탄 정부군을 지원했으며, 이 사실로 타지크 민족 엘리트들은 우즈베키스탄에 정치적 앙금을 가졌다.

독립 이후 수자원을 둘러싼 양국 갈등 관계가 지속되었다. 우즈베키스탄은 타지키스탄이 '상투다-2' 건설 프로젝트를 진행하자 이 수력발전소 건설을 강력히 반대했다. 이 프로젝트가 실현된다면, 우즈베키스탄으로 유입되는 농업용수가 고갈될 것으로 우려했기 때문이다. 그런데 페르시아 문화권인 이란은 타지키스탄을 지원하였다. 이란은 건설 장비를 타지키스탄으로 수출했다. 우즈베키스탄은 타지키스탄과의 국경에서 통관되는 타지키스탄 행 화물을 의도적으로 통과시키지 않았다. 즉 타지키스탄으로 향하는 수출물품에 대한 통관을 거부한 적도 있었다. 2010년 약 2천대의 화물차량이 우즈베키스탄 정부의 반대로 통관되지 못하고 지연되었다. 이란 정부는 건설 장비가 통관되지 못하면서, 우즈베키스탄에 경고를 보냈다. 즉 통관을 계속 거부한다면, 이란을 통과해 다른 국가로 통관되는 우즈베키스탄 화물차량에 대해서 강제 봉쇄 조치를 취할 것이라는 점이다.37

국경 경계 획정에 따른 우즈베크-타지크 민족 갈등

양국은 독립 이후 민족기원의 역사 해석에 대해서도 다른 입장을 표명, 역사학자들끼리의 논쟁이 격화되어 있다. 볼셰비키 혁명 이후에 1922년 소연방이 시작되었고, 1924년 우즈베크, 카자흐, 투르크멘 공화국 등 3개 구성공화국이 소연방에 합류했다. 당시 우즈베크 공화국 내 타지크 자치공화국이 속했다. 그런데 종교적, 민족적, 문화적으로 얼기설기 이루어진 혼성체로는 새로운 행정단위를 위한 명확한 국경 분류가 어려웠다. 볼셰비키 혁명 시기에 레닌은 중앙아시아 민족의 기본적인 특성을 존중해주었다. 그러나 스탈린이 집권하면서 소련 정부는 중앙아시아 민족주의를 '변장한 이데올로기masking ideology'로 간주하였다. 소련 정치지도자들은 중앙아시아 민족주의가 등장하는 것을 달갑게 여기지 않았다.

소련 당국이 중앙아시아 국경을 자의적으로 분할했는데, 타지키스탄이 영토 획정에 가장 큰 불만을 가졌다. 부하라와 사마르칸트 등 타지크 민족이 많이 거주하는 땅이 우즈베키스탄으로 편입되었기 때문이다. 타지키스탄 민족주의는 이웃 국가인 우즈베키스탄과의 역사적, 정치적 갈등이 나타날 때마다 더 심화되었다. 타지크인은 민족 특유의 문화 요소를 이상화하는 경향이 있었는데, 어떤 민족과도 전쟁을 하지 않았으며, 폭력과 야만성으로 타민족을 대하지 않았다는 의식을 가졌다. 소련 시기 중앙아시아 민족들은 자국의 영토에 대해서 강한 주장을 하지 않았다.

그런데 포스트소비에트 시기 상황은 변화했다. 타지키스탄은 독립 국가가 되면서 자국의 고토를 돌려달라는 주장을 강력히 제기했다. 이런 와중에 타지크 및 우즈베크 역사학자들의 치열한 민족 기원 논쟁이 발생했다. 양 국가의 역사학자들은 매우 뜨거운 논쟁을 벌였다. 타지크 학자들은 자국의 민족 기원을 페르시아계로 간주한 역사적 해석에서 나아가 아리안계를 민족 기원으로 주장, 우즈베크 학자들과 논쟁을 유발했다. 중앙아시아의 가장 허약한 국가로 대통령 등 통치자의 권력 기반을 강화할 필요성이 있던 타지키스탄은 국가건설

정책이 국력의 고양으로까지 이어지도록 노력했다.

인종 기원의 역사적 해석에 따른 대립과 갈등

양국 엘리트들이 가장 첨예하게 대립한 부분은 타지크 엘리트들이 자국의 선조가 아리안계라고 과감한 주장을 함으로써 촉발되었다.[38] 과거 투르크어 사용 인구가 많았음에도 불구하고 역사적으로 중앙아시아에 거주한 페르시아어계도 뛰어난 문화적 유산에 사용되면서 전승되었다. 타지키스탄은 페르시아어계 언어를 사용하는 국가이다. 19세기 부하라 칸국, 히바 칸국, 코칸드 칸국 등 중앙아시아 칸국은 몽골 전통, 이슬람 전통, 투르크 전통, 페르시아 전통이라는 복합적 전통으로 형성되어 있었고, 이는 현재까지도 중앙아시아 사회에 강력한 영향력을 미치고 있는 문화 요소이다.[39]

타지크 민족과 페르시아 문화의 연관성을 본다면, 타지크는 페르시아어계 원주민이 중앙아시아로 이주한 이후 페르시아 문화의 영향을 받아 형성된 민족그룹이다. 즉 호라산, 박트리아, 소그드 왕조로 대변되는 페르시아 문화의 계승 민족이었다. 그런데, 이 왕조들이 바로 아리안계의 요람이었다고 타지크 역사학자들은 주장하였다. 타지크는 자민족이 인도-유럽계의 유산을 가지고 있다는 점에 자부심을 가지고 있다. 타지크인과 이란인은 형제이며, 과거 투르크 민족에 대항해왔다는 점이 부각되었다. 투르크 민족은 중앙아시아에 매우 늦게 유입된 민족이며, 정치적, 문화적 지배력을 가질 권리가 없다는 것이 타지크의 주장이다. 타지크 학자들은 인도-유럽계 민족들과의 문화적 단일성, 일치성을 강조하는 경향을 보였다. 일부 러시아 민족주의자들도 아리안계를 슬라브 민족과 연결되어 있다고 주장하였다. 이들은 고대 '인도-유럽인'을 아리안과 슬라브 인으로 규정하였다. 이들이 이러한 주장을 제기한 이유는 러시아가 유라시아를 통치할 정당성을 합법화하는 데 사용하고자 했기 때문이다.[40]

과거의 역사는 21세기에 새롭게 재해석되었다. 아리안 문화는 인문적 가치를 높게 지니고 있는 문화적 요소로 타지크인에 의해 수용되었다. 타지키스탄 역사연구소의 마소프 소장은 역사적이고 실재적 진실로서 아리안 문화를 수용했다. 특이한 것은 타지크 민족이 아리안 문화의 후대라는 주장은 러시아 학자에 의해서도 제기되었다는 사실이다. 2004년 12월 29일자 러시아의 민족주의 신문인 '내일Zavtra'에서 마리나 스투르코바가 쓴 '동방으로부터 온 빛The Light Comes from the East'에서 이런 내용이 나온다. 그는 타지키스탄의 라흐몬 대통령에게 "민족적, 인종적 인식의 각성"에 대해 축하하는 글에서 러시아도 타지크 학자들의 인식에 동감해야 하며, 러시아도 아리안 문화의 전통을 가지고 있다고 강조했다. 그녀는 "모든 나라들의 아리안인이여, 모이라!"며 정치적인 반박을 일으킬만한 후렴구와 함께 자신의 글을 결론지었다.

심지어 타지키스탄의 아리안성을 옹호하는 입장을 가진 러시아 학자들도 있었다. 이는 다분히 타지키스탄 대통령을 칭송하는 행위로 수용되었다.[41] 그들은 우즈베키스탄의 범-투르크주의자들이 타지크 민족의 존재를 기본적으로 부정하고 있다고 생각한다. 타지크 역사학자들은 우즈베키스탄 학자들이 타지키스탄을 "이란화된 투르크의 분파"로 규정하고 있다고 불편한 심기를 내비친다.[42]

우즈베크 학자들은 근본적으로 타지크 민족과 다른 역사적 입장을 가지고 있다. 우즈베크 역사학자인 '아스카로프Askarov'는 우즈베크 민족 기원은 투르크-페르시아어 사용그룹의 혼성이라고 주장했다. 페르시아어를 사용하는 민족그룹은 투르크계로부터 언어를 차용하였다는 것이다. 우즈베크 역사학자인 '아흐메도프Ahmedov'는 역사적 유물 속에서 우즈베크 민족의 기원을 추적하였는데, 기원후 7세기와 8세기를 우즈베크 민족의 기원으로 규정하였다. 즉 카라칸 왕조와 셀주크 왕조 시대에 민족이 형성되었다는 주장이다. 그에 따르면, 투르크 그룹과 비 투르크 그룹인 소그드인, 호레즘인의 혼성이 최초의 우즈베크 민족 공동체였다.[43] 우즈베크 역사학자들은 투르크 민족의 기원은 투르크계에 아리안계가 혼성되어 이루어졌다는 입장을 보였다. 그러나 마소프는 우즈베크를 투르크-몽골 부족과 정착 오아시스의 토착 원주민들과의 혼성체로 간주하였다.[44]

투르크 민족의 입장에서 아리안계가 투르크 문화권과 연결되어 있다는 역사적 해석은 충분히 수용될 만하다. 우즈베크 민족 이외에 카자흐, 키르기스 민족도 투르크계이며, 특히 유목 문화권인 카자흐, 키르기스 민족에게도 아리안 문화의 전통은 국가자산이 될 수 있다. 원래의 정착민족 보다도 더 늦게 민족 형성이 이루어진 유목 민족 그룹은 국가의 정체성을 인정받기가 쉽지 않았다. 소련 시기에 유목 민족인 카자흐와 키르기스 민족은 불이익을 받아온 측면이 있다. 유목 민족은 빈번한 이주 생활을 영위해왔다. 즉 역사적 뿌리를 가지고 민족의 근거를 이론화하는 데 어려움이 있었다. 민족 기원의 약점을 극복하기 위해 유라시아 스텝에서 선조들의 분명한 민족 정체성이 발견되어야 한다. 이러한 차원에서 인도-유럽 문화와 동등시되는 '아리안' 개념은 카자흐 민족에게도 매우 중요하다.[45]

투르크계 학자들은 아리안 정신의 특성은 투쟁심과 용맹심이라고 간주한다. 이러한 관점에서 아리안 정신의 훌륭한 덕목이 후손들에게도 전승되며, 애국주의가 고양된다면 이는 매우 바람직한 일이 된다. 어떤 민족이든지, 이방인의 침략으로부터 자민족을 보호한다는 것은 매우 훌륭한 국가의 유산이다. 아리안의 도덕적인 이상들, 정신적 순결은 투르크계 민족의 입장에서는 문화의 자산이다. 아리안 문화를 자국의 역사적 전통과 결부시키려는 국가전략은 지역주의 및 부족주의를 극복하고 민족정신을 공고화하기 위한 투르크계의 공통의 이미지로 활용될 가능성이 높다.[46]

마소프는 아리안계가 투르크계로 혼성되어 흡수되었다는 우즈베크 학자들의 견해에 대해 강력히 반발했다. 마소프는 우즈베크 학자들이 단순히 중앙아시아 최초 정착민의 유산을 우즈베크 민족으로 귀속시키고자 하는 목적으로 타지크 기원을 부정하고 있다는 입장을 피력했다. 즉 민족 기원에 관련, 학문적 논의를 하지 않고 우즈베크 학자들이 정치적 논쟁을 벌이고 있다는 것이다. 그가 아리안과 투르크계의 연관성을 부정하는 근거로 예를 든 것은 신체적 특징이었다. 마소프는 아리안계는 금발, 파란 눈, 큰 키의 특성을 보이는데, 이는 넓은 얼굴, 작은 눈, 넓은 코, 적은 수염 등 몽골인의 신체적 특징을 지닌 투르크계와는 신체적 특성상 맞지 않으며, 이런 견지에서 본다면, 우즈베크인이 아리안의 후예일 수 없다고 주장했다. 타지키스탄 학계도 마소프의 이러한 관점을 전폭적으로 지지했다.[47]

타지키스탄 학자인 가푸로프는 인도-유럽계 인종의 우수성을 믿고 있는데, 그는 많은 서양 연구자들이 주장하는 '고대인들의 거대 이주'라는 견해를 수용할 수 없었다. 그 대신에 가푸로프는 최초 페르시아인의 아리안성과 토착민성을 동시에 주장했다. 페르시아계 민족들은 '순수한 민족'으로 나타나지 않았으며, 순수한 혈통을 가진 아리아인들이 아니었다. 그는 페르시아계를 중앙아시아에 진출한 승리자로 묘사하는 것은 서유럽의 해석일 뿐이라고 강조했다. 그는 순수한 혈통은 진실이 아닌 허구적인 이론이라는 사실이라고 지적하였다. 일종의 신화로 규정된다는 것이다. 가푸로프는 동 페르시아인은 중앙아시아로 유입된 사람들이 아니라 그 땅위에 형성된 거주민이라는 점을 강조했다.[48]

상기의 글에서 이해할 수 있는 부분은 민족별로 민족주의 성향을 가지고 있으며, 역사, 정치적 상황에서 매우 대립적인 부분이 있다는 것을 인식해야 한다는 사실이다. 역사학자들을 비롯한 각 국의 엘리트들이 역사, 민족기원에 관해 어떤 입장을 가지고 있는 것인가를 파악하는 것은 매우 중요하다. 그것은 민족이나 국가의 자존심이다.

5. 결론

중앙아시아는 역사적으로 근대에 들어와 러시아의 지배를 받았다. 러시아의 중앙아시아 지배의 본질은 제국주의이고 소비에트 시대의 통치의 핵심은 권위주의 체제와 집단주의 체제였다. 중앙아시아 거주민들이 원하지 않았지만, 그러한 통치 방식이 이루어졌다. 강대국들은 문명의 미션, 문화의 미션을 가지고 약소국에 진출했다는 변명을 하고 있다. 그것이 사실이든 아니든, 중앙아시아 국가들은 민족건설, 국가건설의 과정에 있으며, 향후 그러한 정책이 지속될 것이다.

　이 글은 독립 이후 개별 국가들은 자신들의 방식으로 국가건설을 이루어간 다는 점을 강조했다. 중앙아시아 지대의 공통성도 존재하지만, 국가별로 개별적 특성이 강력히 출현하고 있다. 공산주의 이념이 사라지고, 새로운 국가 건설 과정에서 소련 공산당 출신 지도자들이 여전히 국가의 지배층으로 남아있다. 중앙아시아는 이러한 관점에서 매우 특수한 상황에 처해있다. 공산지도자들이 자신들의 통치 기반을 권위주의에 의존할 수밖에 없었던 것인가를 이해할 수 있는 대목이다.

　4절에서 강조한 우즈베크 민족과 타지크 민족의 엘리트들이 완전히 다른 역사적 인식을 가지고 있다는 점도 매우 중요한 인식 체계이다. 어떤 민족이든, 어떤 국가이든, 자신들을 특수한 상황으로 인지하고 있으며, 개별 민족의 운명이나 자존심, 혹은 그 국가의 이기적 측면은 무시되어서는 아니된다. 어떤 주장을 제기할 때에는 그 이유가 존재한다. 이러한 모든 상황을 완벽하게 이해하는 것은 어려운 일이다.

미주

1부 러시아 역사 속 러시아 공간: 종교·전쟁

1장 러시아 역사와 러시아정교

1. George P. Fedotov, *The Russian Religious Mind, Vol. 1: Kievan Christianity: The 10th to the 13th Centuries*, 『러시아 종교사상사 1: 키예프 루시 시대의 기독교』(김상현 역)(서울: 지만지, 2008), 55쪽.
2. 박태성, 『역사 속의 러시아문화』(부산: PUFS, 1998), 31쪽.
3. 신동혁, 「포스트 소비에트 러시아의 국가-교회 관계의 변화와 형성」, 『슬라브학보』 22-1(2007), 102쪽.
4. 천호강, 「러시아정교와 국가권력」, 『러시아어문학연구논집』 32(2009), 245쪽.
5. 이덕형, 『러시아 문화예술의 천년』(서울: 생각의 나무, 2009), 209~210쪽.
6. Dmitri Sidirov, "Post-Imperial Third Romes: Resurrection of a Russian-Orthodox Geopolitical Metaphor", *Geopolitics* 11(2006), pp. 322~323.
7. 김정훈, 「러시아정교와 메시아니즘」, 『서양사학연구』 14(2006), 90쪽.
8. 석영중·신동혁, 「키워드로 만나는 러시아정교. 한러대화문화총서 4」(서울: 도서출판 알음, 2012), 65~68쪽.
9. Н. С. Чаев, "Москва - Третий Рим" в политической практике Московского правительства XIV века", *Исторические записки* Vol. 17(1945), pp. 3~23.
10. John Garrard, Carol Garrard, *Russian Orthodoxy Resurgent, Faith and Power in the New Russia* (Princeton and Oxford: Princeton University Press, 2008), pp. 70~72.
11. Nicolas Zernov, *Eastern Christendom: A Study of the Origin and Development of the Eastern Orthodox Church*(London: Weidenfeld & Nicolson, 1961), p. 143.
12. Nicolas Zernov, *The Russians and their church*, 위거찬 역, 『러시아정교회사』(서울: 기독교문서선교회, 1991), 83쪽.
13. 김학준·장덕준, 『러시아사. 선사시대에서 푸틴시대까지』(서울: 단국대 출판부, 2018), 77쪽.
14. Ira M. Lapidus, *A History of Islamic Societies*(Cambridge: Cambridge Univ. Press, 1988), p. 419.
15. Nadia Diuk and Adrian Karatnycky, *The Hidden Nations: The People Challenge the Soviet Union*(New York: William Morrow, 1990), p. 169.
16. Bernard Lewis, 『중동의 역사』 이희수 역(서울: 까치, 1998), 118~119쪽.

17　Galina M. Yemelianova, *Russia and Islam. A historical Survey* (Basingstoke: Palgrave Macmillan, 2002), p. 40.
18　William K. Medlin, *Moscow and East Rome: a Political Study of Relations of Church and State in Muscovite Russia*(Geneva:(Études d'histoire économique, politique et sociale, I) Librairie E. Droz, 1952), p. 216.
19　William K. Medlin, *Moscow and East Rome: a Political Study of Relations of Church and State in Muscovite Russia*(Geneva: Librairie E. Droz, 1952), p. 219, 222.
20　석영중, 『러시아정교-역사, 신학, 예술. 인문사회과학총서61』(서울: 고려대학교 출판부, 2005), 113~115쪽.
21　Nicholas V. Riasanovsky, Mark D. Steinberg, 『러시아의 역사(상)』 조호연 역(서울: 까치, 2011), 342쪽.
22　Timothy Ware, *The Orthodox Church*(Harmondsworth: Penguin Books, 1963), p. 127.
23　Р.Г. Ланда, *Ислам и истории России*(Москва: Восточная Литература, 1995), p. 127.
24　Daniel Brower, "Russian Roads to Mecca: Religious Tolerance and Muslim Pilgrimage in the Russian Empire", *Slavic Review*. Vol. 55. No. 3(1996), p. 568.
25　Laura L. Adams, "Modernity, Postcolonialism, and Theatrical Form in Uzbekistan", *Slavic Review* Vol. 64. No. 2(2005), p. 338.
26　문명식, 「러시아 민족정체성의 확립 과정에서의 정교와 이슬람」, 『중소연구』 108(2006), 143~144쪽.
27　Ronald Grigor Suny, "Provisional Stabilities: The Politics of Identities in Post-Soviet Eurasia", *International Security*. Vol. 24. No. 3(1999~2000), p. 167.
28　Juan R. I. Cole and Deniz Kandiyoti, "Nationalism and the Colonial Legacy in the Middle East and Central Asia", *International Journal of Middle East Studies*. Vol. 34. No. 2(2002), pp. 190~191.
29　Mark Saroyan, "Minorities, Mullahs, and Modernity: Reshaping Community in the Former Soviet Union", in *Research Series*. ed. Edward W. Walker(University of California, Berkeley International and Area Studies, 1997), pp. 25~26.
30　김은실, 「러시아정교 이념의 정치적 수용- '성루시', '제3로마' 사상, '메시아니즘'을 중심으로」, 『정치사상연구』 5(2001), 222쪽.
31　정세진, 「연방 내 지역 분쟁과 선교전략의 상관관계 - 러시아연방 다게스탄 공화국을 중심으로」, 『복음과 선교』 44(2018), 252쪽.
32　장훈태, 「신(新)냉전 역학구도 상황에서 중동 선교」, 『복음과 선교』 44(2018), 221쪽.

2장 1990년대 체첸 전쟁은 왜 발생했는가?: 러시아 역사 속 러시아와 체첸의 역사적 갈등관계를 중심으로

1　Jacob W. Kipp, "Putin and Russia's Wara in Chechnya", in Dale R. Herspring, ed., *Putin's Russia Past imperfect, Future uncertain*(New York, Oxford: Rowman & Little field publishers, INC. 2002), p. 180.
2　*Русско-Чеченские отношения. Вторая половина XVI-XVII В. Сборник документов*(Москва: Восточная литература РАН, 1997), p. 7.
3　Samuel P. Huntington. "The clash of Civilization and the Remaking of World Order",(New York: Touchstone Books, 1998). Jacob W. Kipp. "Putin and Russia's wars in Chechnya", p. 179에서 재인용.
4　Документальная история образования многонационального государства Российского. Книга первая. Россия и Северный Кавказ в XVI – XIX веках(Москва: Издательство Норма, 1998), pp. 19~35.
5　북카프카스 병합과정 및 전개에 대해서는, 박태성, 「러시아의 북카프카스 병합과정과 의미」, 『슬라브연구』 21-1(2005), 113~140쪽 참조.
6　Документальная история образования многонационального государства Российского. Книга первая. Россия и Северный Кавказ в XVI – XIX веках. pp. 40~41.
7　Ibid., p. 41.
8　Ibid.

9 В. О. Бобровников, *Мусульмане Северного Кавказа. Обычаи, право, насилие*(Москва: Восточная литература, 2002), p. 133.
10 В. Ю. Гадаев, *За частоколом мюридских проповедей*(Грозный, 1987), p. 6.
11 У. Лаудаев. "Чеченский тайп", Сборник сведений о кавказских горцах(ССКГ). Вып. 6(Тифлис, 1872), p. 28.
12 정세진, 「19세기 카프카스 전쟁과 이슬람 요소」, 『슬라브연구』 21-1(2005), pp. 165~188, М. Т. Степанянц. "Исторические судьбы суфизма", *Вопросы философии*. No. 6(1980), pp. 101~112, М. Т. Степанянц, *Философские аспекты суфизма*(Москва: Издательство Наука, 1987).
13 У. Лаудаев, op. cit., p. 43.
14 Р. М. Магомедов, *Борьба Горцев за независимость под руководством Шамиля*(Махачкала: Дагестанское государство издательство, 1939), p. 19.
15 Ibid.
16 С. Ц. Умаров. "О роли исламского фактора в освободительной борьбе народов Чечено-Ингушетии", *Народно-освободительное движение горцев Дагестана и Чечни в 20-50-х годах XIX в.*(Махачкала, 1994), pp. 198~200.
17 Н. А. Смирнов. "Шейх Мансур", *Вопросы истории*. No. 10(1950), p. 22.
18 С. Ц. Умаров. op. cit., pp. 198~200.
19 Р. М. Магомедов, op. cit., p. 68.
20 Ислам на территории бывшей Российской империи, Энц. словарь. Вып. 1(Москва: Восточная литература РАН,1998), p. 68.
21 아다트와 샤리아의 의미와 상호관계에 대해서는 정세진, 「19세기 북카프카스 전쟁과 이슬람 요소」, 『슬라브연구』 21-1(2005), 175~182쪽.
22 А. Беннигсен. "Народное движение на Кавказе в XVIII в. (Священная война шейха Мансура (1785-1791 гг.)" *Малоизвестный период и соперничество в русско-турецких отношениях*(Махачкала: Фонд ≪Тарих≫, 1994), p. 52.
23 А. Д. Яндаров. *Суфизм и идеология национально-освободительного движения*(Алма-Ата: Наука Казахской ССР, 1975), p. 94.
24 М. Н. Покровский. *Дипломатия и войны царской России в XIX в.* (Москва, 1923), p. 208.
25 Ibid.
26 И. Гольциев. *Лекции об исламе*(СПб., 1912), p. 202.
27 Б. В. Скитский, *Класовый характер мюридизма в эпоху имамата Шамиля* (Владикавказ, 1930), p. 59.
28 Ш. Б. Ахматов. "К вопросу о преемственности в народно-освободительных движениях под руководством шейха мансура(1785-1791) и имама Гази-мухаммеда(1828-1832)", *Газимухаммед и начальный этап антифеодальной и антиколониальной борьбы народов Дагестана и Чечни*(Махачкала: Культурное историческое общество ≪Фонд Шамиля≫, 1997). p. 88.
29 А. И. Руновский. "Дневник Руновского", *Акты Кавказской археографической комисии*. Т. 12 (Тифлис, 1904), p. 1403.
30 *История добровольного вхождения чеченцев и ингушей в состав России и его прогрессивные последствия: Материалы к изучению на уроках истории в средних школах ЧИАССР*(Грозный, 1998), p. 32.
31 А. Зиссерман. *История 80 пехотного Кабардинского генерала-фельдмаршала кн. Барятинского полка*. Т. I. (СПБ., 1881 г), p. 338.
32 Н. И. Покровский, "Кавказские войны", *Большая советская энциклопедия*(Москва, 1937). Т. 50. Кол. 490-491.
33 Х. Х. Рамазанов, *Колониальная политика царизма в Дагестане в первой половине XIX в.*(Махачкала. 1956), pp. 3-40; Н. А. Смирнов, *Политика России на Кавказе в XVI-XIX веках*(Москва, 1958); Н. А. Смирнов, *Реакционность сущность движения мюридизма на Кавказе в XIX*(Москва, 1952).

34 *О движении горцев под руководством Шамиля. Материалы сессии Дагестанского филиала Академии наук СССР 4-7 октября 1956 года*(Махачкала, 1957), pp. 247-250.
35 М. М. Блиев. "Кавказская война:социальные истоки и сущность", История СССР. № 2(1983), pp. 54~75; М. М. Блиев, "К проблеме общественного строя горских обществ Северо-Восточного и Северо-Западного Кавказа XVIII-первой половины XIX века", *История СССР*. No. 4(1989), pp. 151~168.
36 산악 민족의 약탈 공격에 관련된 자세한 내용은 М. М. Блиев, В. В. Дегоев, *Кавказская война*(Москва: Росет, 1994), pp. 109~146을 참조.
37 Б. Х. Ортабаев, Ф. В. Тотоев. "Еще раз о Кавказской войне: о ее социальных истоках и сущности", *История СССР*. No. 4(1988), pp. 78~96.
38 Б. Х. Ортабаев, Ф. В. Тотоев, op. cit., p. 81.
39 В. П. Невская, "Проблемы сельской общины и горских народов Северного Кавказа в советском кавказоведении", *Известия СКНЦВШ. Общественные науки*. No. 1(1985), p. 44.
40 М. А. Абдуллаев, "Отражение антифеодальной борьбы крестьянских масс Дагестана в общественно-политической мысли", *Классовая борьба в Дагестане*(Махачкала, 1984), pp. 117~118; А. Халилов, "Шамиль в истории и памяти народов", *Советский Дагестан*. № 5(1988), pp. 31~37; Г. Г. Гамзатов, "Перестройка и национальное создание. Аспекты гуманитарные и исторические", *Советский Дагестан*. № 6(1988), pp. 19~23; Х. М. Ибрагимбейли, "Народно- освободительная борьба горцев Северного Кавказа под руководством Шамиля против царизма и местных феодалов", *Вопросы истории*. No. 6(1990), p. 56.
41 *Народно-освободительное движение горцев Дагестана и Чечни в 20-50-х годах XIX в.* (Махачкала, 1994), pp. 319~324.
42 Р. М. Магомедов. "У истоков имамата", Газимухаммед и начальный этап антифеодальной и антиколониальной борьбы народов Дагестана и Чечни(Махачкала, 1997), pp. 18~25.
43 М. Гаммер. Шамиль. Мусульманское сопротивление царизму. Завоевание Чечни и Дагестана (Москва: КРОН-ПРЕСС, 1998), pp. 19~20.
44 Д. И. Романовский, *Кавказа и Кавказская война*(СПБ., 1860), p. 120.
45 Н. А. Смирнов, Политика России на Кавказе XVI-XIX вв(Москва: Издательство социально-экономической литературы, 1958), p. 28.
46 Движение горцев Северо-Восточного Кавказа в 20-50 г. XIX в. (Махачкала, 1959), p. 58.
47 Н. Дубровинно, История войны и владычесва русских на Кавказе, Т. I(СПб, 1871), p. 228.
48 М. А. Абдуллаев, "Идеология освободительного движения народов Дагестана и Чечни 20-50-х годов XIX века", *Газимухаммед и начальный этап антифеодальной и антиколониальной борьбы народов Дагестана и Чечни*(Махачкала, 1997), p. 33.
49 Х. Х. Рамазанов. Колониальная политика царизма в Дагестане в первой половине XIX в. (Махачкала:Фундаментальная библиотека общественной Академии Наук СССР, 1956), p. 4.
50 В. В. Дегоев. "Кавказ в составе России: Формирование имперской идентичности(первая половина XIX века)", *Кавказский сборник*. Т. № 1(33)(Москва:русская понорма 2004), p. 31.
51 Ibid.
52 В. В. Дегоев, op. cit., p. 33.
53 В. Г. Гаджиев, А. М. Пикман. *Велиние русские революционные демократы о борьбе горцев Дагестана и Чечни*(Махачкала, 1972).
54 러시아 문학가와 데카브리스트의 카프카스 관련 글은 История народов Северного Кавказа(конец XVIII-1917г.)(Москва, 1998), pp. 172~179, 219~254 참고.
55 Ibid., pp. 174~175.
56 Ю. А. Жданов. "Кавказ и передовая русская культура", *Русская художественная культура и вопросы духовного наследия чеченцев и ингушей*(Грозный, 1982), p. 5.
57 М. А. Батунский. *Россия и ислам. II*(Москва:Прогресс-Традиция, 2003), p. 99.

58 카프카스 전쟁에 관련된 러시아 혁명민주주의자의 입장에 대해서는 다음의 책을 참조하기 바람. В.Г.Гаджиев, А.М.Пикман. *Великие русские революционные демократы о борьбе горцев Дагестана и Чечни*(Махачкала, 1956).
59 *Современник*. No. 7-8(1859), pp. 26~27; Н.А.Добролюбов, op. cit., pp. 140~157.
60 Н. А. Добролюбов. op. cit., p. 149.
61 Ibid., p. 155.
62 Ibid.
63 Ibid., p. 157.
64 *История народов Северного Кавказа*(конец XVIII-1917г.), p. 176.
65 В.Г.Гаджиев, А.М.Пикман. op. cit., p. 18.
66 *Документальная история образования многонационального государства Российского. Книга первая. Россия и Северный Кавказ в XVI – XIX веках*(Москва: Издательство Норма, 1998), p. 84.
67 Ibid., pp. 83~91.
68 Jacob W. Kipp, op. cit., P. 183.
69 후안 고이티 솔로, 『전쟁의 풍경』(서울: 실천문학사, 2004), 250쪽.
70 Б.Серегей, "Место ислама в современной этнополитической ситуации в Чеченской республике", *Россия и мусульманский мир*. N 8(134)(2003), p. 26.
71 유의정, 「체첸-러시아 분쟁에 관한 연구」, 79쪽.
72 Tony Wood는 러시아의 북카프카스 정복과정에 관련, 서방의 전통적 관점과 시각을 오랜 기간 대변하고 있는 John Baddeley의 저서인 The Russian Conquest of the Caucasus[1908](London 1999)와 John Dunlop의 Russia Confronts Chechnya: Roots of of a Separatist Conflict(Cambridge 1998)를 참조. Tony Wood, "The case for Chechnya", *New left review* 30(2004), pp. 5~36 참조.
73 후안 고이티 솔로, 앞의 책, pp. 280~284; 유의정, 「체첸-러시아 분쟁에 관한 연구(1)」, 335쪽.
74 사우디아라비아의 와하비주의에 대해서는 손주영, 「오늘날 이슬람 사상의 동향-근대 이슬람 세계의 개혁주의와 부흥 운동」, 『이슬람 사상의 형성과 발전, 이슬람 종파 형성 과정과 현황 연구』(서울: 대우학술총서, 2000), 299~313쪽 참조.
75 Б. Серегей, op. cit., p. 27.
76 정은숙, op. cit., pp. 10~13.

3장 러시아-오스만 투르크의 역사적 관계: 전쟁과 종교적 특성

1 러시아 이슬람의 역사적 기원에 대해서는 Galina M. Yemelianova, *Russia and Islam. A Historical Survey*(New York : St. Martin's Press, 2002), pp. 1~45 참고.
2 Austin Jersild, "Faith, Custom, and Ritual in the Borderlands: Orthodoxy, Islam and the "Small Peoples" of the Middle Volga and the North Caucasus", *The Russian Review* 59(2000), p. 513.
3 정세진, 「제정러시아의 정교 이데올로기와 무슬림과의 관계」, 『동유럽연구』 30(2012), 305쪽.
4 니콜라스 쩨르노프, 『러시아정교회사』 위거찬 역(서울: 기독교문서선교회, 1991), 83쪽.
5 Galina M. Yemelianova, op. cit., p. 28.
6 Michael Khodarkovsky, *Bitter Choices. Loyalty and Betrayal in the Russian conquest of the North Caucasus*(Ithaca, London: Cornell University Press, 2011), p. 8.
7 Susan Layton, *Russian Literature and Empire: Conquest of the Caucasus from Pushkin to Tolstoy*(Cambridge : Cambridge University Press, 1994), p. 229에서 재인용.
8 Ariel Cohen, *Russian Imperialism. Development and Crisis*(Westport, Connecticut, London : Praeger, 1996), p. 37.
9 Dominic Lieven, "The Russian Empire and the Soviet Union as Imperial Polities", *Journal of Contemporary History*, Vol. 30. No. 4(1995), p. 623.
10 Galina M. Yemelianova, op. cit., p. 30.

11 Dominic Lieven, *Empire: The Russian Empire and Its Rivals*(New Heaven and London: Yale University Press, 2000), p. 209.
12 Michael Khodarkovsky, "Of Christianity, Enlightenment, and Colonialism: Russia in the North Caucasus, 1550-1800", *The Journal of Modern History* Vol. 71. No. 2(1999), pp. 394~395에서 재인용.
13 Galina M. Yemelianova, op. cit., pp. 40~41.
14 Документальная история образования многонационального государства Российского. Россия и Северный Кавказ в XVI-XIX века (Москва, 1988), pp. 29~30.
15 Dominic Lieven, op. cit., p. 217.
16 Y. Slezkine, *Arctic Mirrors: Russia and the Small Peoples of the North*(Ithaca : Cornell University Press, 1994) 참고.
17 Северный Кавказ в составе Российскойимперии(Отв. Ред. В.О. Бобронников)(Москва : Новое литературное обозрение, 2007), pp. 41~42.
18 АВПР. Ф. 89. *Сношения России с Турцией*. Оп. 89/1(1724). Д. 6. Ч. 2. Л. 259, 301.
19 James Hughes, "Chechnya: The Causes of a Protracted Post-Soviet Conflict", *CIvil Wars*. Vol. 4. No. 4(2001), p. 18.
20 Zubeyde Gune-Yadcy, "A Chechen national hero of the Caucasus in the 18th century: Sheikh Mansur", *Central Asian Survey* Vol. 22. No. 1(2003), p. 103.
21 hireen T. Hunter, *Islam in Russia. The politics of identity and security*(New York: M. E. Sharpe, 2004), p. 11.
22 еверный Кавказ в составе Российскойимперии. op. cit., p. 42.
23 alina M. Yemelianova, op. cit., p 41.
24 이희수, 『터키사』(서울: 대한교과서주식회사, 2007), 489쪽.
25 Austin Jersild, op. cit., p. 519.
26 А.С. Орлов, В.А. Георгиев, Н.Г. Георгиева, Т.А. Сивохина, *История Россия*(Москва: Издательство Проспект, 2008), pp. 262~263.
27 니콜라스 V. 랴쟈놉스키, 마크 D. 스타인버그, 『러시아의 역사 상』, 조호연 번역(서울: 까치, 2011), 387쪽.
28 위의 책, p. 387.
29 Документальная история образования многонационального государства Российского. Россия и Северный Кавказ в XVI-XIX веках. p. 38.
30 *История России*. учебник. Том 1. ed. А.Н. Сахарова(Москва: проспект6 2010), pp. 487~491.
31 니톨라스 V. 랴자놉스키, 마크 D. 스타인버그, op. cit., p. 387.
32 Robert W. Schaefer, *The insurgency in Chechnya and the North Caucasus*(Santa Barbara, Denver, Oxford: Praeger, 2011), p. 54.
33 *Russian-Muslim Confrontation in the Caucasus. Alternative visions of the conflict between Imam Shamil and the Russians, 1830-1859*(eds) Thomas Sanders, Ernest Tucker, Gary Hamburg(London, New York : RoutledgeCurzon, 2005), p. 173.
34 Северный Кавказ в составе Российскойимперии. op. cit., pp. 46~47.
35 Ibid., p, 47.
36 *История России*. op. cit., pp. 490~491.
37 『러시아의 역사 I 고대-1800』, 372쪽.
38 이희수, op. cit., 377쪽.
39 Документальная история образования многонационального государства Российского. Россия и Северный Кавказ в XVI-XIX веках, p. 38.
40 Galina M. Yemelianova, op. cit., p. 48.
41 Bullent Gokay, "The longstanding Russian and Soviet debate over Sheikh Shamil: Anti-Imperialist hero or counter-revolutionary cleric?" *Russia and Chechnia: The Permanent crisis*(ed) Ben Fowkes (New York : St. Martin's Press, 2011), p. 26.
42 Galina M. Yemelianova, op. cit., p 41.

43 *История России*. учебник Том 1. ed. А. Н. Сахарова. p. 494.
44 Michael Khodarkovsky, op. cit., p. 411.
45 В. О. Бобровников, *Каталог рукописей и старопечатных книг на арабском, персидском и тюркск их языках из Кабардино-Балкарии*(Москва, 2010), p. 277.
46 *Северный Кавказ в составе Российскойимперии*, op. cit., pp. 33~34.
47 *Северный Кавказ в составе Российскойимперии*, op. cit., p. 89.
48 Ibid. p. 90.
49 Robert Crews, "mpire and the Confessional State: Islam and Religious Politics in Nineteenth-Century Russia", *The American Historical Review*, Vol. 108. No. 1(2003), p. 50.
50 Г. А. Джахиев, "Северный Кавказ во внешней политике России, Ирана и Турции в начальный период движения горцев", *Народно-освободительное движение горцев Дагестана и Чечни в 20-50-х годах XIX в. Материалы всесоюзной научной конференции 20-22 июня 1989 г.* (Махачкала, 1994), p. 61.
51 АКАК. Т. 5. Ч. 2. pp. 821~822.
52 Austin Jersild, "Faith, Custom, and Ritual in the Borderlands: Orthodoxy, Islam and the "Small Peoples" of the Middle Volga and the North Caucasus", *The Russian Review* 59(2000), p. 519.

2부 러시아 역사 속 러시아 변경: 북카프카스, 시베리아, 중앙아시아 공간

4장 북카프카스 사회 공간: 피의 복수와 아다트 관습법

1 정세진, 「북카프카스 소수민족의 '피의 복수': 용서와 화해의 변증적 방식을 중심으로」, 『러시아연구』 27-1(2017), 331~354쪽.
2 Emil Souleimanov, *An Endless War: The Russian-Chechen Conflict in Perspective*(Frankfurt am Main : Peter Lang, 2007), pp. 24~39, Zeyno Baran, S. Frederick Starr, Svante E. Cornell, "Islamic Radicalism in Central Asia and the Caucasus: Implications for the EU", *The Central Asia-Caucasus Institute & Silk Road Studies Program Paper*(2006), pp. 45~46.
3 Emil Souleimanov, Ondrej Ditrych, "The Internationalisation of the Russian–Chechen Conflict: Myths and Reality", *Europe-Asia Studies*, Vol. 60. No. 7(2008), p. 1217.
4 Emil Souleimanov, "The Caucasus emirate: genealogy of an islamist insurgency", *Middle east policy*, Vol. 18. No. 4(2011), p. 161.
5 *Хрестоматия по истории права и государства Дагестана I*(Махачкала, 1999), pp. 49~51.
6 Ш. М. Казиев, И. В. Карпеев, *Повседневная жизнь горцев Северного Кавказа в XIX веке*(Москва: молодая Гвардия, 2003), p. 156.
7 Ш. М. Казиев, *Имам Шамиль. Жизнь замечательных людей*(Москва: Молодая Гвардия, 2001), p. 139.
8 Water Comins-Richmond, "Legal Pluralism in the Northwest Caucasus: The Role of Sharia Courts", *Religion, State & Society*, Vol. 32. No. 1(2004), p. 63.
9 *Кавказ: Адаты горских народов*(Нальчик: Издательство М. и В. Котляровых, 2010), pp. 7~8.
10 정세진, 「북카프카스의 민족 정체성에 관한 연구 – 전통적 아다트 관습법과 이슬람의 샤리아 관계를 중심으로」, 『한국중동학회논집』, 28-1(2007), pp. 411~413.
11 А. В. Комаров, *Адаты и судопроизводство по ним (материалы для статистики Дагестанской области)*//ССКГ, вып. 1(1868), pp. 43-49.
12 Emil Souleimanov, Huseyn Aliyev, "Blood Revenge and Violent Mobilization, Evidence from the Chechen Wars", *International Security*, Vol. 40. No. 2(2015), p. 170.
13 Emil Souleimanov, op. cit., pp. 24~39.

14 Emil Souleimanov, Huseyn Aliyev, op. cit., p. 170.
15 Г. М. Керимов, *Шариат. Закон жизни мусульман. Ответы Шариата на проблемы современности*(Москва: Диля, 2007), p. 4.
16 Н. И. Покровский, *Кавказские войны и имамат Шамиля*(Москва: РОССПЭН, 2009), pp. 238~239.
17 Water Comins-Richmond, op. cit., p. 60.
18 L. Siukiiainen, "Shari'ah and Muslim-law culture", *Central Asia and the Caucasus*, No. 4(1999), www.ca-c.org/dataeng/Book/08.syki.shtml.
19 *Кавказ: Закон и обычай. Том 1. Источники Кавказского адата*(Нальчик: Издательство М. и В. Котляровых, 2011), pp. 294~300.
20 Water Comins-Richmond, op. cit., p. 61.
21 Александр Ляховский, *Зачарованные свободой. Тайны кавказских войн. Информация. Анализ. Выводы*(Москва: Детективпресс, 2006), p. 74.
22 *Северный Кавказ в составе Российской империи*(ред. А. И. Миллер)(Москва: Новое литературное обозрение, 2007), pp. 122~123.
23 Ш. М. Казиев, op. cit., p. 139.
24 Расул Магомедов, *Борьба горцев за независимость под руководством Шамиля*(Махачкала, 1939), p. 45.
25 В. О. Бобровников, *Мусульмане Северного Кавказа. обычай. право. насилие*(Москва, 2002), p. 59.
26 *Адаты Дагенстанской области и Закатальского округа*(Тифлис, 1899), p. 69, 88.
27 Р. М. Магомедов, *Адаты Дагестанских горцев как исторический источник*(Москва, 1960), p. 5.
28 Yuri Y. Kaprov, "Images of Violence in Modern and Recent History of the Peoples of the North Caucasus", *Anthropology & Archeology of Eurasia* Vol. 41. No. 4(2003), p. 14.
29 Л. Ю. Маргошвили, *К вопросу о переселений ваинахов на территорью Грузин Грузино-северокавказские взаимоотношения*(Тбилиси, 1981), p. 131.
30 Yuri Y. Kaprov, op. cit., p. 14.
31 *Памятники обычного права Дагестана XVII–XIX вв*(Москва,1965), p. 75, 78.
32 Yuri Y. Kaprov, op. cit., p. 12.
33 Р. М. Магомедов, *К вопросу о семейной общине в Дагестане*, - Труды второй научной сессии Даг. базы АН СССР(1947), pp. 81~95.
34 *Адаты южно-дагестанских обществ*, ССКГ, вып. 7(1875), p. 34.
35 Ш. М. Казиев, op. cit., p. 139.
36 Ш. М. Казиев, И. В. Карпеев, op. cit., pp. 158~159.
37 *Гидатлинские адаты*(1957), p. 35, 39.
38 Р. М. Магомедов, *Адаты Дагестанских горцев как исторический источник*, p. 5.
39 М. М. Магомедханов, Вопросы корреляции адата, шариата и российских законов в Дагестане второй половины XIX - первой половины XX века//Традиции народов Кавказа в меняющемся мире(сост. Ю. Ю. Карпов)(Санкт-Петербург: Петербургское Востоковедение, 2010), p. 92.
40 *Адаты Дагенстанской области и Закатальского округа*(Тифлис, 1899), pp. 223~227.
41 알름에 관한 내용은 다음을 참조하라. Кавказ: Адаты горских народов, p. 351.
42 *Памятники обычного права Дагестана XVII–XIX вв.* (1965), p. 65.
43 М. М. Ковалевский, *Закон и обычай на Кавказе*(Нальчик: Полиграфсервис и Т. С. 2011), pp. 294~300.
44 Elena Inozemtseva, "On the Social and Legal Status of Slaves in the North Caucasus", *Iran and the Caucasus*, No. 14(2010), p. 20.

5장 러시아와 시베리아 공간: 역사와 민족

1. J. Synder, *Myths and Empire, Domestic Politics and international ambition*(Ithaca, NY, 1991); M. W. Doyle, *Empires*(Ithaca, NY 1986) 참조. 본 저서들은 제국의 팽창과 그 기본 근원에 관한 내용이다.
2. P. Dibb, *The Soviet Union: The Incomplete Superpower*(London, 1988) 참조. 이 저서는 소련의 외부적, 내부적 상황을 전반적으로 고찰하고 있다.
3. Victor Erlich, "Images of Siberia", *The Slavic and East European Journal*, Vol. 1. No. 4(1957), p. 243.
4. Alton S. Donelly, "Peter the Great and Siberia: Russian Commercial Activities in Siberia during the Reign of Peter the Great", in *Siberie II. Questions siberiennes. Histories, cultures, literature*, ed. Boris Chichlo(Paris: Institut d'etudes slave, 1999), p. 26.
5. Raymond Fisher, *The Russian Fur Trade: 1150-1700*(Berkeley: University of California Press, 1943), p. 69, 119.
6. 김우승, 「되살아나는 시베리아의 신화」, 『아시아문화』 17(2001), p. 40.
7. 강인욱, 「17~18세기 시베리아考古學의 形成과 發展." 「러시아연구」 11-2(2001), 342쪽.
8. Claudia Weiss, "Representing the Empire: The meaning of Siberia for Russian Imperial Identity", *Nationalities papers*, Vol. 35. No. 3(2007), p. 440.
9. Ibid., p. 441.
10. 민경현, 「시베리아 지역주의(областничество) 운동의 사상적 기원 - 뽀따닌과 야드린체프를 중심으로」, 『슬라브연구』 20-2(2004), 87~104쪽.
11. Izvestiia, 20 Dec. 1996, p. 7.
12. 3절은 『한국시베리아연구』 22-2(2018)에 게재한 필자의 논문인 「19세기 시베리아횡단철도 건설의 과정과 목적: 경제적, 산업적 가치를 중심으로」의 2절의 내용을 본 저서의 6장에 싣지 않고 5장에 실었음을 밝힙니다.
13. Mark Bassin, "The Russian Geographical Society, the "Amur Epoch", and the Great Siberian Expedition 1855~1863", *Annals of the Association of American Geographers*, Vol. 73. No. 2(1983), p. 241.
14. Mark Bassin, "Russia between Europe and Asia: The Ideological Construction of Geographical Space", *Slavic Review* Vol. 50. No. 1(1991), p. 241.
15. Vera Tolz, "Orientalism, Nationalism, and Ethnic Diversity in Late Imperial Russia", *The Historical Journal* Vol. 48. No. 1(2005), p. 135.
16. 정세진, 「러시아 제국의 시베리아 확장: 제국의 정복 및 시베리아 이미지」, 『노어노문학』 26-2(2014), 236~240쪽.
17. Joseph L. Wieczynski, "Toward a Frontier Theory of Early Russian History", *Russian Review* Vol. 33. No. 3(1974), p. 191.
18. *История Сибири*. Академия Наук СССР, Том. 5(Ленинград: Наука, 1968), с. 2, 25.
19. Alton S. Donnelly, *The Russian Conquest of Bashkiria, 1552~1740*(New Haven: Yale University Press, 1968), p. 3.
20. М. И. Ципоруха, *Покорение Сибири от Ермака до Беринга*(Москва: Вече, 2013), p. 298.
21. Donald W. Treadgold, *The Great Siberian Migration*(Princeton: Princeton Legacy Library, 1957), p. 25.
22. Donald W. Treadgold, "Russian Expansion in the Light of Turner's Study of the American Frontier", *Agricultural History* Vol. 26(1952), p. 149.
23. Г. Ф. Миллер, *История Сибири*(Москва, 1937), p. 383.
24. В. Шунков, *Очерки по Истории земледелии Сибири*(Москва, 1956), p. 314.
25. Н. М. Ядринцев, *История освоения Сибири*(Москва: Эксмо, 2013), pp. 6~8.
26. Н. М. Ядринцев, *Сибирь как колония*(Новосибирск: Сибирский Хронограф, 2003), pp. 134~136.
27. Mark Bassin, "The Russian Geographical Society, the "Amur Epoch" and the Great Siberian Expedition 1855~1863", p. 240.
28. Elena Varneck, "Siberian Native Peoples after the February Revolution", *Slavonic and East European Review. American Series*, Vol. 2. No. 1(1943), p. 70.

29 Drobizheva, L. M. *Democraizaciia I obrasy Nacionalisma v Rossiiskoi federacii(Democratization and Shapes of nationalism in the Russian Federation)*(Москва: Наука, 1996) 참조.
30 T. Lothrop Stoddard, "Pan-Turanism", *The American Political Science Review* Vol. 11, No. 1(1917), p. 16.
31 강인욱, 「알타이지역 투르크문화의 형성과 고구려」, 『고구려연구』 21(2005), 573쪽.
32 В.В. Радлов, Из Сибири(Москва: Наука, 1989), p. 122.
33 이희수, 「중앙아시아의 이슬람화 연구 - 투르크족을 중심으로」, 『민족학연구』 4집(2000), 259~260쪽.
34 Ibid., p. 276.
35 알타이공화국의 역사 고대.중세』(국립민속박물관 비교민속학술총서 2, 수라자코프 알타이연구소 엮음, 2006), 정세진 역, 230~283쪽.
36 장명하, 『알타이. 우랄 문화의 뿌리를 찾아서』(서울: 대륙연구소 출판부, 1995), 217쪽.
37 Alla A. Yaz'kova, op. cit., p. 275.
38 강정원, 「야쿠트 무복과 샤머니즘, 러시아 식민지배」, 『러시아연구』 13-1(2003), 329~330쪽.
39 성종환, op. cit. 27쪽.
40 Alla A. Yaz'kova, op. cit., 275.
41 Ibid.
42 이건욱, 「투바 샤머니즘의 과거와 현재」, 『한국 시베리아연구』 8(2005), 94쪽.
43 В.В. Радлов, op. cit., p. 95.
44 Sergei Filatov & Lawrence Uzzell, "Religious Life in Siberia: The case of Khakasis", *Religion, State & Society* Vol. 28. No. 1(2000), p. 106.
45 Claudia Weiss, op. cit. p. 444.

6장 19세기 시베리아횡단철도 건설의 과정과 목적: 경제적, 산업적 가치를 중심으로

1 Mark Bassin, "Inventing Siberia: Visions of the Russian East in the Early Nineteenth Century", *The American Historical Review*, Vol. 96. No. 3(1991), p. 771.
2 M. Mikhailoff, "The Great Siberian Railway", *The North American Review*, Vol. 170. No. 522(1900), p. 594.
3 Л.Г. Олех, *История Сибири*(Ростов-на-Дону: Феникс, 2013), p. 149.
4 Н.М. Ядринцев, op. cit., p. 151.
5 신범식, 「교통의 국제정치: 시베리아횡단철도(TSR)국제화와 동북아협력을 위한 한국의 대응 전략」, 『한국과 국제정치』 19-2(2003), 279쪽.
6 진시원, 「동아시아 철도네트워크의 기원과 역사: 청일전쟁에서 태평양전쟁까지」, 『國際政治論叢』 44-3(2004), 128쪽.
7 정세진, 「제정러시아의 철도 역사에 관한 소고: 시베리아 횡단철도와 중앙아시아 철도를 중심으로」, 『슬라브학보』 32-1(2017), 330쪽.
8 M. Mikhailoff, op. cit., p. 594.
9 이완종, 「러시아의 극동진출과 중-러 국경획정과정 연구」, 『북방사논총』 4호.(2011), 193쪽.
10 *Сибирь в составе Российской империи*(соч. А.И. Миллер)(Москва: Новое литературное обозрение, 2007), p. 255.
11 Ibid., p.134.
12 Ibid., p. 135.
13 Boris Baievsky, "Siberia-The Storehouse of the Future", *Economic Geography*, Vol. 3. No. 2(1927), p. 185.
14 Edward Ames, "A Century of Russian Railroad Construction: 1837-1936", *American Slavic and East European Review*, Vol. 6, No. 3/4(1947), p. 72.
15 Boris Baievsky, op. cit., p. 186.
16 Edward Ames, op. cit., p. 72.

17 Henry Reichman, "The 1905 Revolution on the Siberian Railroad", *The Russian Review*, Vol. 47(1988), p. 25.
18 Edward Ames, op. cit., p. 64.
19 진시원, 「동북아시아 철도건설과 지역 국가관계의 변화: 19세기 후반과 20세기 초반 제국주의시기를 중심으로」, 『평화연구』 12-2(2014), 61쪽.
20 *Сибирь в составе Российской империи*, pp. 258~259.
21 M. Mikhailoff, op. cit., p. 608.
22 Edward Ames, op. cit., p. 64.
23 M. Mikhailoff, op. cit., p. 604.
24 Ibid., p. 605.
25 최덕규, 「러시아의 대만주정책과 동청철도(1894-1904)」, 『만주연구』 6집(2004), 6쪽.
26 홍웅호, 「1858-1898년 러시아의 동아시아 팽창과 만주」, 『동북아역사논총』 14(2006), 118쪽.
27 A. V. Ignatiev, "Foreign Policy of Russia in the Far East", *Imperial Russian Foreign Policy*. in Hugh Ragsdale ed(NY:Cambridge University Press, 1993), p. 252. 황영삼, 「러시아의 동아시아 정책 -시베리아 철도 부설과 관련하여」, 『동양학』 31권(2001), 318쪽에서 재인용.
28 Дитмар Дальман, *Сибирь с XIX в. и до настоящего времени*(Москва: Росспэн, 2016), p. 273.
29 이완종, op. cit., p. 187.
30 Edward Ames, op. cit., p. 72.
31 Ian Blanchard, "Russian Railway Construction and the Urals Charcoal Iron and Steel Industry, 1851-1914", *The Economic History Review. New Series*. Vol. 53. No. 1(2000), p. 117.
32 M. Mikhailoff, op. cit., p. 602.
33 Ibid., p. 603.
34 Boris Baievsky, op. cit., p. 184.
35 Ibid.
36 Ibid, p. 187.
37 최덕규, 앞의 글, 269쪽.
38 Jacob Metzer, "Some Economic Aspects of Railroad Development in Tsarist Russia", *The Journal of Economic History* Vol. 33, No. 1(1973), p. 314.

7장 중앙아시아 공간: 중앙아시아 문화의 민족별 동질성과 이질성

1 Fyodor Dostoevsky, "Goek-Tepe. Chto takoe Aziya Dlya nas?"(The Diary of a Writer), trans. by Boris Brasol(New York: Charles Scribner, 1949), Vol. 2, pp. 1043~1052.
2 오원교, 「19세기 러시아문학과 동양」, 『e-Eurasia』 Vol. 2(2008), 46쪽.
3 박태성, 「중앙아시아의 러시아 편입 과정과 현재적 의미」, 『슬라브연구』 24-1(2008), 170쪽.
4 Olivier Roy, *The New Central Asia. The creation of Nations*(New York: New York University Press, 2005), p. 25.
5 Kulbhushan Warikoo, "Russians in Post-Soviet Central Asia. Issues and concerns", eds. Touraj Atabaki and Sanjyot Mehendale, *Central Asia and the Caucasus. Transnationalism and diaspora* (London, New York: Routledge, 2005), p. 66.
6 Andrew Philips, Paul James, "National Identity between Tradition and Reflexive Modernisation: the Contradictions of Central Asia", *Nationalitis Papers*, Vol. 3. No. 1(2001), pp. 27~28.
7 Galina M. Yemelianova, "National Identity of the Volga Tatars", *Central Asian Survey*, Vol. 16. No. 4(1997), pp. 543~572.
8 Domic Lieven, *Empire. The Russian Empire and Its Rivals*(New Heaven, London: Yale University Press, 2000), p. 210.
9 Dominic Lieven, "The Russian Empire and the Soviet Union as Imperial Polities", *Journal of*

Contemporary History, Vol. 30. No. 4(1995), p. 619.
10 Andrew Philips, Paul James, op. cit., p. 30.
11 Domic Lieven, Empire. The Russian Empire and Its Rivals, p. 210.
12 Andrew Philips, Paul James, op. cit., pp. 27~28.
13 Nick Megoran, "Theorizing gender, ethnicity and the nation-state in Central Asia", Central Asian Survey, Vol. 18. No. 1(1999), pp. 101~104.
14 최형근, 「이슬람의 세계화와 기독교의 선교적 대응」, 『선교신학』 8(2004), 39쪽.
15 손영훈, 「중앙아시아 국가의 강압정책과 이슬람 지향운동 연구」, 『중동연구』 26-2(2007), 306쪽.
16 오원교, 「중앙아시아 이슬람 부흥의 양상과 전망」, 『러시아연구』 18-2(2008), 349쪽.
17 Булат Ауелбаев, "Казахстан и страны Центральной Азии реалии и переспективы", 『제3차 한-중앙아시아 국제학술대회 한양대학교 아태지역연구센터 주최 프로시딩』(2011), 17~31쪽 참고.
18 Pamela Blackmon, "Following through on reforms comparing market liberalization in Kazakhstan and Uzbekistan", eds. Amanda E. Wooden, Christoph H. Stefes, The Politics of transition in Central Asia and the Caucasus. Enduring legacies and emerging challenges(London, New York: Routledge, 2009), pp. 141~143.
19 Ella Akerman, "Central Asia in the mind of Russia: some political considerations", The Review of International Affairs, Vol. 2. No. 4(2003), pp. 23~24.
20 Victor Shnirelman, "A Symbolic Past. The Struggle for Ancestors in Central Asia", Russian Politics and Law, Vol. 48. No. 5(2010), p. 49.
21 Y. Onaran, "Economics and Nationalism: The Case of Muslim Central Asia", Central Asian Survey, Vol. 13. No. 4(1994), p. 494.
22 Paul Bergne, The birth of Tajikistan. National identity and the origins of the people(London, New York: I. B. Tauris, 2007), p. 28.
23 Odil Ruzaliev, "Islam in Uzbekistan: Implications of 9/11 and Policy Recommendations for the United States", Journal of Muslim Minority Affairs, Vol. 25. No. 1(2005), pp. 14~15.
24 Эльвира Мамытова, "Исламский фундаментализм и экстремизм в странах Центральной Азии", Центральная и Азия и Кавказ No. 5(2005), p. 61.
25 중앙아시아 민족 정체성의 특성이나 요인은 정세진, 「중앙아시아 민족정체성 및 민족주의 연구 : 포스트 소비에트시기를 중심으로」, 『국제지역연구』 11-2(2007), 750~773쪽 참고.
26 우덕찬, 「중앙아시아 국가들의 대이슬람 정책에 관한 연구」, 『중앙아시아 연구』 5(2000), 159쪽.
27 Odil Ruzaliev, op. cit., p. 21.
28 Jeff Sahadeo, Russel Zanca(eds), Everyday Life in Central Asia. Past and Present(Bloomington and Indianapolis: Indiana University Press, 2007), pp. 306~307.
29 Human Rights Watch, Creating enemies of the state: religious persecution in Uzbekistan(New York: Human Rights Watch 2004), p. 1.
30 이경희, 「중앙아시아 지정학의 변화와 정체성」, 『중동연구』 26-1(2007), 304쪽.
31 이광주, 「민족과 민족문화의 새로운 인식」, 『서양에서의 민족과 민족주의』(서울: 까치, 1999), 35쪽.
32 Richard L. Wolfel, "North to Astana: Nationalistic Motives for the Movement of the Kazakh(Stani) Capital", Nationalities papers, Vol. 30. No. 3(2002), p. 492.
33 Kulbhushan Warikoo, op. cit., p. 73.
34 Ibid, p. 35.
35 안쏘니 D. 스미스, 『세계화 시대의 민족과 민족주의』(서울: 도서출판 남지, 1995), 157쪽.
36 4절 내용은 저자가 「러시아연구」 23-1호(2013)에 게재된 「우즈베크-타지크 민족 기원론 소고 - 독립 이후의 역사 논쟁을 중심으로」를 기본 개념으로 제시한다.
37 http://www.rferl.org/content/iran_hydropower_tajikistan/2263247.html(2011년 1월 3일 검색)
38 정세진, 「우즈베크-타지크 민족 기원론 소고 : 독립 이후의 역사 논쟁을 중심으로」, 『러시아연구』 23-1(2013), 232~238쪽.
39 Beartice F. Manz, "Multi-ethnic Empires and the formulation of identity", Ethnic and Racial Studies,

vol. 26. No. 1(2003), p. 90.
40 Laruelle Marlene, "The Return of the Aryan Mtyh: Tajikistan in Search of a Secularized National Ideology", *Nationalities Papers*, Vol. 35. No. 1(2007), pp. 57~58.
41 Ibid. pp. 64~65.
42 Slavomir Horak, "In Search of the History of Tajikistan", *Russian Politics and Law*, Vol 48. No. 5 (2010), pp. 71~72.
43 Ibid. p. 68.
44 Ibid. pp. 68~69.
45 Victor Shnirelman, op. cit., p. 57.
46 Ibid. p. 48.
47 Laruelle Marlene, op. cit., p. 64.
48 В.Г.Гафуров, *История Таджикского народа в кратком изложении*(Москва, 1949), p. 26.

참고문헌

〈국문〉

강인욱, 「17-18세기 시베리아考古學의 形成과 發展」, 『러시아연구』 11-2, 2001.
_____, 「알타이지역 투르크문화의 형성과 고구려」, 『고구려연구』 21, 2005.
강정원, 「야쿠트 무복과 샤머니즘, 러시아 식민지배」, 『러시아연구』 13-1, 2003.
고상두, 「러시아 연방주의 현실과 체첸분쟁」, 『국제정치논총』 37-2, 1997.
김정훈, 「러시아정교와 메시아니즘」, 『서양사학연구』 14, 2006.
김우승, 「되살아나는 시베리아의 신화」, 『아시아문화』 17호, 2001.
김은실, 「러시아정교 이념의 정치적 수용- '성루시', '제3로마' 사상, '메시아니즘'을 중심으로」, 『정치사상연구』 5, 2001.
김학준·장덕준, 『러시아사. 선사시대에서 푸틴시대까지』, 서울: 단국대 출판부, 2018.
니콜라스 쩨르노프, 『러시아정교회사』, 위거찬 역, 서울: 기독교문서선교회, 1991.
니콜라스 랴자노프스키, 『러시아의 역사 II. 1801-1976』, 김현택 역, 서울: 까치, 1982.
니콜라스 V. 랴자놉스키, 마크 D. 스타인버그, 『러시아의 역사(상)』, 조호연 역, 서울: 까치, 2011.
문명식, 「구소련지역과 러시아에서 이슬람과 민족문제」, 『슬라브연구』 14, 1998.
_____, 「러시아 민족정체성의 확립 과정에서의 정교와 이슬람」, 『중소연구』 108, 2005/2006.
민경현, 「시베리아 지역주의(областничество) 운동의 사상적 기원 - 뽀따닌과 야드린체프를 중심으로」, 『슬라브연구』 20-2, 2004.
박태성, 『역사 속의 러시아문화』, 부산: PUFS, 1998.
_____, 「러시아의 북카프카스 병합과정과 의미」, 『슬라브연구』 21-1, 2005.
_____, 「중앙아시아의 러시아 편입 과정과 현재적 의미」, 『슬라브연구』 24-1, 2008.
손영훈, 「중앙아시아 국가의 강압정책과 이슬람 저항운동 연구」, 『중동연구』 26-2, 2007.

손주영, 「오늘날 이슬람 사상의 동향-근대 이슬람 세계의 개혁주의와 부흥 운동」, 『이슬람 사상의 형성과 발전, 이슬람 종파 형성 과정과 현황 연구』, 서울: 대우학술총서, 2000.

서정민, "우리는 반군이 아니라 독립군 체첸", 『이슬람 세계의 소수민족 분쟁 끝나지 않은 전쟁』, 서울: 청아출판사, 2002.

서춘식, 「러시아의 제2차 체첸침공과 민군관계」, 『슬라브연구』 19-1, 2003.

석영중, 『러시아정교-역사, 신학, 예술. 인문사회과학총서61』, 서울: 고려대학교 출판부, 2005.

신동혁, 「포스트 소비에트 러시아의 국가-교회 관계의 변화와 형성」, 『슬라브학보』 22-1, 2007.

석영중, 신동혁, 『키워드로 만나는 러시아정교. 한러대화문화총서 4』, 서울: 도서출판 알음, 2012.

스미스, D. 안쏘니, 『세계화 시대의 민족과 민족주의』, 서울: 도서출판 남지, 1995.

신범식, 「교통의 국제정치: 시베리아횡단철도(TSR)국제화와 동북아협력을 위한 한국의 대응전략」, 『한국과 국제정치』 19-2, 2003.

신양섭, 「이슬람의 수피즘」, 『한국외대 중동연구소논총』, 1997.
http://www.freechal.com/islaminkorea.

수라자코프알타이연구소 엮음, 정세진 역, 『알타이공화국의 역사 고대 · 중세』 국립민속박물관 비교민속학술총서 2, 2006.

오원교, 「19세기 러시아문학과 동양」, 『e-Eurasia』 Vol. 2, 2008.

_____, 「중앙아시아 이슬람 부흥의 양상과 전망」, 『러시아연구』 18-2, 2008.

이광주, 「민족과 민족문화의 새로운 인식」, 『서양에서의 민족과 민족주의』, 서울: 까치, 1999.

이건욱, 「투바 샤머니즘의 과거와 현재」, 『한국 시베리아연구』 8, 2005.

이경희, 「중앙아시아 지정학의 변화와 정체성」, 『중동연구』 26-1, 2007.

이덕형, 『러시아 문화예술의 천년』, 서울: 생각의 나무, 2009.

이완종, 「러시아의 극동진출과 중-러 국경획정과정 연구」, 『북방사논총』 4호, 2011.

이희수, 「중앙아시아의 이슬람화 연구 - 투르크족을 중심으로」, 『민족학연구』 4집, 2000.

이희수, 『터키사』, 서울 : 대한교과서주식회사, 2007.

유의정, 「체첸-러시아 분쟁에 관한 연구(1) –제 1차 전쟁(1991-1994)의 원인과 성격에 관하여」, 『슬라브학보』 15-1. 2000.

유의정, 「체첸-러시아 분쟁에 관한 연구 –체첸의 문화와 사회적 특징을 중심으로-」, 『슬라브연구』 16-2, 2000.

우덕찬, 「중앙아시아 국가들의 대이슬람 정책에 관한 연구」, 『중앙아시아 연구』 5집, 2000.

장명하, 『알타이 · 우랄 문화의 뿌리를 찾아서』, 서울: 대륙연구소 출판부, 1995.

장훈태, 「신(新)냉전 역학구도 상황에서 중동 선교」, 『복음과 선교』 44, 2018.
정세진, 「19세기 북카프카스 전쟁과 이슬람 요소」, 『슬라브연구』 21-1, 2005.
_____, 「북카프카스의 민족 정체성에 관한 연구 – 전통적 아다트 관습법과 이슬람의 샤리아 관계를 중심으로」, 『한국중동학회논집』 28-1, 2007.
_____, 「제정러시아의 정교 이데올로기와 무슬림과의 관계」, 『동유럽연구』 30권, 2012.
_____, 「우즈베크-타지크 민족 기원론 소고 : 독립 이후의 역사 논쟁을 중심으로」, 『러시아연구』 23-1, 2013.
_____, 「러시아 제국의 시베리아 확장 : 제국의 정복 및 시베리아 이미지」, 『노어노문학』 26-2, 2014.
_____, 「제정러시아의 철도 역사에 관한 소고: 시베리아 횡단철도와 중앙아시아 철도를 중심으로」, 『슬라브학보』 32-1, 2017.
_____, 「북카프카스 소수민족의 '피의 복수': 용서와 화해의 변증적 방식을 중심으로」, 『러시아연구』 27-1, 2017.
_____, 「연방 내 지역 분쟁과 선교전략의 상관관계 – 러시아연방 다게스탄 공화국을 중심으로」, 『복음과 선교』 44, 2018.
정은숙, 『21세기 인권의 국제화와 유엔, 러시아의 체첸 군사작전 사례연구』, 서울: 세종연구소, 2002.
진시원, 「동아시아 철도네트워크의 기원과 역사: 청일전쟁에서 태평양전쟁까지」, 『國際政治論叢』 44-3, 2004.
_____, 「동북아시아 철도건설과 지역 국가관계의 변화: 19세기 후반과 20세기 초반 제국주의시기를 중심으로」, 『평화연구』 12-2, 2014.
천호강, 「러시아정교와 국가권력」, 『러시아어문학연구논집』 32, 2009.
최덕규, 「러시아의 대만주정책과 동청철도(1894-1904)」, 『만주연구』 6집, 2004.
_____, 「러시아의 동아시아정책과 노령지역 한인 (1891-1910)」, 『韓國史學報』 19호, 2015.
최형근, 「이슬람의 세계화와 기독교의 선교적 대응」, 『선교신학』 8집, 2004.
황영삼, 「러시아의 동아시아 정책 -시베리아 철도 부설과 관련하여」, 『동양학』 31권, 2001.
홍웅호, 「1858-1898년 러시아의 동아시아 팽창과 만주」, 『동북아역사논총』 14호, 2006.
현승수, 「북카프카스 '와합주의 문제'의 기원」, 『슬라브연구』 20-1, 2004.
후안 고이티 솔로, 『전쟁의 풍경』, 서울: 실천문학사, 2004.
Fedotov, P. George. *The Russian Religious Mind. Vol. 1: Kievan Christianity: The 10th to the 13th Centuries*. 김상현 역, 『러시아 종교사상사 1: 키예프루시 시대의 기독교』, 서울: 지만지,

2008.

Lewis, Bernard, *A Survey of Arab History*, 이희수 역, 『중동의 역사』, 서울: 까치, 1998.

Riasanovsky, V. Nicholas. Mark D. Steinberg, (A)history of Russia, 조호연 역, 『러시아의 역사 (상)』, 서울: 까치, 2011.

Riasanovsky, V. Nicholas, Official Nationality in Russia, 1825-1855, 김현택 역, 『러시아의 역사 1801-1976』, 서울: 까치, 1982.

Zernov, Nicolas, *The Russians and their church*, 위거찬 역, 『러시아정교회사』, 서울:기독교문서선교회, 1991.

〈영문〉

Adams, L. Laura. "Modernity, Postcolonialism, and Theatrical Form in Uzbekistan", *Slavic Review*. 64-2, 2005.

Akerman, Ella. "Central Asia in the mind of Russia: some political considerations", The Review of International Affairs. Vol. 2. No. 4. 2003.

Alla A. Yaz'kova. "Russia and its minorities. An overview of exiting and potential ethno-political conflicts", *Innovation: The European Journal of Social Science Reserach*. Vol. 19, Nos. 3/4. 2006.

Ames, Edward. "A Century of Russian Railroad Construction: 1837-1936", American Slavic and East European Review. Vol. 6. No. 3/4. 1947.

Atabaki, Touraj and Mehendale, Sanjyot. *Central Asia. 120 years of Russian Rule*. Durham and London: Duke University Press, 1989.

Baddeley, F. John. *The Russian Conquest of the Caucasus* [1908]. London 1999.

Baievsky, Boris. "Siberia-The Storehouse of the Future", Economic Geography. Vol. 3. No. 2. 1927.

Baran, Zeyno, Starr S. Frederick, Cornell, E. Svante. *Islamic Radicalism in Central Asia and the Caucasus: Implications for the EU*. The Central Asia-Caucasus Institute & Silk Road Studies Program Paper. 2006.

Bassin, Mark. "The Russian Geographical Society, the "Amur Epoch" and the Great Siberian Expedition 1855-1863", *Annals of the Association of American Geographers*. Vol. 73. No. 2. 1983.

_____. "Russia between Europe and Asia: The Ideological Construction of Geographical

Space", *Slavic Review*. Vol. 50. No. 1. 1991.

_____. "Inventing Siberia: Visions of the Russian East in the Early Nineteenth Century", *The American Historical Review*. Vol. 96. No. 3. 1991.

Bergne, Paul. *The birth of Tajikistan. National identity and the origins of the people*. London, New York : I. B. Tauris, 2007.

Blackmon, Pamela. "Following through on reforms comparing market liberalization in Kazakhstan and Uzbekistan", in *The Politics of transition in Central Asia and the Caucasus. Enduring legacies and emerging challenges.* ed. Amanda E. Wooden, Christoph H. Stefes. London, New York: Routledge, 2009.

Blakkisrud, Helge, Nozimova, Shahnoza. "History writing and nation building in post-independence Tajikistan", Nationalities Papers. Vol. 38. No. 2. 2010.

Blanchard, Ian. "Russian Railway Construction and the Urals Charcoal Iron and Steel Industry, 1851-1914", *The Economic History Review*. New Series. Vol. 53. No. 1. 2000.

Brower, Daniel. "Russian Roads to Mecca: Religious Tolerance and Muslim Pilgrimage in the Russian Empire", *Slavic Review*. 55-3. 1996.

Cohen, Ariel. *Russian Imperialism. Development and Crisis*. Westport, Connecticut, London: Praeger. 1996.

Cole Juan R. I. and Kandiyoti, Deniz. "Nationalism and the Colonial Legacy in the Middle East and Central Asia, 「International Journal of Middle East Studies. 34-2. 2002.

Crews, Robert. "Empire and the Confessional State: Islam and Religious Politics in Nineteenth-Century Russia", *The American Historical Review* Vol. 108. No. 1. 2003.

Crosby, W. *Ecological Imperialism: The Biological Expansion of Europe, 900-1900.* Cambridge, 1986.

Dibb, P. *The Soviet Union: The Incomplete Superpower*. London, 1988.

Diuk, Nadia and Karatnycky, Adrian. *The Hidden Nations: The People Challenge the Soviet Union*. New York: William Morrow, 1990.

Donnelly, S. Alton. *The Russian Conquest of Bashkiria. 1552-1740*. New Haven: Yale University Press, 1968.

_____. "Peter the Great and Siberia: Russian Commercial Activities in Siberia during the Reign of Peter the Great", in *Siberie II. Questions siberiennes. histories, cultures, literature*. Paris: Institut d'etudes slave, 1999.

Dostoevsky, Fyodor. "Goek-Tepe. Chto takoe Aziya Dlya nas?" (The Diary of a Writer) trans. by Braso, Boris. New York: Charles Scribner, Vol. 2. 1949.

Doyle, M. W. *Empires*. Ithaca, NY, 1986.

Drobizheva, L. M. Democraizaciia I obrasy Nacionalisma v Rossiiskoi federacii (Democratization and Shapes of nationalism in the Russian Federation). Москва: Наука, 1996.

Erlich, Victor. "Images of Siberia", The Slavic and East European Journal, Vol. 1. No. 4. 1957.

Filatov, Sergei, Uzzell, Lawrence. "Religious Life in Siberia: The case of Khakasis", *Religion, State & Society* Vol. 28. No. 1. 2000.

Fisher, Raymond. *The Russian Fur Trade: 1150-1700*. Berkeley: University of California Press, 1943.

Forsyth, Louise, Gould, David, Lawrence, David. "History Didactics in the Post Cold War World: Central Asia, the Middle East, and China", The History Teacher 33-4. 2000.

Gokay, Bullent. "The longstanding Russian and Soviet debate over Sheikh Shamil: Anti-Imperialist hero or counter-revolutionary cleric?" R*ussia and Chechnia: The Permanent crisis.* ed. Ben Fowkes. New York:St. Martin's Press, 2011.

Gune-Yadcy, Zubeyde. "A Chechen national hero of the Caucasus in the 18th century: Sheikh Mansur", *Central Asian Survey* Vol. 22. No. 1. 2003.

Haghayeghi, Mehrdad. *Islam and Politics in Central Asia*. New York: St Martin's Press,1995.

Horak, Slavomir. "In Search of the History of Tajikistan", *Russian Politics and Law*. Vol 48. No. 5. 2010.

Hughes, James. "Chechnya: The Causes of a Protracted Post-Soviet Conflict", *Civil Wars*. Vol. 4. No. 4. 18. 2011.

Human Rights Watch, Creating enemies of the state: religious persecution in Uzbekistan. New York: Human Rights Watch, 2004.

Hunter, Shireen T. *Islam in Russia. The politics of identity and security*. New York: M. E. Sharpe, 2004.

Ignatiev, A.V. "Foreign Policy of Russia in the Far East", *Imperial Russian Foreign Policy*. in Ragsdale, Hugh (ed.). NY: Cambridge University Press, 1993.

Inozemtseva, Elena. "On the Social and Legal Status of Slaves in the North Caucasus", *Iran and the Caucasus*. No. 14. 2010.

Jersild, Austin. "Faith, Custom, and Ritual in the Borderlands: Orthodoxy, Islam and the "Small

Peoples" of the Middle Volga and the North Caucasus", *The Russian Review*. 59. 2000.

John Garrard, Carol Garrard. *Russian Orthodoxy Resurgent. Faith and Power in the New Russia*. Princeton and Oxford: Princeton University Press, 2008.

Kaprov, Y. Yuri. "Images of Violence in Modern and Recent History of the Peoples of the North Caucasus", *Anthropology & Archeology of Eurasia*. Vol. 41. No. 4. 2003.

Khodarkovsky, Michael. "Of Christianity, Enlightenment, and Colonialism: Russia in the North Caucasus, 1550-1800", *The Journal of Modern History*. Vol. 71. No. 2. 1999.

_____. *Bitter Choices. Loyalty and Betrayal in the Russian conquest of the North Caucasus*. Ithaca, London : Cornell University Press, 2011.

Kipp, W. Jacob. "Putin and Russia's Wars in Chechnya", in Dale R. Herspring, eds. *Putin's Russia. Past imperfect, Future uncertain*. New York, Oxford: Rowman & Little field publishers, INC. 2002.

Lapidus, M. Ira. *A History of Islamic Societies*. Cambridge: Cambridge Univ. Press, 1988.

Layton, Susan. *Russian Literature and Empire: Conquest of the Caucasus from Pushkin to Tolstoy*. Cambridge: Cambridge University Press, 1994.

Lieven, Dominic. "The Russian Empire and the Soviet Union as Imperial Polities", *Journal of Contemporary History*. Vol. 30. 1995.

_____, "Dilemmas of Empire 1850-1918: Power, Territory, Identity", *Journal of Contemporary History*. 34. No. 2. 1999.

_____, Empire: The Russian Empire and its Rivals. New Haven and London: Yale University Press, 2000.

Lothrop, T. Stoddard. "Pan-Turanism", *The American Political Science Review*. Vol. 11. No. 1. 1917.

Manz, F. Beartice. "Multi-ethnic Empires and the formulation of identity", *Ethnic and Racial Studies*. Vol. 26. No. 1. 2003.

Marlene, Laruelle. "The Return of the Aryan Mtyh: Tajikistan in Search of a Secularized National Ideology", Nationalities Papers. Vol. 35. No. 1. 2007.

Matsuzato, Kimitaka and Ibragimov, Magomed-Rasul. "Islamic Politics at the Sub-Regional Level in Dagestan: Tariqa Brotherhoods, Ethnicities, Localism and the Spiritual Board", *Europe-Asia Studies*. 57-5. 2005.

Medlin, K. William. *Moscow and East Rome: a Political Study of Relations of Church and State in*

Muscovite Russia. Geneva: (Études d'histoire économique, politique et sociale, I) Librairie E. Droz, 1952.

Megoran, Nick. "Theorizing gender, ethnicity and the nation-state in Central Asia", *Central Asian Survey*. Vol. 18. No. 1. 1999.

Metzer, Jacob. "Some Economic Aspects of Railroad Development in Tsarist Russia", *The Journal of Economic History*. Vol. 33. No. 1. 1973.

Mikhailoff, M. "The Great Siberian Railway", *The North American Review*. Vol. 170. No. 522. 1900.

Morrison, Alexander. "Russian Rule in Turkestan and the Example of British India, 1860-1917", *The Slavonic and East European Review*. 84-4. 2006.

Onaran, Y. "Economics and Nationalism: The Case of Muslim Central Asia", *Central Asian Survey*. Vol. 13. No. 4. 1994.

Philips, Andrew, James, Paul. "National Identity between Tradition and Reflexive Modernisation: the Contradictions of Central Asia", *Nationalitis Papers*. Vol. 3. No. 1. 2001.

Reichman, Henry. "The 1905 Revolution on the Siberian Railroad", *The Russian Review*. Vol. 47. 1988.

Riasanovsky, V. Nicholas. *Nicholas I and official nationality in Russia, 1825-1855*. Berkeley: University of California Press, 1969.

Richmond-Comins, Water. "Legal Pluralism in the Northwest Caucasus: The Role of Sharia Courts", *Religion, State & Society*. Vol. 32. No. 1. 2004.

Robert, W. Schaefer. *The insurgency in Chechnya and the North Caucasus*. Santa Barbara, Denver, Oxford : Praeger. 2011.

Roy, Olivier. *The New Central Asia. The creation of Nations*. New York: New York University Press, 2005.

Ruzaliev, Odil. "Islam in Uzbekistan: Implications of 9/11 and Policy Recommendations for the United States", *Journal of Muslim Minority Affairs*. Vol. 25. No. 1. 2005.

Sahadeo, Jeff, Russel, Zanca. *Everyday Life in Central Asia. Past and Present*. Bloomington and Indianapolis: Indiana University Press, 2007.

Sanders, Thomas, ed. *Russian-Muslim Confrontation in the Caucasus. Alternative visions of the conflict between Imam Shamil and the Russians. 1830-1859*. London, New York : RoutledgeCurzon. 2005.

Saroyan, Mark. "Minorities, Mullahs, and Modernity: Reshaping Community in the Former Soviet Union", *Research Series*, ed. Edward W. Walker. University of California, Berkeley International and Area Studies, 1997.

Shnirelman, Victor. "A Symbolic Past. The Struggle for Ancestors in Central Asia", *Russian Politics and Law*. Vol. 48. No. 5. 2001.

Sidirov, Dmitri. "Post-Imperial Third Romes: Resurrection of a Russian-Orthodox Geopolitical Metaphor", *Geopolitics*. 11. 2006.

Siukiiainen, L. "Shari'ah and Muslim-law culture", *Central Asia and the Caucasus*. No. 4. 1999. www.ca-c.org/dataeng/Book/08.syki.shtml.

Souleimanov, Emil. An Endless War: The Russian-Chechen Conflict in Perspective. Frankfurt am Main: Peter Lang, 2007.

Souleimanov, Emil. "The Caucasus emirate: genealogy of an islamist insurgency", *Middle east policy*. Vol. 18. No. 4. 2011.

_____, Ditrych, Ondrej. "The Internationalisation of the Russian–Chechen Conflict: Myths and Reality", Europe-Asia Studies. Vol. 60. No. 7. 2008.

Suny, Grigor Ronald. "Provisional Stabilities: The Politics of Identities in Post-Soviet Eurasia", *International Security*. 24-3. 1999-2000.

Synder, J. *Myths and Empire, Domestic Politics and international ambition*. Ithaca, NY, 1991.

Tolz, Vera. "Orientalism, Nationalism, and Ethnic Diversity in Late Imperial Russia", *The Historical Journal*. Vol. 48. No. 1. 2005.

Treadgold, W. Donald. *The Great Siberian Migration*. Princeton: Princeton Legacy Library, 1957.

_____. "Russian Expansion in the Light of Turner's Study of the American Frontier", *Agricultural History*. Vol. 26. 1952.

Varneck, Elena. "Siberian Native Peoples after the February Revolution", *Slavonic and East European Review*. American Series. Vol. 2. No. 1. 1943.

Ware, Timothy. *The Orthodox Church*. Harmondsworth: Penguin Books, 1963.

Warikoo, Kulbhushan. "Russians in Post-Soviet Central Asia. Issues and concerns", eds. Atabaki, Touraj, Mehendale, Sanjyot. *Central Asia and the Caucasus. Transnationalism and diaspora*. London, New York: Routledge, 2005.

Weiss, Claudia. "Representing the Empire: The meaning of Siberia for Russian Imperial Identity", *Nationalities papers*. Vol. 35. No. 3. 2007.

Wieczynski, L. Joseph. "Toward a Frontier Theory of Early Russian History", *Russian Review*. Vol. 33. No. 3. 1974.

Wolfel, L. Richard. "North to Astana: Nationalistic Motives for the Movement of the Kazakh(Stani) Capital", *Nationalities papers*. Vol. 30. No. 3. 2002.

Wood, Tony. "The case for Chechnya", *New left review*. 30. 2004.

Yemelianova, M. Galina. "National Identity of the Volga Tatars", *Central Asian Survey*. Vol. 16. No. 4. 1997.

_____. *Russia and Islam. A historical Survey*. Basingstoke: Palgrave Macmillan, 2002.

Zernov, Nicolas. *Eastern Christendom: A Study of the Origin and Development of the Eastern Orthodox Church*. London: Weidenfeld & Nicolson, 1961.

〈노문〉

Абдуллаев М. А. "Отражение антифеодальной борьбы крестьянских мас с Дагестана в общественно-политической мысли", *Классовая борьба в Дагестане*. Махачкала, 1984.

АВПР. Ф. 89. Сношения России с Турцией. Оп. 89/1 (1724). Д. 6. Ч. 2. Л. 259, 301.

Адаты Дагенстанской области и Закатальского округа. Тифлис, 1899.

Адаты южно-дагестанских обществ, ССКГ, вып. 7. 1875.

АКАК. Т. 5. Ч. 2.

Ахматов Ш. Б. "К вопросу о преемственности в народно-освободительн ых движениях под руководством шейха мансура(1785-1791) и имама Гази-мухаммеда(1828-1832)", *Газимухаммед и начальный этап антиф еодальной и антиколониальной борьбы народов Дагестана и Чечни*. Махачкала:Культурное историческое общество «Фонд Шамиля». 1997.

Ауелбаев, Булат. "Казахстан и страны Центральной Азии реалии и пере спективы", 『제3차 한-중앙아시아 국제학술대회 한양대학교 아태지역연구센터 주최 프로시딩』 2011.

Батунский М. А. *Россия и ислам*. II. Москва : Прогресс-Традиция, 2003.

Беннигсен А. *Народное движение на Кавказе в XVIII в. (Священная вой на шейха Мансура (1785-1791 гг.). Малоизвестный период и соперни чество в русско-турецких отношениях*. Махачкала:Фонд «Тарих», 1994.

Блиев М. М, Дегоев В.В. *Кавказская война.* Москва:Росет, 1994.

_____. "Кавказская война: социальные истоки и сущность", *История СССР.* № 2. 1983.

_____. "К проблеме общественного строя горских обществ Северо-Восточного и Северо-Западного Кавказа XVIII-первой половины XIX века", *История СССР.* № 4. 1989.

Бобровников.В. О. *Мусульмане Северного Кавказа. Обычаи, право, насилие.* Москва: Восточная литература, 2002.

_____. *Северный Кавказ в составе Российскойимперии.* Москва: Новое литературное обозрение. 2007.

_____. *Каталог рукописей и старопечатных книг на арабско м, персидском и тюркских языках из Кабардино-Балкарии.* Москва. 2010.

Гадаев. В. Ю. За частоколом мюридских проповедей. Грозный, 1987.

Гаджиев В. Г. Пикман А.М. *Великие русские революционные демократы о борьбе горцев Дагестана и Чечни.* Махачкала, 1972.

Гаммер М. Шамиль. *Мусульманское сопротивление царизму. Завоевание Чечни и Дагестана.* Москва: КРОН-ПРЕСС, 1998.

Гафуров, В.Г. *История Таджикского народа в кратком изложении.* Москва, 1949.

Гидатлинские адаты. 1957.

Гольциев И. *Лекции об исламе.* СПб., 1912.

Дальман, Дитмар. *Сибирь с XIX в. и до настоящего времени.* Москва: Росспэн, 2016.

Движение горцев Северо-Восточного Кавказа в 20-50 г. XIX в. Махачкала, 1959.

Дегоев В. В. "Кавказ в составе России: Формирование имперской идентичности (первая половина XIX века)", *Кавказский сборник.* Т. № 1(33). Москва:русская понорма, 2004.

Джахиев, Г.А. 1994. "Северный Кавказ во внешней политике России, Ирана и Турции в начальный период движения горцев", *Народно-освободительное движение горцев Дагестана и Чечни в 20-50-х годах XIX в. Материалы всесоюзнойнаучной конференции 20-22 июня 1989 г.* Махачкала.

Добролюбов Н. А. *Полное собрание сочинений.* Т. 4. Москва, 1937.

Документальная история образования многонационального государства Российского. Книга первая. Россия и Северный Кавказ в XVI – XIX веках. Москва: Издательство Норма,

1998.

Жданов Ю. А. "Кавказ и передовая русская культура", *Русская художес твенная культура и вопросы духовного наследия чеченцев и ингу шей*. Грозный, 1982.

Зиссерман А. *История 80 пехотного Кабардинского генерала-фельдмар шала кн. Барятинского полка*. Т. I. СПБ., 1881.

Ибрагимбейли Х.М. "Народно-освободительная борьба горцев Северного Кавказа под руководством Шамиля против царизма и местных фео далов", *Вопросы истории*. № 6. 1990.

Ислам на территории бывшей Российской империи. Энц. словарь. Вып.1 Москва: Восточная литература РАН, 1998.

История добровольного вхождения чеченцев и ингушей в состав Росси и и его прогрессивные последствия: Материалы к изучению на уро ках истории в средних школах ЧИАССР. Грозный, 1998.

История народов Северного Кавказа(конец XVIII-1917г.). Москва, 1998.

История Сибири. Академия Наук СССР. Том. 5. Ленинград: Наука, 1968.

Сибирь в составе Российской империи. (соч. Миллер, А.И.) Москва: Ново е литературное обозрение, 2007.

Кавказ: Адаты горских народов. Нальчик: Издательство М. и В. Котляровых, 2010.

Кавказ: Закон и обычай.Том 1. Источники Кавказского адата. Нальчик: Издательство М. и В. Котляровых, 2011.

Казиев, Ш. М. *Имам Шамиль. Жизнь замечательных людей*. Москва: Мол дая Гвардия, 2001.

_____. Карпеев, И.В. *Повседневная жизнь горцев Северного Кав каза в XIX веке*. Москва: молодая Гвардия, 2003.

Керимов, Г.М. *Шариат. Закон жизни мусульман. Ответы Шариата на про блемы современности*. Москва: Диля, 2007.

Ключевский, Василь. *Курс Русской Истории (1904)*. Москва. Vol. 1. 1987.

Ковалевский, М.М. *Закон и обычай на Кавказе*. Нальчик : Полиграфсер вис и Т. С. 2011.

Комаров, А.В. *Адаты и судопроизводство по ним (материалы для стати стики Дагестанской области)*//ССКГ. вып.1. 1868.

Лаудаев У. "Чеченский тайп, ⌐// Сборник сведений о кавказских горцах (ССКГ). Вып. 6. Тифлис, 1872.

Ляховский, Александр. *Зачарованные свободой. Тайны кавказских вой н. Информация. Анализ. Выводы*. Москва: Детективпресс, 2006.

Магомедов Р. М. *Борьба Горцев за независимость под руководством Ша миля*. Махачкала: Дагестанское государство издательство, 1939.

Магомедов, Р.М. *К вопросу о семейной общине в Дагестане*, - Труды в торой научной сессии Даг. базы АН СССР. 1947.

_____. *Адаты Дагестанских горцев как исторический источни к*. Москва, 1960.

_____. "У истоков имамата", *Газимухаммед и начальный этап антифеодальной и антиколониальной борьбы народов Дагестана и Чечни*. Махачкала, 1997.

Магомедханов, М.М. *Вопросы корреляции адата, шариата и российских законов в Дагестане второй половины XIX - первой половины XX в ека//Традиции народов Кавказа в меняющемся мире* (сост. Ю.Ю.Кар пов). Санкт-Петербург:Петербургское Востоковедение, 2010.

Маргошвили, Л. Ю. *К вопросу о переселений ваинахов на территорю Г рузни Грузино-северокавказские взаимоотношения*. Тбилиси, 1981.

Мамытова, Эльвира. "Исламский фундаментализм и экстремизм в стран ах Центральной Азии", *Центральная и Азия и Кавказ*. No. 5. 2005.

Нарумбаева, А.К. *Аркаим- Очаг мировой цивилизации, создание протот юрками*. Алматыб, 2007.

http://www.rferl.org/content/iran_hydropower_tajikistan/2263247.html (2011년 1월 3일 검색)

Невская В. П. "Проблемы сельской общины и горских народов Северног о Кавказа в советском кавказоведении", *Известия СКНЦВШ. Общест венные науки*. № 1. 1985.

О движении горцев под руководством Шамиля. Материалы сессии Даге станского филиала Академии наук СССР 4-7 октября 1956 года. М ахачкала, 1957.

Олех, Л.Г. *История Сибири*. Ростов-на-Дону: Феникс, 2013.

Ортабаев Б. Х, Тотоев В.В. "Еще раз о Кавказской войне: о ее социальн ых истоках и сущности", *История СССР*. № 4. 1988.

Орлов, А.С. *История* России. Москва : Издательство Проспект. 2008.

Памятники обычного права Дагестана XVII–XIX вв. Москва, 1965.

Покровский, Н.И. *Кавказские войны и имамат Шамиля*. Москва: РОССПЭН, 2009.

Покровский М. Н. *Дипломатия и войны царской России в XIX в*. Москва, 1923.

Покровский Н. И. "Кавказские войны", *Большая советская энциклопеди я*. Т. 50. Кол. Москва, 1937.

Радлов, В.В. *Из Сибири*. Москва: Наука, 1989.

Рамазанов Х.Х. *Колониальная политика царизма в Дагестане в первой половине XIX в*. Махачкала: Фундаментальная библиотека обществе нной Академии Наук СССР, 1956.

РГИА, Ф. 821, оп. 8, д. 612, 11. 6-9.

Романовский Д. И. *Кавказа и Кавказская война*. СПБ., 1860.

Руновский А. И. "Дневник Руновского", Акты Кавказской археографичес кой комисии. Т. 12. Тифлис, 1904.

Русско-Чеченские отношения. Вторая половина XVI-XVII В. Сборник док ументов. Москва: Восточная литература РАН. 1997.

Сахарова. А.Н. ed. *История России*. учебник. Том 1. Москва: проспект. 2010.

Северный Кавказ в составе Росийской империи (ред. А.И.Миллер). Моск ва: Новое литературное обозрение, 2007.

Серегей Б. "Место ислама в современной этнополитической ситуации в Чеченской республике", *Россия и мусульманский мир*. N 8(134). 2003.

Скитский Б. В. *Класовый характер мюридизма в эпоху имамата Шамиля*. Владикавказ, 1930.

Смирнов Н. А. *Политика России на Кавказе в XVI-XIX веках*. Москва:И здательство социально-экономической литературы, 1958.

_____. *Реакционность сущность движения мюридизма на Кавказ е в XIX*. Москва, 1952.

_____. "Шейх Мансур", *Вопросы истории*. № 10. 1950.

Степанянц М. Т. "Исторические судьбы суфизма", *Вопросы философии*. No. 6. 1980.

_____. *Философские аспекты суфизма*. Москва: Издательство Наука, 1987.

Чаев, Н. С. "Москва - Третий Рим" в политической практике Московск ого правительства XIV века", *Исторические записки* 17. 1945.

Хрестоматия по истории права и государства Дагестана I. Махачкала, 1999.

Умаров С. Ц. "О роли исламского фактора в освободительной борьбе н ародов Чечено-Ингушетии", Народно-освободительное движение го рцев Дагестана и Чечни в 20-50-х годах XIX в. Махачкала, 1994.

Шунков, В. *Очерки по Истории земледелии Сибири*. Москва, 1956.

Ципоруха, М.И. *Покорение Сибири от Ермака до Беринга*. Москва: Вече, 2013.

Ядринцев, Н.М. *Сибирь как колония*. Новосибриск: Сибирский Хронограф, 2003.

_____. *История освоения Сибири*. Москва:Эксмо, 2013.

Яндаров А. Д. *Суфизм и идеология национально-освободительного движения*. Алма-Ата: НАУКА Казахской ССР, 1975.

찾아보기

|가|
가자바트газават 52
게르첸А. И. Герцен 61, 63, 64
게오르기예프 조약 96
고전적 유라시아주의 135
굴리스탄 조약 54
그리보예도프А. С. Грибоедов 61

|나|
나디르 샤Nadir Shah 89, 93
낙쉬반디야 66, 68
노보로시야 92

|다|
대사절단 86
데카브리스트 61, 62, 204
도브로류보프Н. А. Добролюбов 62, 63
두다예프 68, 69

|라|
레르몬토프М. Ю. Лермонтов 61

|마|
마스하도프 41, 70
마할라 184
모즈독 90, 93
몰다비아 87, 92
몽골의 멍에 22, 78
무라비예프Н. Муравьев 62
무리디즘Muridism 63, 64
민족들의 감옥 184

|바|
바스마치Basmachi 34, 190
바실레우스basileus 23
범이슬람주의 46
베링해 142
부하라 179, 190, 195, 196
뽀따닌 139

|사|
사만 왕조 194
사파비 왕조 88, 89
샤무엘 헌팅턴 71
샤밀 바사예프 70

세르게이 예이젠시테인Sergei M. Eizenstein 22
신성종무원Holy Synod 25, 27, 28
신유라시아주의 135

| 아 |
아다트Adat 24, 52, 65, 105, 107, 108, 110, 113
아스트라한 칸국 22, 23, 78, 79, 80, 146
아틀란티스주의 135
안나 여제 89
알렉산더 거센크론 172
야드린체프 139, 143
예카테리나 여제 25, 27, 28, 29, 46, 49, 52, 76, 95
예카테린부르크 161
오가레프Н. П. Огарев 62
옴스크 157, 161, 162
와하비주의 70, 205
우즈베크 칸국 181, 194
울로제니예уложение 143
이르쿠츠크 158, 160, 161, 162, 163
이맘 만수르 47, 48, 49, 50, 51
이반뇌제 22, 23, 25, 33, 82, 155

| 자 |
자디즘Jaddism 30, 182
제3로마 이론 19
지크르зикр 66

| 차 |
체르느이셰프스키Н. Г. Чернышевский 62, 63
체첸-이치케리야 68
첼랴빈스크 161

| 카 |
카디리야 66, 68
카바르다 44, 45, 46, 48, 50, 51, 54, 66, 85, 91, 92, 93, 96, 97, 98
카자흐 칸국 181
캄차트카 142
코칸드 179, 196
콘스탄티노플 18, 19, 23, 35, 83, 88
쿠축 카이나르지 조약Treaty of Kuchuk Kainarji 91, 94
쿤타 하지 66
크림전쟁 179
킵차크 칸국 23, 28, 44, 78, 79, 80, 81, 83, 136

| 타 |
투훔тухум 123
튜멘Tiumen 161, 163

| 파 |
포템킨 95, 96
푸시킨А. С. Пушкин 61
프스코프 19
필로페이 19, 20

| 하 |
히바 179, 181, 196

HK러시아 · 유라시아 연구시리즈 24/49

러시아 역사와 공간
: 경계를 넘어 변경으로

초판1쇄 발행 2024년 12월 20일

지은이 정세진

주간 조승연
편집 · 디자인 오경희 · 조정화 · 오성현
　　　　　　　신나래 · 박선주 · 정성희
관리 박정대

펴낸이 홍종화
펴낸곳 민속원
창업 홍기원
출판등록 제1990-000045호
주소 서울 마포구 토정로25길 41(대흥동 337-25)
전화 02) 804-3320, 805-3320, 806-3320(代)
팩스 02) 802-3346
이메일 minsokwon@naver.com
홈페이지 www.minsokwon.com

ISBN 978-89-285-2063-3 94910
SET 978-89-5638-985-1

ⓒ 정세진, 2024
ⓒ 민속원, 2024, Printed in Seoul, Korea

이 책은 저작권법에 의해 보호를 받는 저작물이므로 무단전재와 복제를 금지하며,
이 책 내용의 전부 또는 일부를 이용하려면 반드시 저작권자와 출판사의 서면동의를 받아야 합니다.